깨달음의 길

사성제의 반란

깨달음의 길 (사성제의 반란)

초판 인쇄 2025년 4월 28일
초판 발행 2025년 5월 5일

저자 일 공

디자인 · 편집 황미란

펴낸이 최재원
펴낸곳 부산대학교출판문화원
출판등록 제1983-000001호 1983. 11.1 0.
주소 부산광역시 금정구 부산대학로 63번길 2
전화 (051) 510-1932
전송 (051) 512-7812
메일 pnupress@pusan.ac.kr
홈페이지 https://press.pusan.ac.kr

* 잘못된 책은 구입처에서 교환해 드립니다.

정가 25,000원

ISBN 978 - 89 - 7316 - 830 - 9 (03220)

고따마 붓다의 깨달음

깨달음의 길

일공 지음

부산대학교출판문화원

시작하며

이 원고는 2014. 12. 5. ~ 2015. 3. 14.까지 naver blog[1]에 연재되었던 '깨달음을 표현하기 위한 실천'이란 제목으로 밀양 영산정사의 주지로 있으면서 주지의 역할이 별로 없던 무료한 시간을 보내기 위해 블로그에 올렸던 원고입니다. 그 뒤로 영산정사 주지를 종료하며 필자가 창건한 사찰인 부처님마을 금국사鑫國寺로 돌아왔습니다. 그동안 오래 비워두었던 아란야[2]에는 어수선해진 도량을 정리하며 한편으로는 명상센터를 개설해 매월 둘째 주와 넷째 주 토요일 회원들이 함께 명상했고, 그때부터 태국국립대학교인 마하출라롱컨대학교Mahachulalongkornrajavidyalaya University의 한국분교에서 초기불전

1 https://blog.naver.com/shd10/220201043444

2 阿蘭若(아란야, Araṇya)는 불교의 용어로, 산스크리트어 'Araṇya'이며, 의미는 '숲' 또는 '한적한 곳'이다. 규정된 의미로는 1. 마을에서 멀리 떨어진 고요한 수행처 2. 번잡한 세속을 벗어난 한적한 수행 공간 3. 승려들의 수행 장소 등으로 사용되었다. 특징: 일반적으로 마을에서 500활(약 2km) 이상 떨어진 곳에 위치. 수행자가 명상과 수행에 전념할 수 있는 고요한 환경. 자연과 함께하는 수행 생활을 강조되는 장소이다. 현대에도 절이나 수행처의 이름으로 종종 사용되며, 고요하고 한적한 수행 공간을 상징하는 의미로 쓰인다.

경·율·론經·律·論 삼장三藏의 강의를 맡게 되었습니다. 이때 영산정사 주지로 있으면서 집필했던 『Nibbāna/열반』의 원고를 출판했으며 이어서 이듬해인 2021년에는 『불교학개론』과 그리고 그다음 해인 2022년에는 『불교교육학원론』을 출판하였습니다.

사실 『Nibbāna/열반』의 원고는 필자의 특별한 학위를 전제로 쓴 것인데, 국내의 대학교에서 마땅한 지도교수와 시스템을 발견하지 못해서 그냥 몇 년을 품에 안고만 있던 원고를 이때 출판물로 내놓게 된 것입니다. 그리고 이왕 내친김에 금국사에 초기불교의 교육을 위한 불교교육학연구소를 개설하면서 『불교학개론』과 『불교교육학원론』의 두 권을 만일기도 기획도서[3]로 출판하였습니다. 만일萬日 동안 기획도서의 책은 계속해 쓰여지겠지만 우선은 『사성제 강의』와 『불교학연구방법론』을 정해놓고 있습니다. 그리고 만일기도 기획도서의 모든 원고는 초기불교의 삼장과 그 원론에 바탕을 두고 쓰여질 것이며, 이것은 또한 초기불교의 전통과 정통성을 되살려 내기 위한 것이고 불교 정화의 뜻이 담겨있으며 전법 원력의 일환에 해당합니다.

왜냐하면 국내에 초기불전인 팔리어 경전과 관계 문헌을 번역하거나 연구하는 학자 또는 수행자가 많은 데 비해 초기불교에 정통

3 만일기도(萬日祈禱) 기획도서는 초기불교의 정론을 펼치는 계획과 원력으로 앞으로 만일기도가 끝날 때까지 초기불교의 경율론(經律論)의 원제를 소개하고 설명하는 책을 집필하고 발표하는 작업을 계속해 나가겠다는 의미임.

한 견해를 갖춘 사람은 전무한 현실로 보였기 때문입니다. 이러한 현실은 필자로 하여금 충분히 전법의 일에 사명감을 가지게 하였고, 그로 인해 '고따마 붓다의 가르침의 전통과 정통성을 복원하고 개벌시키겠다.'는 원력을 세우게 되었습니다. 따라서 고따마 붓다의 가르침에서 '잘못된 견해를 바로잡는 길잡이' 혹은 '열반과 해탈을 바르게 설명하는 이'라는 필자의 역할도 이때 확고해졌습니다.

그러므로 이때부터 필자의 마음속에 변할 수 없는 원력이 열정으로 불타올랐고, 출라롱컨 한국분교의 학생들과 자비명상회회원과 금국사의 신도들 그리고 일부러 멀리서 찾아오는 사람들에게 초기불교의 정통한 이해를 돕기 위해 시간이 허락하는 대로 설명해 주게 되었습니다. 그리고 강의와 대화의 시간을 통해 마주하는 사람들을 대할 때마다 성향의 차이는 다르겠지만 그들에게서 희망을 보기도 하였고 실망하기도 했습니다.

불교가 우리나라에 유입되고 나서부터 지금에 이르기까지 국내에서 초기불교의 정통이론을 갖추고 있는 사람이 극소수라는데 실망하지 않을 수 없었습니다. 그래서 반일기노 기획서인 『불교학연구방법론』에서 완벽한 가르침의 이론과 수행방법은 물론 연구 방법까지 다루게 될 것입니다. 그러므로 이 원고는 일찍 마무리된 상태이지만 출판을 미루고 있는 것은 더욱 완벽한 내용을 갖춘 책으로 만들기 위해서입니다. 그리고 그 중간에 단편적인 강의 책지를 만들어 계속 발표

할 것입니다. 이것은 어디까지나 만일기도의 기획이고 그에 따르는 연구 활동으로 진행되는 일입니다. 따라서 초기불교 소재의 논문이나 강의 형식의 책들이 몇 권이나 집필할 것인지는 알 수 없습니다.

근래에 명상 교재를 한 권 만들까 하고『고따마 붓다의 명상법』의 원고를 집필하는 중에 갑자기 필자의 블로그에 '고따마 붓다의 깨달음'이란 원고가 있다는 것을 알고 그것을 정리하여 책을 만들게 되었습니다. 그러므로 먼저 집필하였던 원고인 명상 교재『고따마 붓다의 명상법』의 작업은 잠시 미루고 이것부터 마무리하게 되었습니다.

이 원고는 네이버 블로그 佛教正論에 원형이 그대로 유지되어 언제든지 확인할 수 있습니다. https://blog.naver.com/shd10/220201043444에서 원문과 대조해 볼 때 많은 부분에서 첨삭添削이 있었음을 미리 알려드립니다. 이것은 원고를 다시 정리하는 과정에서 문장의 완벽한 표현과 정확한 뜻을 담아내기 위한 것입니다.

낙동강변 금국사鑫國寺에서

깨달음을 설명하는 이
일 공日崆 합장

차례

깨달음의 길 사성제의 반란

❁ 100회의 연재 중 네 번의 연재가 빠진 것은 원고를 정리하면서 다른 연재와 내용을 합쳤거나 중복된 내용을 정리하는 과정에서 그렇게 된 것입니다. 그리고 블로그에 연재한 내용과 일치하지 않은 점은 교정하는 과정에서 첨삭의 과정을 거쳤기 때문입니다.

깨달음을 설명하는 의미

2014. 12. 5.

안녕하세요.

이제 깨달음을 설명할 적당한 때가 되었나 봅니다.

'깨달음'은 여러 가지가 있습니다. 그러나 여기에서의 깨달음은 고따마 붓다[4]의 깨달음을 말합니다. 먼저 그분의 깨달음을 설명하는 이유부터 말씀드리겠습니다. 그 이유는 이렇습니다. '불교의 가르침을 바로 세우기' 위한 것입니다. 왜냐하면 현대에서 불교를 실천하고 이야기하는 사람은 많지만, 부처님의 가르침을 바르게 알고 실천

4 고따마 붓다(Gautama Buddha, B.C.543~B.C.463년경). 불교의 개조(開祖). 성은 고따마([Gautama), 이름은 싯다르타(Siddhārtha). B.C.540년 전 지금의 네팔 카삘라왓투(Kapilavattu)의 룸비니에서 카필라국 숫도다나(Suddhodana;정반왕)왕의 아들로 태어

하는 사람은 적기 때문입니다. 또한 '깨달음'을 주장하고 이야기하는 사람은 많으나 깨달음을 바르게 설명하는 사람은 없기 때문입니다.

그렇게 되면 불교는 공허한 이름뿐이고 실천 또한 공허한 메아리에 불과할 것입니다. 요즘같이 다양성을 가진 사회에 오히려 그것이 정당할지도 모른다는 생각이 듭니다. 그러나 아무리 당위성을 찾으려 해도 해답을 찾을 수 없습니다. 왜 그런가 하면 그 사람들이 찾는 것은, 고따마 붓다의 깨달음이 아니기 때문입니다. 또한 그들이 고따마 붓다의 깨달음을 다룬다 해도 그 깨달음에 대한 이해의 부족으로 이론과 깨달음에서 동질성을 갖출 수 없기 때문입니다. 이러한 현실은 고따마 붓다의 가르침에 대한 정통성과 전통성을 잃어버린 것이나 마찬가지입니다.

필자는 어린 나이[5]로 출가할 때부터 이러한 문제로 정확한 믿음을 가지지 못하다가[6] 출가한 지 35년이 넘게 흐른 뒤 한 스승을 만나

났다. 16세에 결혼하여 아들 라훌라(Rahula)를 낳았다. 29세에 출가하여 알라라 깔라마(Alāra-kalāma)와 웃다카 라마뿟따(Uddaka-rāmaputta)라는 스승을 만나 고행했으나 만족하지 않았고 그 당시 유행했던 고행을 통해 깨달음을 얻고자 네란자나(Nairanjana)강가 고행림에서 6년의 고행을 했다. 그는 극심한 고행을 통해서도 자신이 가지고 있던 문제가 해결되지 않았다. 그래서 다시 정신을 가다듬고 네란자라 강물에 들어가 목욕을 마친 뒤 자신의 생에서 마지막 힘을 내어 정진에 들어갔다. 그의 마지막 정진은 이런 것이었다. 이때 우우웰라 근처의 장군촌의 촌장 세나니(Senāni)의 딸 수자따의 우유죽 공양을 받았다. 그리고 근처에 있는 앗삿타(assatthā) 나무 아래 앉아 명상에 잠겼다. 그는 거기서 깨달음을 이루었다. 깨달음을 얻은 후 사문 고따마는 '고따마 붓다(Gautama Buddha, 깨달은 자)'로 알려졌다.

‘초기불교’의 강의를 들으면서 불교에 대한 새로운 지각이 열렸고, 고따마 붓다의 가르침에 관한 올바른 이해를 할 수 있게 되었습니다. 초기불교에서 고따마 붓다의 말씀을 빌리자면 ‘꿰뚫어 앎’이라고 표현되는 이해의 장이 필자에게 열리게 되었던 것입니다. 이러한 상황이 갑자기 필자에게 펼쳐졌을 때 자신이 아주 커다란 광명 속에 서 있음을 보았습니다. 그리고 커다란 그 빛은 지금까지 가졌던 내 안에서의 모든 가르침[7]에서 오는 갈등을 일시에 잠재우기에 충분했습니다. 15세의 어린 나이로 출가하여 수십 년의 세월을 지내는 동안 고따마 붓다의 올바른 가르침을 전승해 줄 스승을 찾아다녔지만, 갈등과 번민들만 마음속에 점점 더 커지고 있을 뿐, 올바른 스승을 만나지 못하고 세월이 흘렀습니다. 그러는 필자 앞에 초기불전을 대하는 순간 그 문제는 지금 · 여기에서 당장 해결되었던 것입니다.

그래서 필자가 창건한 부처님마을 금국사의 작은 황토방에 들어가 문을 닫아걸고 일주일 동안 좌복 위에 가부좌를 틀고 앉아 그 환희를 맛보았던 것입니다. 그 시간! 그동안 번민하고 방황했던 모든 실체가 그렇게 빠르게 마음속에서 정리될 수 있음에 방안은 온통 청정하기 이를 데 없었습니다. 필자가 가졌던 모든 불교의 교리에 관한 뒤들리고 잉클이져 있던 실체가 일목요연하게 필자의 앞에 정리되었

5 1996.10.20. 경기도 水鍾寺. 주지 장혜광 스님에게 출가함.

6 이러한 문제의 가장 큰 이유는 대승불교의 경전이나 대승권역의 스승들에게 있다는 것.

7 필자가 15세에 출가하고 난 후에 諸方에서 만난 大乘權域의 스승과 배움 그리고 大乘經典群.

기 때문입니다. 이 모든 이해의 순간은 온전히 고따마 붓다의 순수한 가르침으로 인한 것입니다. 그동안 아무도 알려주지 않던 그 교설을 스스로 가슴속에 깊이 새겨듣게 된 것입니다. 이때 느낀 감동의 순간을 우린 흔히 법열이라고 말합니다. 법을 듣게 되고 환희를 느끼게 되었던 것입니다.

필자는 오늘부터 100일 동안 고따마 붓다의 깨달음에 대한 설명을 하루도 빠짐없이 이곳을 통해서 써나갈 것입니다. 그래서 '깨달음'을 이해할 수 없거나 잘못 이해하고 있는 사람들에게 깨달음에 대한 이해를 도울 것입니다. 고따마 붓다의 간절한 말씀입니다. '나의 가르침에서 사성제가 간과된 가르침은 나의 가르침이 아니다.'[8] 라고.

이 사성제의 가르침이 왜 그렇게 고따마 붓다의 가르침에서 중요한 것인지, 왜 그 가르침이 아니면 자신의 가르침이 아니라고 천명했는지, 앞으로 합당한 당위성을 설명하게 될 것입니다.

---

8 이 말씀의 언급은 『상윳따 니까야(Saṃyutta Nikāya)』 제5권(마하왁가, Mahāvagga) 중 「진리 상윳따(Sacca Saṃyutta)」 제56장에 있다. 원문의 의미를 더 자세히 살펴보면 고따마 붓다는 자신의 가르침에서 사성제(四聖諦, cattāri ariyasaccāni)가 핵심이라는 점을 여러 차례 강조하므로 사성제가 없는 가르침은 진정한 불교의 가르침이 될 수 없다는 점을 명확히 밝히고 있다. 사성제는 ① 고성제(苦聖諦) - 괴로움의 진리 ② 집성제(集聖諦) - 괴로움의 원인 ③ 멸성제(滅聖諦) - 괴로움의 소멸 ④ 도성제(道聖諦) - 괴로움의 소멸로 이끄는 길이다.

이 내용은 고따마 붓다의 핵심 가르침이 사성제를 중심으로 구성되어 있음을 보여주는 중요한 교리적 근거가 된다.

깨달음의 원형

2014. 12. 6.

이 글을 읽고 있는 사람들이라면 먼저 이 글이 고따마 붓다의 깨달음에 대한 가르침이고 실천임을 알아야 할 것입니다. 왜냐하면 이 글은 고따마 붓다의 깨달음에 대한 것을 바르게 표현하고 실천함을 설명한 원형으로 보아도 무난하기 때문입니다. 그러므로 대승권역에서 이야기하고 있는 과거칠불過去七佛[9]이나 기타의 깨달음[10]에 관한 것은 설명하지 않을 것입니다. 그런 일은 없겠지만, 설령 그것이

---

9 과거칠불(過去七佛)에 관한 이야기는 『디가니까야』의 「대전기경」에 나와 있습니다. 그러나 그러한 이야기는 괴로움의 소멸법칙의 깨달음에서 아무런 상관없는 이야기일 뿐이기 때문에 중요한 역할로 다루지 않습니다. 또한 대승적 관계로 설정된 가르침이나 수행 방법과 설명. 대승의 사고나 사상적 오류에 빠지면 초기불교의 가르침을 이해하는 데 방해가 되거나 판단 착오를 일으킬 수 있습니다. 왜냐하면 이러한 이야기가 깨달음을 요구하는 수행자에게는 고따마 붓다의 가르침과 깨달음에서 동질성을 갖추지 못하기 때문이다. 그리고 대승에서 주장하고 있는 칠불통게(七佛通偈)와 같은 깨달음을 표현하고 전승했다는 전설에서 오류를 범할 수 있습니다.

10 대승불교에서의 깨달음과 일반인들이 생각하고 있는 깨달음.

고따마 붓다의 입을 통해 설해졌다고 하더라도 고따마 붓다의 깨달음에 의한 사상적 관계와 이론의 정당성을 설정하여 보고 그것이 전혀 거기에[11] 맞지 않는다는 것이 확인되면, 가차 없이 위경僞經이나 다른 의도에서 삽입된 경經으로 간주할 것입니다. 그래서 군더더기 전혀 없는 고타마 붓다의 말씀을 전하기 위해서 열반 이론에 합당한 경전이 아닌 것은 다루지 않을 것입니다.

그러므로 이 글은 '참다운 고따마 붓다의 가르침을 표현하기 위한 실천'이라는 명제를 택하게 된 것입니다. 초기경전 속에서도 아주 많은 부분에서 고따마 붓다의 가르침이라 할 수 없는 의심되는 경전들이 눈에 띕니다. 이런 경우 고따마 붓다의 가르침에 정통하지 못한 이들이라면 그 잘못된 경전의 이론에 수행자와 불자들은 좋지 않은 영향을 받게 될 것입니다. 따라서 일반불자가 고따마 붓다의 가르침이라고 할 수 없는 경전의 진위를 현실에서 확인할 수조차 없는 일이긴 하지만, 그분의 가르침에 정통을 이해하고 있는 사람이라면 확실히 구분되어 분석해 낼 수 있음을 스스로 알게 됩니다. 예를 들면 운전하는 사람이 가고 있는 길을 잘 아는 사람이라면 내비게이션이나 길 안내를 받지 않더라도 가고자 하는 목적지까지 무사히 도착하게 되는 것과 같은 이치입니다.

---

11 괴로움의 소멸법칙인 사성제.

고따마 붓다의 가르침에 정통을 가진 가르침은 무엇일까요? 그것은 사성제四聖諦에서 찾아볼 수 있습니다. 왜 그럴까요? 사성제의 이론을 발견해 내고 그 이론을 통해 고타마 붓다는 깨달음을 성취했고, 그것을 설명했고, 그 설명을 비구들이 듣고 고따마 붓다와 동질성을 갖춘 깨달음을 성취했기 때문입니다. 그러므로 사리뿟따는 '사성제 안에 모든 법은 통섭한다.'[12]라고 말했습니다. 이 말씀은 고따마 붓다의 모든 설법 내용과 이론이 사성제를 설명하고 실천하기 위한 것이라고 할 수 있습니다. 또한 이 말은 상당히 깊고 중요한 뜻이 포함되어 있습니다. 즉 이렇게 표현할 수 있습니다. '사성제의 설명을 하기 위해서 연기의 법이 설해졌다.', '사성제를 설명하기 위해서 오온五蘊·무아無我·무상無常·괴로움苦의 설명이 필요했다.'라고 말입니다. 또한 이렇게 설명할 수 있습니다. '고따마 붓다의 가르침에서 모든 수행과 가르침과 이론들이 사성제의 이해를 돕지 않고 있다면 고따마 붓다의 가르침은 설명되지 않았다.'라고 할 수 있습니다.

12 사리뿟따(Sāriputta)의 이 말씀은 『맛지마 니까야(Majjhima Nikāya)』의 「사짜위방가 숫따(Saccavibhaṅga Sutta, MN 141)」에서 찾을 수 있다. 이 경전의 주요 내용은 사리뿟따는 사성제가 모든 선법(善法)을 포함한다고 설명. 사성제 안에 모든 불교의 가르침이 포섭(攝, saṅgaha)된다고 강조. 사성제의 상세한 분석과 설명을 제시했다. 특징적인 점으로 이 경전은 사성제에 대한 상세한 분석(vibhanga)을 담고 있음. 사리뿟따가 붓다의 가르침을 체계적으로 정리하여 설명. 사성제가 불교 교리의 총체적 틀이 됨을 보여줌.

이 경전은 사성제가 단순히 네 가지 진리를 나열한 것이 아니라, 붓다의 모든 가르침을 포괄하는 교리적 체계임을 보여주는 중요한 문헌.

왜 이런 이론이 합당한 것일까요? 그것은 바로 이런 이유 때문입니다. 결국 사성제를 꿰뚫어 이해하고 나서 가질 수 있는 긍정적인 생각이 들게 되는 과정이 정상적이기는 하지만, 그 이전에 결과를 말씀드리자면, 사성제는 고따마 붓다의 깨달음을 얻게 되는 과정에서 가장 궁극적인 이론이 되기 때문입니다.

현대의 물리학에서 1. 물질(우리 주변의 일체). 2. 에너지(물질을 움직이게 하는 힘). 3. 운동(물체의 위치 변화). 4. 힘(물체의 운동 상태를 변화시키는 작용). 5. 시간과 공간(모든 현상이 일어나는 배경) 등 다섯 가지의 요소로 나누어 연구되며 물리학은 이러한 요소들이 어떻게 상호작용하는지를 연구하며, 이를 통해 우리는 별의 움직임으로부터 원자의 구조까지, 거대한 우주의 현상부터 미지 세계의 현상까지 이해할 수 있게 된다고 합니다. 또한 물리학은 '왜'라는 질문에 대한 답을 찾는 과정이라고 할 수 있습니다. '왜 사과는 땅으로 떨어지는가? 왜 하늘은 파란가? 왜 시간은 앞으로만 흐르는가?' 이런 질문들에 대한 답을 찾아가는 것이 바로 물리학입니다.

그러므로 '열반이란 물리학이 목적하는 바와 상반하는 것.'이라고 주장할 수 있습니다. 마찬가지로 고따마 붓다가 발견한 열반의 원리는 '괴로움의 소멸법칙인' 사성제에 있다고 할 것입니다. 그 사성제의 이론 안에 열반이라는 답변과 깨달음의 실체가 있기 때문입니다. 그러나 물리학의 이론처럼 연구 성과가 눈에 보이고 확인할 수 있는 것이 아닙니다. 깨달음에서 표현하는 성과는 '최상의 지혜'[13]라는 관념의 세계에서 어울리는 표현을 씁니다. 이것은 현실에서 나타낼 수 없는 단점을 가지고 있지만 인간이 가진 완벽한 물리학적 관계의 모든 현상과 작용을 벗어난 대자유를 얻게 되는 데 있습니다. 이것을 열반이라고 천명할 수 있습니다.

고따마 붓다는 초전법륜[14]에서 다섯 비구[15]를 가르치고 난 뒤 우루웰라 깟사빠 3형제[16]를 제도하고 나서 세존의 앞으로 출가하겠다는 그들, 비구들에게 구족계를 주면서 이렇게 말씀하십니다.

"오너라 비구들이여, 내 이미 법을 잘 설해 놓았다. 바르게 괴로움을 소멸시키고자 한다면 청정히 수행하라."라고.

---

13 '최상의 지혜'란 완벽한 열반을 얻은 사람 즉 '괴로움의 소멸법칙'인 사성제의 가르침을 꿰뚫어 알았을 때 열반에 완벽한 견해를 갖추게 되고 그 견해를 최상의 지혜라고 함.

14 초전법륜(初轉法輪): 처음 법륜(法輪)을 굴림. 즉 고따마 붓다가 깨달음을 성취한 다음 처음으로 교진여 등 다섯 비구에게 가르침을 편 것을 말함.

15 오비구(五比丘): 아냐 콘단냐(憍陳如, Añña Kondañña)·바파(跋波, Vappa)·바디야(跋提, Bhaddiya)·마하나마(摩訶男, Mahanama)·아스와지(阿說示, Assaji)이다.

이 다섯 비구는 싯다르타 태자가 수행할 때 함께 고행을 했던 수행자들이었다. 싯다르타 태자가 고행을 포기하고 중도(中道)를 실천하자 그를 떠났다가, 나중에 고따마 붓다가 깨달음을 얻은 후 녹야원(鹿野苑, 사르나트)에서 최초로 법륜을 굴리실 때(초전법륜) 가장 먼저 부처님의 가르침을 듣고 깨달음을 얻은 제자들이다.

특히 아냐 콘단냐는 이들 중에서도 가장 먼저 깨달음을 얻어 불교 역사상 최초의 아라한이 되었으며, "모든 생겨난 것은 소멸하는 법이다(集法皆是滅法)"라는 진리를 깨달았다고 전해집니다.

여기서 '내 이미 법을 잘 설해 놓았다.'라는 문장에서 '법'이란 사성제의 '괴로움의 소멸법칙'으로 이해할 수 있을 때, 사성제의 법에 대한 확실한 믿음이 생기게 됩니다. 이러한 논리의 형식은 모든 경전에 적용되어 설명되는데, 어떤 경전을 읽을 때 그 경전이 꿰뚫어 이해되는 조건은 사성제의 꿰뚫는 이해에서 온다고 보아야 틀림없을 것입니다.

그러므로 사성제의 이론이 성립되지 않은 가르침이라든가 사성제의 이론이 빠져버린 가르침은 고따마 붓다의 가르침이라고 인정할 수가 없는 것입니다. 이러한 뜻은 고따마 붓다께서도 직접 제자들을 가르치는 중에 언급했던 사실입니다. 초기경전에서도 『디가 니까야』의 「대전기경」과 같은 경전의 등장은 참으로 난감한 상황을 연출하게 만들고 있습니다. 얼핏 보기에는 고따마 붓다가 설한 것이고, 그분의 입에서 설해진 말씀이며, 그분이 인정하고 확인한 사실로 기록

이 오비구의 귀의는 불교 교단(僧伽, 상가)의 시작을 알리는 매우 중요한 사건이었으며, 이로써 불·법·승(佛法僧) 삼보(三寶)가 완성되었다.

16 우루웰라 깟사빠(Uruvela Kassapa) 3형제의 이야기는 율장(Vinaya Piṭaka)의 대품(Mahāvagga)에서 나타난다. 즉 율장(Vinaya Piṭaka)/대품(Mahāvagga) 제1품 대품(Mahākhandhaka)에서 우루웰라 깟사빠의 항복 이야기(Uruvelakassapa-damana)이다.

이 경전에서는 부처님께서 우루웰라 깟사빠와 그의 두 동생인 나디 깟사빠(Nadī Kassapa), 가야 깟사빠(Gayā Kassapa)를 교화하시는 과정이 상세히 기술되어 있다. 3형제는 각각 500명, 300명, 200명의 제자를 거느린 자따(matted-hair; 불을 섬기는 자) 수행자들이었으며, 부처님의 신통력과 가르침에 감동하여 제자들과 함께 부처님의 교단에 귀의하게 된다. 이 이야기는 부처님의 전도 초기에 있었던 중요한 사건 중 하나로, 많은 수행자들이 한꺼번에 부처님의 제자가 된 의미 있는 사례로 기록되어 있다.

된 것이기 때문에 후세 제자들이 인정하지 않을 수 없겠지만, 여기에 함정이 있다는 것입니다. 필자는 이러한 사건을 두고 이렇게 생각했습니다. '이런 종류의 경전은 어떤 상황이었더라도 고따마 붓다의 말씀은 절대 아니다.'라는 것입니다.

그 이유는 그분 고따마 붓다의 깨달음과 가르침의 방식에 어울리지 않고, 그분의 가르침과 이론과 같지 않기 때문입니다. 아마도 후대에 어떤 사람들에 의해 의도적으로 삽입된 경전이 아닌가 하는 특별한 의문을 떨쳐버릴 수가 없는 경전입니다. 전체적으로 위경僞經을 가진 대승권역의 경전을 두고도 절대적인 믿음을 가지는 것으로 보아, 아주 작은 부분이긴 하지만, 초기경전 속에 왜 이러한 경전이 삽입되었는지는 연구해 볼 필요가 있을 것입니다.

우리들이 이런 '고따마 붓다의 가르침이 아닌 경전'의 내용을 보면서 믿으려는 생각을 일으킬 수 있는 조건은 자신에게 있습니다. 그 조건이 무엇일까요? 간단합니다. 신앙적인 것을 생각하고 있는 사람들에게서 흔히 나타나는 일입니다. 가령 고따마 붓다나 그의 가르침에서 자신의 어눌하고 모자란 부분을 대신 해결해 줄 수 있는 다른 무엇을 기대하고 있기 때문입니다. 이러한 생각을 가진 이들은 정통적인 가르침을 이해하기보다는 그와 같이 신앙적인 일들이 자신에게 편리하다고 생각하고 있기 때문입니다. 이렇게 생각한다고 그 사람의 이마에 갑자기 보기 흉한 혹이 생긴다든지 팔다리가 한쪽으로 구부러진다든지 하는 등의 불쾌하고 흉한 일은 일어나지 않습니다. 다만 정통성을 가지지 못할 뿐입니다. 그러므로 '편한 신앙생활을 위해서', '나의 입장을 변하지 않고'라는 각자의 입장을 지켜가면서 고따마 붓다의 자비로운 가피나 보호 아래 자신의 삶을 영위할 수 있다고 생각하는 것입니다. 마치 무슨 취미생활이나 하는 것처럼, 그러나 이러한 것은 고따마 붓다의 가르침을 이해할 수 없게 만드는 절대적인 요인이 됩니다. 왜냐하면 고따마 붓다는 생사를 연결해 주는 윤회와 그것에서의 괴로움을 벗어나는 길을 가르쳤기 때문입니다. 그러므로 각자 가지고 있는 굳혀진 입장[17]의 어떤 문제 때문에 정통성이 있는 가르침을 이해할 수 없게 되는 것입니다. 이것을 필자는 '이해의 장애'라고 표현합니다. 이러한 입장, 즉 자신을 더 이상 고따마 붓다의 가르침 속으로 들지 못하는 잘못된 사고의 집착을 가진 사람들에게는 사성제의 가르침은 이해 불가능한 조건이 되고 맙니다.

---

17 대림스님 옮김(2012.11.10. 초기불전연구원) 『맛지마니까야』「말룽꺄 긴 경」의 내용 참고. 다섯 가지 낮은 단계의 족쇄 때문에 마음이 괴로움에서 벗어나기도 하고 벗어나지 못하기도 한다는 내용. 즉 『맛지마니까야』의 「말룽꺄 긴 경(Mahāmāluṅkya Sutta)」에 나오는 '다섯 가지 낮은 단계의 족쇄(五下分結, pañca-orambhāgiyāni saṃyojanāni)'는 다음과 같다. ① 유신견(有身見, sakkāya-diṭṭhi) 오온(五蘊)을 '나'와 '나의 것'으로 보는 잘못된 견해/자아에 대한 집착과 실체가 있다고 보는 그릇된 견해 ② 의심(疑, vicikicchā) 부처님, 법, 승가에 대한 의심/수행과 깨달음의 길에 대한 불확실성과 의혹 ③ 계금취견(戒禁取見, sīlabbata-parāmāsa) 잘못된 계율과 수행방법에 대한 집착/형식적인 의식이나 수행만으로 해탈할 수 있다고 믿는 그릇된 견해 ④ 욕망(欲貪, kāma-rāga) 감각적 쾌락에 대한 집착과 갈애/오욕(五欲)에 대한 탐착 ⑤ 성냄(瞋恚, vyāpāda) 분노, 증오, 적대감/타인이나 상황에 대한 부정적 감정 등이다.

이렇게 진행되는 과정과 상황은 여러 가지 이유가 있습니다. 그 과정과 상황의 이유에 대해서는 앞으로 전개될 '깨달음을 표현하기 위한 실천'의 연재에서 하나하나 설명해 나가도록 할 것입니다.

이 다섯 가지 족쇄를 끊어야 예류과(預流果)와 일래과(一來果)를 성취할 수 있다. 수행자가 반드시 극복해야 할 기본적인 번뇌이며, 이러한 족쇄들은 윤회의 원인이 되며, 해탈을 방해하는 요소이다. 수행적 의미로 이 족쇄들을 인식하고 극복하는 것이 수행의 중요한 과제, 점진적인 수행을 통해 이러한 족쇄들을 하나씩 끊어나가야 하는 요소이고 이 족쇄들의 극복은 궁극적인 해탈을 향한 중요한 단계이다. 이러한 다섯 가지 낮은 단계의 족쇄를 완전히 끊게 되면 불환과(不還果)를 성취하게 되며, 이는 열반을 향한 중요한 진전의 과정이다.

깨달음의 실체

2014. 12. 7.

오늘은 깨달음의 실체가 무엇인지 설명해 보겠습니다. 불교에서의 '깨달음'은 고따마 붓다의 깨달음에 근거를 두는 것입니다. 왜냐하면 그것은 고따마 붓다의 깨달음에 대한 근원을 찾을 수 있는 가장 정확한 방법이고 방향이기 때문입니다. 앞에 주제로 설정된 깨달음으로 인한 열반의 성취가 될 수 있고 괴로움과 윤회를 벗어나 해탈을 이룰 수 있는 것의 가르침이 사성제四聖諦로 교의를 벗어나지 않기 때문입니다. 누구든 이 말에 대해 믿음을 가진다면 확실한 깨달음을 성취할 정도의 사성제四聖諦에 대한 이해를 한 사람이라고 보아야 할 것입니다. 그러나 이러한 생각을 가지면서도 이해의 깊이에 따라 간과하는 경우가 많습니다.

고따마 붓다의 가르침을 통해 깨달음을 얻겠다는 사람들을 보면, -여기에서는 성불成佛을 목적으로 공부하는 사람은 해당하지 않음-[18] 가르침을 실천하는 사람들이 고따마 붓다의 가르침에 정통을 갖추지 못하거나 가르침을 따르지 않음을 볼 수 있습니다. 초기불교의 교의를 통해 공부하는 사람들도 아예 애초부터 이러한 조건에서 '이해의 장애'를 스스로 만들어 가졌거나 가르침에 대해 꿰뚫어 이해하지 못하므로 깨달음의 가르침을 놔두고 엉뚱한 곳에서 맴돌고 있는 사람들을 보게 됩니다. 특히 이와 같은 사람들에게서 자주 발견되는 현상입니다. '어떤 이유에서인지 고따마 붓다의 가르침을 외면하고 배울 생각조차 가지지 않고 자기 스스로가 이미 깨달음을 설정해 놓은 사람들'입니다. 이러한 사람들은 고따마 붓다의 가르침을 가장 받아들이기 어려운 조건을 가진 사람이라고 할 수밖에 없습니다. 아마도 이 연재를 읽는 사람들은, 이와 같은 성향은 없을 것이라고 기대해 봅니다. 만약 있다면 당장 버려야 할 첫 번째 조건입니다.

그러면 사성제가 어떤 것인지부터 살펴보겠습니다.

사성제四聖諦는 '괴로움의 소멸법칙'을 가르쳐서 열반으로 인도하는 가르침입니다. 그러므로 이 가르침은 고따마 붓다의 가르침 중

---

18 대승권역의 경율론(經律論) 삼장은 견성성불(見性成佛)에 그 목적이 맞춰져 있기 때문이며, 성불과 열반은 어떤 상통하는 이론과 동질성이 없기 때문이다. 이 두 가지의 과제를 냉철한 입장에서 이해할 수 있고 설명해 낼 수 있다면 대승과 초기불교의 차이점을 알 수 있다.

에 가장 중요한 핵심입니다. 물론 고따마 붓다께서도 이 이론을 처음 발견하였고 이를 통해서 열반을 얻었습니다. 괴로움의 소멸법칙인 사성제의 가르침을 꿰뚫어 이해함으로써, 깨달음과 열반을 얻게 되었던 것입니다. 열반은 또한 불교의 가르침 안에서 궁극적인 목적입니다.[19] 열반을 얻기 위해서 반드시 거쳐야 하는 이해의 과정이 사성제입니다.[20] 사성제는 이해의 정도에 따라서 깨달음의 차이[21]가 있을 수 있습니다. 그만큼 사성제의 이해가 정통이면서 어렵다는 얘기가 됩니다. 그러나 이해가 어렵다고 그냥 덮어버린다든지, 간과한다든지, 지워버린다든지, 아예 버리고 다른 곳에서 해탈이나 열반을 구한다든지 한다는 것은 깨달음을 얻고자 하는 사람의 올바른 태도가 아닙니다. 왜냐하면 고따마 붓다의 가르침의 원형을 이해할 수 없다는 것은 가장 중요한 원인을 잃어버리게 되는 것입니다. 그리고 그것은 고따마 붓다의 가르침을 배우고 이해하고 실천하는 태도가 아니기 때문입니다.

---

19 대림스님 옮김(2012.11.10. 초기불전연구원) 『맛지마니까야』 107. 「가나까목갈라나경」 12-16에 브라흐민 가나까목갈라나가 세존의 가르침의 목적인 열반을 물어보는 대목에서 "고따마 존자님, 최상의 목적인 열반이 있고, 열반에 이르는 길이 있고, 안내자인 고따마 존자님이 계시는데..."라고 되어있다.

20 각묵스님 옮김(2006.1.6. 초기불전연구원) 『디가 니까야』 p.32. "어떤 경우에도 사성제를 철견하고(꿰뚫는 이해) 번뇌를 완전히 끊은 누진통의 체험이 없이는 깨달음의 완성으로 인정할 수 없다."

21 사향사과(四向四果) 아라한(arhat)의 과위에 도달하는 과정에서 사향(四向) 사과(四果)라고 부르는 여덟 종류의 단계를 말함. 즉 1. 예류향(豫流向) 예류과(豫流果) 2. 일래향(一來向) 일래과(一來果) 3. 불환향(不還向) 불환과(不還果) 4. 아라한향(阿羅漢向) 아라한과(阿羅漢果)이다.

그래서 사성제四聖諦를 가장 중요한 위치에 두고 공부할 수 있는 자만이 고따마 붓다의 가르침을 통해서 열반을 성취할 수 있습니다. 이 문제의 중요성에 대해서는 초기경전에 수없이 강조되고 있습니다.

"괴로움苦·일어남集·소멸함滅·도닦음道의 사성제四聖諦를 알지 못하는 수행자나 바라문은 윤회로 이끄는 행行에서 즐거움을 찾는다. … 그들은 윤회로 이끄는 행行이 있기 때문이다. 그들은 윤회의 절벽 아래로 곤두박질치고 있다."[22]

라고 사성제를 이해하지 못하는 경우를 이렇게 묘사하고 있습니다.

초기경전에서 사성제四聖諦의 명제와 이론이 처음으로 등장하게 되는 곳은 고따마 붓다가 성도하고 나서, 처음으로 이시빠다나 Isipatana; 현재의 사르나트의 녹야원에서 오비구五比丘에게 가르침을 펼친, 초전법륜初轉法輪에서입니다. 사성제가 중요한 가르침이라고 하는 것은 꾸따단따 바라문에게 설법한 내용에서도 확인됩니다.

22 각묵스님 옮김(2006.1.6. 초기불전연구원)『상윳따 니까야』「마음챙김의 확립 상윳따」Ⅴ.449.

"… 그러자 세존께서는 꾸따단따 바라문에게 순차적인 가르침을 설하셨다. 보시의 가르침, 계율의 가르침, 천상의 가르침, 감각적 욕망의 위험과 타락과 오염됨, 출리의 공덕을 밝혀주셨다. 세존께서는 꾸따단따 바라문이 마음의 준비가 되고, 마음이 부드러워지고, 마음의 장애가 없어지고, 마음이 고무되고, 마음에 깨끗한 믿음이 생겼을 때, 모든 부처님께서 찾아내신 괴로움苦; dukkha과 일어남集; samudaya과 소멸滅; nirodha과 도道; magga라는 법의 가르침을 드러내셨다."[23]

고따마 붓다의 설법은 사성제를 이해하므로 비로소 고따마 붓다의 정통적인 가르침을 가지게 된다는 것도 염두에 두어야 할 것입니다. 그만큼 사성제의 이해가 중요하다는 것입니다.

23 각묵스님 옮김(2006.1.6. 초기불전연구원) 『디가 니까야』(D5) pp. 28~30.

사성제와 대승교의

2014. 12. 8.

그러면 사성제四聖諦를 좀 더 구체적으로 설명하겠습니다. 이것은 고따마 붓다께서 '네 가지 성스러운 가르침'이라고 이름했습니다. 고따마 붓다의 성스러운 네 가지 가르침은 모든 중생의 괴로움의 문제를 해결하여 열반에 이르게 합니다. 왜 열반에 이르게 하는 가르침이라고 단정했을까요? 고따마 붓다는 이 세상의 모든 현실의 유형무형을 다 포함하여 괴로움苦이며 괴로움의 일어남集이며 괴로움의 소멸滅이라는 법칙으로 규정하여 꿰뚫어 보았습니다. 또한 그 '괴로움苦에서 벗어나는 길'은 괴로움苦의 실체를 확실히 알게 되었을 때 가능한 일이라고 단언했고, 그것은 '괴로움을 벗어나는 성스러운 여덟 가지 도닦음'이라고 가르치고 있습니다. 고따마 붓다가 우리에게 가르치려는 것은 바로 이 '괴로움苦에서 벗어나는 길'입니다. 그리고 그가 45년 동안 가르친 것, 또한 '괴로움苦에서 벗어나는 길'이었습니다. 그러므로 이 사성제의 가르침은 고따마 붓다의 가르침 중에서 가장 기본이고 중심이 되는 중요한 가르침입니다. 그것은 고따마 붓다의 어떠한 설법을 마주하더라도 - 일반인들을 위한 도덕적인 가르침을 제외하고는 - 항상 사성제의 이해를 바탕으로 가르침이 바로 서게 되는 것임을 알아야 합니다.

대승불교에서는 이렇게 말하는 사람들이 많습니다. '사성제는 성문聲聞 • 연각緣覺 • 소승小乘이나 배우는 하천한 가르침이다.'라고 폄훼합니다. 그리고 이러한 주장의 내용은 대승경전에서 정설로 다루고 있습니다. 그러나 사성제는 하찮은 가르침이 아니며 하찮은 법dhamma이 아닙니다. 오히려 사성제를 외면하고 있는 대승은 그 수용의 목적이 불분명합니다. 그러므로 대승에서는 깨달음의 주체인 '열반'이 사라지는 커다란 사건이 발생하고 말았습니다. 이 법[24]은 고따마 붓다를 깨달음으로 인도하였고 고따마 붓다가 가장 성스럽고 중요하게 여긴 법이며 경經 • 율律 • 논論 삼장의 근간을 형성하는 교리로 고따마 붓다가 재세시에는 물론 열반에 든 후에 결집을 통해서 규정한 것입니다. 이러한 중요한 가르침이 어떠한 이유에서라도 소실되고 축소되고 소멸하고 유실된다거나 간과되고 잃어버리게 되는 순간 고따마 붓다의 가르침에 의지하여 공부하는 사람은 가장 소중함을

24 바로 '사성제'의 실체.

잃게 되는 것입니다. 왜냐하면 고따마 붓다의 가르침을 배우고 따를 수 없는 최악의 상태가 되기 때문입니다.

요즈음 사성제를 꿰뚫어 알지 못하는 사람들이 너무나 가볍게 사성제를 대하는 것을 보게 되면 참으로 안타까운 생각이 들 뿐입니다. 사성제를 가볍게 대하는 데에는 크게 두 가지 이유가 있을 것입니다. 첫째는 가르침을 꿰뚫어 알지 못하기 때문이고, 둘째는 사성제의 중요성을 전혀 모르기 때문입니다. 어떤 이들은 고따마 붓다의 가르침을 배우는 사람은 '사성제의 이해가 우선입니다.'라고 말하면 '그 정도 모르는 사람이 어디에 있습니까? 그것을 이해한다고 생사生死의 문제가 해결됩니까?'라고 반문하는 사람들이 있습니다. 이와 같은 사람은 참으로 사성제를 이해하지 못하기도 하지만, 하찮게 생각해서 일 것입니다. 만약 사성제를 꿰뚫어 이해하는 사람이라면 이와 같은 언행을 할 수가 없습니다. 이런 반응을 보이는 사람은 고따마 붓다의 가르침에 의해 공부하는 사람이 아니라는 것을, 스스로 인정하는 것이나 다름없습니다. 그리고 이런 사람은 대부분 이교도적인 사고에서 공부하고 있거나 아니면 대승적인 입장에서 자기 스스로가 성불成佛하기 위해 이미 설정한 '성불의 개념'을 정해놓고 거기에 맞춰 사상적 이론이 형성되어 있기 때문일 것입니다. 또한 대승적 사고에 의해 길들여 지내며 이미 사성제의 이론은 아예 이해할 수 있는 여유가 없기 때문입니다. 이것은 고따마 붓다의 가르침을 따르고

자 하는 수행자에게 있어 매우 애석하고 난처하고 불행한 일이 아닐 수 없습니다. 이러한 사람은 또 이렇게 반문할 것입니다. '사성제가 아니더라도 일대사一大事를 해결할 수 있는 길은 얼마든지 있다. 사성제를 이해해서 성불할 수 있고 해탈을 얻을 수 있겠는가?'라고 말입니다. 그러나 고따마 붓다의 재세시에도 독각獨覺[25]은 있었지만 모두 세존에게 인정받았을 때 독각獨覺의 칭호를 얻게 되었다는 것을 잊어서는 안 될 것입니다.

우리가 가장 성스럽게 여기고 보호해야 할 사성제의 가르침이 대승불교에 와서는 이렇게 이해되고 있음을 보게 되는 것입니다. 이것은 고따마 붓다의 가르침인 법을 버린 것이나 다름없습니다. '초기불교나 부파불교小乘三藏敎, 혹은 사제교四諦敎를 불교의 초보적 단계로 이해하거나 소승·열승劣乘·패종敗種, 성불의 싹도 틔울 수 없는 종성, 혹은 악당·마구니로 간주하기도 하였습니다.[26] 이러한 사고의 빠르고 도도한 흐름은 고따마 붓다의 가르침의 진위 여부를 따져볼 겨를도 없이 그저 대승 찬양 일색으로 전도顚倒되어 퍼져나갔습니다. 그러므로 사성제를 입에 담거나 이론의 근거로 삼으려는 자들은 자연 이상한 사람으로까지 여기게 되었습니다. 예를 들면 초기불교를 '소승小乘' 또는 '수준 낮은 수행자'라고 폄하는 현실은 그들에게는

---

25 독각(獨覺; paccekabuddha)은 독성(獨聖)이나 연각(緣覺)이라고도 부름.

26 후지타 코타츠 外/권오민 옮김(1992.9.30. 민족사) 『초기·부파불교의 역사』

오히려 대승이라는 위대한 스승의 자리에 올랐음을 자랑거리로 여기게 했습니다. 이러한 갈등을 현실로 겪은 역사는 스리랑카의 불교역사[27]와 그 문헌에서 찾아볼 수 있습니다.

이렇게 대승불교에서는 사성제의 가르침이 사라지고 대신 그 자리에 다음의 이론과 체계가 세워지게 됩니다. '소승교-대승시교始教-대승종교終教-대승돈교頓教-대승원교圓教로 정리된 화엄교판教判과 화엄-아함-방등-반야-법화·열반으로 정리된 천태의 5시교판'[28]이라는 대승불교만의 불교해석이 이루어지게 된 것입니다. 이것은 분명 초기불교의 고따마 붓다의 입장으로 보면 외도의 견해나 사견이라고 할 만큼 대단히 잘못된 설정이고 판단입니다.

---

27 스리랑카에서 1. 초기 불교 전래(기원전 3세기)는 아쇼카 대제의 아들 마힌다(Mahinda) 장로가 스리랑카에 불교 전파했으며, 데와남피야 티싸(Devanampiya Tissa) 왕의 적극적인 수용으로 이뤄졌다. 이때 상좌부 불교가 주류로 정착했다.

2. 불교의 발전기(기원전 1세기~기원후 5세기)에 팔리어 삼장(Tipitaka)의 문자화 작업 완성되었고, 마하비하라(Mahavihara) 사원을 중심으로 한 불교 교육의 중심기가 형성되어 불교 주석서 전통의 확립이 이뤄짐.

3. 대승불교와의 갈등기(5세기~11세기)이 이때 현실로 나타났다. 아비야기리(Abhayagiri) 사원을 중심으로 대승불교가 수용되면서 마하위하라(전통 상좌부)와 아비야기리(대승 수용파) 간의 갈등은 왓짜가마니(Vattagamani) 왕 시대부터 시작된 두 종파의 대립이 있었다.

4. 통합과 정화기(12세기)에는 파라크라마바후 1세(ParakramabahuI) 왕의 불교 통합 정책으로 마하위하라 전통의 상좌부 불교로 통일되어 스리랑카 불교의 정통성을 확립했다.

5. 식민지 시기와 근대(16세기~20세기)에 포르투갈, 네덜란드, 영국의 식민 지배로 불교가 쇠퇴했고, 그것은 기독교 선교사들의 활동으로 인한 갈등 속에서 아나가리카 다르마팔라(Anagarika Dharmapala) 등의 불교 부흥 운동이 전개되었다.

여기서 우리는 고따마 붓다의 가르침이 대승이나 밀교로 넘어오면서 어떻게 변모해 가는가를 눈여겨볼 필요가 있습니다. 영산정사 성보박물관에는 불상관佛像館이 있는데 그곳에는 2,000여 점의 각종 불상이 전시되어 있습니다. 그 불상들을 자세히 살펴보면 불교의 역사가 어떤 사상으로 어떻게 변모해 가는가를 한 자리에서 확인해 볼 수 있습니다. 불교의 연대를 나눠보면 초기불교 • 부파불교 • 대승불교 • 밀교 • 좌파밀교 • 근현대불교로 나누어집니다.

---

6. 현대(독립 이후) 1948년 독립 이후 불교의 부흥으로 상좌부 불교가 국교적 위치 확보하는 등 불교 교육과 문화 전통의 계승으로 이어졌다. 주요 특징으로는 상좌부 불교의 순수성 유지 · 팔리어 경전 보존의 중심지 · 대승불교와의 갈등과 화해를 통한 독자적 전통 확립·불교 교육과 수행의 전통 계승 등이다. 이러한 역사적 과정을 통해 스리랑카는 현재까지도 상좌부 불교의 중요한 중심지로서의 역할을 수행하고 있으며, 특히 팔리어 경전의 보존과 연구에 있어 중요한 위치를 차지하고 있다.

28 후지타 코타츠 外/권오민 옮김(1992.9.30. 민족사) 『초기·부파불교의 역사』 '초기불교와 부파불교 그리고 대승불교' 발제 전문.

대승의 오류

2014. 12. 9.

대승권역에서 생활하는 수행승은 초기경전의 사성제 설명을 참으로 지루하고 쓸모없는 잔소리 즉 대충 넘어가도 될 가르침으로 여기고 있습니다. 그러나 사성제는 고따마 붓다의 가르침에서 가장 중요한 가르침으로 반드시 이해의 과정을 거쳐야만 전체적인 고따마 붓다의 교설을 이해하게 됩니다. 이렇게 중요한 고따마 붓다의 가르침인 사성제가 유사정법類似正法의 그늘로 가려졌고, 세월이 흐르면서 유사정법을 가진 많은 수행자 혹은 불교인들에 의해 폄훼되고 사장死藏되어 왔습니다.[29] 그 가운데 가장 큰 이유는 고따마 붓다의 가르침을 잘못 이해한 것이 커다란 원인이라고 할 수 있습니다. 이런 면

29 『묘법연화경』「권지품」에서는 대승의 출발 시점과 그들이 당시 평소에 가진 사상적 배경이 상세히 묘사되어 있으며, 그 내용으로 보아 대승경전에서 가장 역사적인 사실을 다루고 있다는 점은 『묘법연화경』이 위경(僞經)이긴 하지만, 오히려 대승을 연구하는 데 많은 도움이 될 것이다. 그리고 특히 이 『묘법연화경』은 초기 상좌부불교의 승단에서 함께 생활

에서 대승이 유사정법의 산실이 되었던 것입니다. 이러한 일은 후대로 오면서 심각할 정도로 더욱 심각한 상태로 나타납니다. 물론 대승 권역에서이고, 그들이 사용하는 경전에서이며, 그들의 수행 생활에서 반영되는 가르침에서도 사성제는 여지없이 빠져있거나 그들 나름대로 편집[30]하였습니다.

특히 대승불교의 교리적 해석이나 교판은 불교의 역사를 왜곡하여 전하게 되며 그것은 불교 신앙의 표상인 불상에서도 표현되어 있음을 확인할 수 있습니다. 대승의 활발한 관념만큼이나 수없는 다양한 표현으로 만들어진 불보살의 형상은 그 뒤에 불보살의 원력이 뒷받침하여 감동을 담은 이야기로 꾸며지고 또 영험 신앙이 보태져서 도도히 흐르는 강물처럼 민중의 가슴을 감동으로 흠뻑 적시게 됩니다. 물론 역사적이고 사실적인 사건을 떠나 이뤄진 가설에 불과한 일이지만, 그것은 수많은 세월에 역사를 만들어 지금까지 이어져 온 것입니다. 이런 사실은 이미 초기경전에서 깟사빠 존자와 세존의 대화에서 유사정법類似正法이라는 내용으로 언급되었고, 그 뒤 어떤 이유에서 그 예측은 현실에서의 문제로 나타나게 되었습니다. 그러나

했던 대승불교의 사상을 가진 승려들과의 생활상을 이해하는 연구자료로 충분하고, 그들이 가진 기존 승단에 대한 불만과 그 불만 요소를 어떻게 해결했는지 잘 알 수 있고, 기존 고따마 붓다의 가르침을 따르는 상좌부불교의 승단에서 분파되어 나올 수밖에 없었던 초기의 과정을 연구할 수 있는 충분한 자료이다.

30 『화엄경(華嚴經)』의 「사성제품(四聖諦品)」의 전문.

그 문제보다 더 큰 것은 현재에 살고 있는 수행자가 이 잘못된 문제에 관심을 두고 있지 않다는 것이 커다란 문제입니다. 다음 사진은 고따마 붓다의 고행상과 유사정법인 대승의 불상군佛像群입니다.

〈불상 사진〉

대승과 밀교의 불교관

2014. 12. 10.

이번에는 좀 더 개인적인 이야기를 하겠습니다. 지난번에 올린 글과 사진을 설명하기 위해서입니다. 맨 앞에 나온 사진은 부처님의 고행상苦行像입니다. 이 고행상은 그 시대에 만들어진 불상은 아니지만 초기불교의 대표적인 불상입니다. 초기불교[31]는 부처님께서 생존해 계시는 동안과 분파되기 이전의 불교를 말합니다. 그리고 부파불교에 대한 불상은 특별히 설명할 만한 불상은 없고, 대표적인 게 나

---

31 초기불교의 정의; 초기불교란 부처님이 직접 설법하신 내용과 그 제자들에 의해 전해진 가장 원형적인 불교를 의미한다. 일반적으로 붓다 입멸 후 100년 정도까지의 불교를 지칭. 주요 특징: 시기적 구분; 붓다 재세시부터 부처님 입멸 후 약 100년까지 부파불교가 성립되기 이전의 불교. 교리적 특징: 사성제(四聖諦)의 실법과 더불어 연기(緣起)·무아(無我)·무상(無常)등을 통해 사성제의 이해를 도왔다. 수행방법: 사념처(四念處) 수행·호흡명상·사마타와 위빠사나(觀) 수행을 통해 깨달음을 완성했다.초기불교의 중요성: 순수성; 붓다의 원음(原音)을 가진 가르침으로 후대 불교의 기준이 되는 근본 사상이다. 실천성; 형이상학적 논의를 배제·실천적이고 경험적인 수행법 강조·해탈과 열반을 위한 구체적 방법 제시. 합리성; 맹목적 신앙이나 의례를 거부·이성적이고 합리적인 검증 강조·'깔라마 경'에서 보이는 비판적 사고방식. 초기불교의 문헌으로는 빨리어 삼장(Tipitaka)·율장(Vinaya Pitaka)·경장(Sutta Pitaka)·논장(Abhidhamma Pitaka) 등이 손실 없이 전해온다.

한상으로 알려져 있습니다. 그리고 초기불교의 시기에부터 대승불교의 사상을 가진 사람들일지라도 고따마 붓다에 대한 나쁜 감정은 나타나지 않습니다.[32] 초기불교의 시대가 끝나고 대승불교로 넘어오면서 많은 불상이나 그림들이 만들어지게 되고 신앙의 형태가 다양하게 발달하게 됩니다. 그 대표적이라고 할 만한 불상은 '관세음보살상'입니다. 이는 '관음보살상'이라고도 하는데, 관세음보살[33]은 현존했던 인물이 아닙니다. 관념적인 표상으로 중생들의 바람과 소원 그리고 해결할 수 없는 어려운 문제에 따라 만들어진 대상입니다. 그래서 관음보살은 천수천안千手千眼을 가졌고 천백억화신千百億化身 • 천변만화千變萬化 • 신통자재神通自在한 능력으로 모든 중생의 소원에 감응하는 존재이고, 몇백 년 혹은 몇천 년의 역사 속에 일단 처음 만들어

---

32 이러한 대승의 현상은 현재에 와서도 마찬가지로 대승이 이단이면서 이단이라고 느끼지 못하는 점으로, 고따마 붓다의 가르침과 동질성을 가진 중요한 요소를 미묘하게 비판하는 형식을 갖추고 있다. 이러한 문제가 분명히 나타나는 원인은 대충 세 가지 정도이다. 첫째 교주의 권위의 문제이다. 분명 불교의 교주는 고따마 붓다로 인정하면서 깨달음에 관해서는 과거칠불의 이야기로 '이 전에도 과거 부처님의 이와 같은 깨달음이 있었다.'라고 한다. 그리고 더 발전하여 수많은 세계의 수많은 부처님과 보살을 만들면서 부처님 중에 가장 높은 분을 비로자나불(毗盧遮那佛)을 내세워 모든 부처님의 근본이라고 했다. 또한 이러한 가설을 인정하는 고따마 붓다의 역할을 내세워 사실로 표방한다. 둘째 교리의 잘못된 해석이다. 고따마 붓다의 가르침(四聖諦)을 '소승·성문·연각' 등 수준 낮은 이들이나 하는 공부라 폄훼하고 대승인 보살학도와 보살은 고따마 붓다 이전부터 비밀로 전해진(密傳) 깨달음과 보살행과 보살 원력의 완성을 통해서 위없는 훌륭한 대승을 만들어 가야 한다는 것이다. 셋째 세속화된 교리적 특성을 가졌다. 이것은 고따마 붓다의 재세시에도 거부했던 교리적 내용이, 자신들에게 전해져온 새로운 경전이라면서 수없이 제작되었고 전파되어 왔다.

33 관세음보살(觀世音菩薩): 힌두교(바라문교)에서 관세음보살과 유사한 자비와 구제의 역할을 하는 신은 '시바(Shiva)'의 배우자인 '파르와티(Parvati)'의 화신 중 하나인 '타라(Tara)' 여신으로 타라 여신의 특징은 자비와 구원의 상징·고통받는 중생을 구제하는 역할·모성

진 대상에 덧칠해서 만들고 또 만들고를 거듭한 것입니다. 왜냐하면 신앙의 대상이기 때문입니다.

이 '관음보살'은 대승불교의 가장 잘 알려진 대표적인 보살상입니다. 대승불교의 신앙을 이끌어 가는 중요한 관념적인 존재입니다. 그러므로 지금까지 대승권에서는 관음보살처럼 신앙을 멋지고 그럴듯하게 표현할 수 있는 대상이 없습니다. 중생 구원의 원력과 능력 또한 어느 보살에 비하여 견줄 수 있는 대상도 없습니다. 왜냐하면 중생들이 원하는 소원만큼이나 관세음보살의 구원실상의 원력과 가피력은 완벽하게 갖추어져 있기 때문입니다. 저 지난 세상과 이 세상을 자유자재로 넘나들며 중생을 구원하는 신통자재한 신력을 갖춘 보살은 없기 때문입니다. 그래서 누구든 이 관세음보살에게 자신이

적 자비를 상징·신도들의 기도와 간구에 응답하는 수호신이다.

불교와의 연관성에서 불교의 타라 보살(度母)과 유사한 성격이고 힌두교에서 불교로, 다시 불교에서 힌두교로 영향을 주고받은 대표적 사례라고 할 수 있다. 특히 티베트 불교에서는 관세음보살과 타라의 관계가 깊다고 할 수 있다.

기타 유사 신격으로 데위(Devi)는 힌두교의 여신으로서 자비로운 모성의 표상·다양한 형태로 나타나며 보호와 자비를 상징한다.

락슈미(Lakshmi)는 번영과 풍요의 여신이지만 자비로운 성격도 지님·신도들의 기원에 응답하는 특성·하지만 엄밀히 말하면, 힌두교의 이러한 신들과 불교의 관세음보살은 그 역할과 의미에서 완전히 동일하지는 않다. 관세음보살이 가진 독특한 특성인 중생의 고통을 듣고 구제한다는 의미라든가 33응신의 개념 또는 보살이라는 불교적 개념 등은 힌두교의 신들과는 구별되는 특징이다.

이는 두 종교의 근본적인 차이에서 비롯되며, 단순히 기능적 유사성만을 비교하는 것은 한계가 있다는 점을 이해할 필요가 있다. 그러나 같은 지역의 신앙문화에서 서로 수용하고 활용되었다는 것은 연구할 문제이다.

원하는 소원이나 이루고자 하는 목적에 대해 지극히 발원하고 기도하면 반드시 이뤄진다는 전제로 나타난 신앙의 대상입니다.

이 관음보살은 대승불교가 점점 발달하면서 더욱더 그 원력과 위신력威神力이 업그레이드됩니다. 그것은 바로 '천수천안관세음보살千手千眼觀世音菩薩'이라는 커다란 위신력을 갖춘 대상으로 변모하게 되는데, 한 손에 감로수를 들고 다른 한 손에는 버들가지나 길상의 수인手印을 하는 대신 손과 눈 그리고 몸과 뜻과 원력이 천 개인 관음상의 형태로 변모하게 됩니다. 한 관음보살이 한 중생을 제도하는 관세음보살은, 욕심 많은 중생에게서 갈증이 나는 일입니다. 그래서 아예 천만 중생의 소원을 몽땅 한꺼번에 들어줄 수 있는 관세음보살을 원했던 것입니다. 그뿐이 아닙니다. 더 많은 중생을 구제하는 전문적인 보살들[34]이 나타나면서 소원의 성향대로 보살은 구원과 원력을 가지

---

34 대승불교에서 중생을 구제하기 위한 수많은 보살 중에 대표적인 중생 구원의 전문 보살들 10명의 이름과 역할을 설명하자면 다음과 같다.

관세음보살(觀世音菩薩): 자비와 구원의 상징·중생의 고통을 듣고 구제하는 역할·33가지 화신으로 중생을 구제함.

문수보살(文殊菩薩): 지혜의 상징·반야지혜를 설하고 중생의 미혹을 깨우치는 역할·부처님의 좌보처(左補處)임.

보현보살(普賢菩薩): 진리의 실천과 행원(行願)의 상징·십대원(十大願)을 통한 중생 교화·부처님의 우보처(右補處)임.

지장보살(地藏菩薩): 대자대비의 상징·지옥중생 구제의 서원·"지옥이 비지 않으면 성불하지 않겠다"는 대서원을 세운 보살로 유명.

미륵보살(彌勒菩薩): 미래불·56억 7천만 년 후 이 세상에 출현하여 중생 구제·도솔천에 머물며 성불을 기다림.대세지보살(大勢至菩薩): 광명과 지혜의 상징·관세음보살과 함께

게 됩니다. 가령 지혜의 상징인 문수보살이나 공덕의 상징인 보현보살, 영가의 천도를 위한 지장보살, 지장보살은 중생의 업에 따라 여섯 가지 지장이 나타납니다. 그리고 힘의 상징인 금강장보살 등 수많은 보살이 나타나고 수많은 부처님이 출현하게 됩니다. 판타지 소설에서나 가능한 인물이 설정되고 등장하게 되는 것입니다. 이것은 『화엄경』·『법화경』·『금강경』·『능엄경』·『원각경』과 같은 대승경전에서만 확인되는 내용입니다. 삼국지를 역사소설이라고 한다면 이런 경전 종류를 판타지적 종교소설이라고 할 것입니다. 더욱 놀라운 일은 이러한 종류의 소설에 학자들이 주소註疏를 달아가면서 연구했고 연구서인 논서가 등장했다는 사실입니다. 그리고 더욱 이해할 수 없는 것은, 그것이 유사정법이고 위경僞經임을 확인할 수 있는 지금에 와서도 계속 진행되고 있습니다. 유사정법이 만들어진 가장 큰 원인은 생계형의 수행승과 맹목적인 신앙을 원하는 사람들 때문이라고 할 수 있습니다. 이런 유형의 신앙적 형태에서 종교적 가치와 학문적

아미타불을 보좌·중생에게 지혜의 빛을 전달함.

금강수보살(金剛手菩薩): 수호와 역경 극복의 상징·불법을 수호하고 악마를 항복시키는 역할·밀교에서 특히 중요시됨.

허공장보살(虛空藏菩薩): 무량한 공덕과 지혜의 상징·중생에게 재보(財寶)와 지혜를 베푸는 역할·허공과 같은 무량한 공덕 보유한 보살.

약왕보살(藥王菩薩): 치유와 구제의 상징·중생의 육체적, 정신적 고통을 치유·법화경에서 중요하게 다뤄짐. 원각보살(圓覺菩薩): 깨달음의 완성을 상징·중생의 본성이 원래 깨끗함을 설법·원각경의 주요 설법자임.

이들 보살은 각각 특별한 서원과 역할을 가지고 있으며, 모두 중생 구제라는 공통된 목적을 위해 활동한다. 특히 이들은 중생들의 고통 해소·깨달음으로의 인도·불법의 수호와 전파·자비와 지혜의 실천 등을 통해 대승불교의 이상을 실현하는 역할 담당이다.

가치는 역사에서만 따져볼 일이 되었고 더 이상 불교의 올바른 역사를 만들어 갈 수 없다는 것을 인식한다면 당장 멈출 수 있는 용기가 필요합니다.

이러한 대승불교의 반론에 그들은 그 경전의 가르침을 통해, 성불을 할 수 있는 길이 있음을 주장하면서 고집스럽게 대승불교의 당위성을 역설하고 있습니다. 참으로 이러한 사람들은 고따마 붓다의 가르침과 깨달음으로 동질성을 가지게 할 수 있을지 염려되는 순간들입니다. 이러한 문제는 고따마 붓다가 자신의 설법에서 하나도 빠짐없이 설명하고 있던 내용이었습니다.[35] 다만 그들은 절대 초기경전을 읽거나 배우지 않음을 강조하고 있으므로 대승권역에서 수행하는 사람들이라면 일생을 통해서 한 번도 실존했던 고따마 붓다의 인물에 대해 역사적으로나 교리적으로 그 가치를 올바르게 평가한다든지 긍정하는 기회를 얻지 못할 것입니다. 이미 몇천 년을 그들은 사성제를 '소승이나 성문 연각이 닦는 것'이라고 시답잖게 여기고 있을 뿐입니다. 이뿐만이 아닙니다. 대승에서 밀교로 넘어오면서 전법傳法하지도 않은 '진언眞言'이 생기게 되고 '진언'의 힘이 그 사람이 원하는 바대로 이끌어 준다고 여기고 있는 타락한 종교를 만들었습니다. 최상의 지혜로 이끄는 가르침이 대중적 성향에 따라 일반종교적 형

---

35 대림스님 옮김(2012. 10. 10. 초기불전연구회) 『맛지마 니까야』 제3권. 「데와다하 경」 전문 참조.

태로 변모하는 것은 이해가 가지 않는 것은 아니지만, 고따마 붓다의 가르침에 대한 견해로서는 도무지 납득이 가지 않는 변질된 형태의 불교를 경험하게 되는 것입니다. 이러한 신앙 형태의 변천에서는 절대로 고따마 붓다의 가르침으로 깨달음涅槃을 얻을 수 없습니다.

그것은 고따마 붓다의 가르침에서, 무지함과 몰이해는 맹목적인 신앙으로 빠져들고 그 믿음 역시 가짜의 구원이 되고 맙니다. 그러나 이런 현실은 고따마 붓다의 가르침에 전혀 관심조차 없는 중생이 소원하는 바에 대한 반향反響을 오히려 좋은 기회로 여기고 자연스럽게 생계형 불교가 탄생되었던 것입니다. 이것은 뒤에 밀교를 거쳐 좌파밀교에서 더욱 심각한 형태로 나타나게 됩니다. 또한 이것은 정통불교문화의 발전에 가장 이해하기 난해한 부분이기도 한 것입니다.

좌파밀교를 딴뜨라불교[36]라고 하는 데 불상의 표현에서 아예 남녀가 성교하는 자세를 취하고 있는 불상을 만들어 놓고 있습니다. 이것은 인간에게 가장 집요한 욕망을 성스러운 불상의 정진 자세를 통해 인간의 욕망으로 깨달음의 세계와 연결하고자 하는 시도를 했습니다. 인간이 성을 통해 살 수 없는 열반의 길을 터줌으로써, 성으로 문란해진 이들에게서 죄업이나 계율에서의 불편한 감정을 벗어나 그들이 만들어 놓은 신앙과 신앙의 대상에 완전한 믿음으로 매몰되게 하였던 것입니다.

만약 이러한 이론, 그리고 행위가 정당화될 수 있어 그것이 깨달음을 얻게 될 수 있는 것이라고 한다면 이미 고따마 붓다께서 그 길을 먼저 닦으라고 요구하였을 것입니다. 그러므로 이런 형태의 불교는 고따마 붓다의 가르침이나 깨달음과는 무관하고 일탈한 모습이라는 점을 알 수 있게 합니다.

---

36 중심 개념 딴뜨라(Tantra)는 산스크리트어로 '계속성' 또는 '실타래'를 의미하며, 7-8세기경 인도에서 발생하여 티베트, 중국, 한국, 일본으로 전파되었고, 현교(顯教)와 대비되는 밀교(密教)의 한 형태이다. 주요 특징으로 즉신성불(卽身成佛)로 현생에서 깨달음을 얻을 수 있다고 봄·수행을 통해 이생에서 부처가 될 수 있다고 믿는다. 수행 방법으로 만트라(진언) 염송·만다라 명상·무드라(수인) 결인·관상법 실천 등이다.세속적 요소의 활용에서 욕망과 감각을 부정하지 않고 깨달음의 도구로 승화·일상적 경험을 수행의 대상으로 전환함을 활용한다. 특이점은 비밀스러운 전수 방식(스승에서 제자로)·의례와 상징의 중요성 강조·육체와 정신의 통합적 수행 강조가 있다. 이러한 특징들로 인해 '좌파밀교'라고도 불리며, 전통적인 불교와는 다소 다른 수행 방식을 보여준다.

정법의 판단

2014. 12. 11.

이왕 내친김에 잔소리를 좀 더 하고 넘어가겠습니다. 수행자 혹은 일반 불자가 행·주·좌·와·어·묵·동·정行·住·坐·臥·語·默·動·靜에서 '고따마 붓다의 깨달음과는 무관한 것'을 행하고 있다면 틀림없이 잘못된 것입니다. 왜냐하면 그것은 '깨달음'에 유익하지 않고 도움도 되지 않기 때문입니다. '깨달음에 유익하지 않음이란' 고따마 붓다가 얻은 깨달음과 일치하지 않다는 뜻입니다. 법을 설명함에 방편方便을 쓰게 될 때 목적涅槃을 성취하는 데 도움이 되지 않는 것이라면 적당한 방편, 유익한 방편, 상응되는 방편이 될 수가 없는 것이나 마찬가지입니다. 만약 어떤 수행자가 깨달음을 위한 실천윤리가 이렇게 올바르게 정해져 있지 않다면 그에게 고따마 붓다의 가르침이 엉뚱한 방향으로 진행되어 나타나지는 않을 것입니다.

이런 이야기에서조차 불교에 관심 있는 사람일지라도 대부분은 이러한 설명이 어디가 잘못되었는지, 판단하지 못하는 경우가 종종 있습니다. 이 연재를 읽고 있는 독자분들께서도 대부분 그럴 것이라 여겨집니다. 어른이 아이들의 잘못을 꾸짖는 것은, 아이들 스스로가 자신의 잘못됨을 알고 그 잘못을 인정하도록 이끌어 주고 잘못을 알고 고치게 하기 위한 것입니다. 만약 아이들이 자신의 잘못됨을 깨닫지 못하고 인정하지 못하는 상황에서 어른의 꾸짖음이 있다면 그 지적이나 꾸짖음은 잘못되었을 수 있습니다. 왜냐하면 그것은 분명 꾸짖는 쪽이나 지적을 받는 쪽에서 이해되지 않는 문제가 있기 때문입니다. '이해되지 않는 문제'가 있다는 것은 두 가지로 생각해 볼 수가 있습니다. 먼저 어른의 지적이 합당하지 않음이고, 다음은 아이의 이해가 부족한 것입니다. 고따마 붓다의 가르침이 전해지는 과정에서도 이러한 상황은 수없이 발견됩니다. 그러므로 눈 밝은 선지자의 역할은 이러한 잘못된 과정과 결과를 되돌려 놓는 일에서 그 역할이 빛나게 되는 것입니다.

사랑하는 사람들은 서로의 눈빛만 보아도 각자가 그 사랑의 깊이를 느끼게 되어있듯이, 고따마 붓다의 가르침에 대한 깊은 이해를 한 이들에게는 서로 각자가 살아가는 모습과 언행을 보면서 서로를 판단하게 됩니다. 이것을 '이심전심以心傳心'이라고 하는데 이런 상태나 경우는 잘못 이해된 부처님의 가르침 속에서는 적용 불가능한 용어입니다. 대승불교는 지금까지 이런 부당한 일을 자신은 물론 모든 이들에게 요구해 왔습니다. 그것은 대승불교가 너무나 유익하지 않은 일을 해왔던 사실이라고 할 수 있습니다. 결국 대승불교권역에서 불교의 정법을 지킬 수 없고 대승불교의 쇠퇴기를 맞이하게 되는 원인을 가지고 있었던 것입니다.

그러면 모든 이들에게 유익한 일은 어떤 길이 있을까요? 물론 고따마 붓다의 가르침 안에서의 일을 얘기하는 것입니다. 이러한 형식과 이러한 이론 이러한 사상은 자신의 깨달음을 어떻게 받아들이고 어떻게 이해하고 표현하는 방법에 대해서 제자들에게 자세히 일러주시는 모든 일들이 초기경전 안에서 빠짐없이 발견되는 내용입니다. 특별한 사람만을 위한 설명이 아닌 일반인들의 능력 범위 안에서 이해할 수 있는 설명인데도 불구하고, 아예 그것조차 차단한 것은, 대승에서 그 원인이 발견됩니다. 대승이 고따마 붓다의 가르침을 철통같이 막았던 이유가 뭘까요? 바로 그 이유는 대승의 출발과 교리와 깊은 연관이 있었기 때문입니다.

초기경전을 통해 고따마 붓다의 전법을 통한 삶의 모습을 관찰할 때, 고따마 붓다는 모든 이들에게 아주 자상한 어버이와 같았음을 느끼게 됩니다. 고따마 붓다의 설법은 언제나 제자들에게 자상하게 혹은 엄하게 자신의 가르침을 이해하기를 요구하고 있었습니다. 제자들을 위해 설법할 때는 먼저 '자세히 들어라. 내가 설하리라.'라고 말씀하므로 자신이 설명하는 말에 집중하여 들어 줄 것을 바라며, 아주 중요한 부분에 가서는 깊은 이해의 필요성이 있음을 특별히 강조하기도 합니다. 그리고 같은 내용의 뜻을 거듭거듭 나타내주기도 했습니다. 이것은 45년 동안 이어졌고, 그러면서 자신의 가르침이 잘못된 점을 항상 지적하라는 요구도 함께하고 있었습니다. 그것은 일반인들에게까지도 허용했던 내용입니다. 「사꿀루다이 긴 경」이나 「사꿀루다이 짧은 경」[37] 또는 「사마나만디까 경」[38]은 일반인들에게 견해의 잘못됨을 지적하고 있는 내용입니다. 또한 각자 스스로가 자신의 가르침이나 혹은 다른 어떠한 가르침이라도 '각자 스스로 깊이 통찰해 보고 심사숙고한 다음 합당한 점이 발견되면 따르고 그렇지 않으면 버려도 좋다.'라는 선택의 길도 열어놓았습니다.

대승불교의 신앙과 교리는 이 세상에서 가장 완벽하고 높고 견줄 바 없는 진리로 표방하기 때문에 무조건 따르고 따르면 공덕이 되고 그렇지 않고 비방하거나 따르지 않으면 참으로 나쁜 과보를 받게 된다고 하여 고따마 붓다의 가르침을 접근하는 방법과는 전혀 다른 차이를 나타내고 있습니다. 고따마 붓다가 평소 가르치지 않은 것이 있다면 바로 이런 대승경전의 가르침이라고 할 수 있습니다. 이것은

---

37 대림스님 옮김(2012. 10. 10. 초기불전연구원) 『맛지마 니까야』 제3권.

38 대림스님 옮김(2012. 10. 10. 초기불전연구원) 『맛지마 니까야』 제3권.

가르침의 깨달음에서도 자신의 결정과 판단과 이해가 얼마나 중요한 것인가를 보여주는 것이라고 할 수 있습니다. 어떤 사안이 '최상의 지혜'[39]로 판단되는 것인가를 매우 중요하게 여겼던 것은 가장 큰 이유입니다.

이렇게 순수한 입장에서 고따마 붓다의 가르침을 따르고자 출가한 사람의 생활에서 모든 언행은 기본적으로 도덕적 자율성을 요구하고 있습니다. 출가생활에서의 자율적인 가치는 가르침을 꿰뚫이 이해하지 못했거나 스스로 긍정적인 사고를 확보하지 않았다면 나타날 수 없는 중요한 문제입니다. 그러므로 승가의 모든 언행과 삶의 방식은 가르침을 꿰뚫어 이해한 도덕적 관념의 자율적인 것이 바탕이 됩니다. 그것은 자연현상의 생주이멸生住異滅과 같아 어떠한 부자연스러움도 나타날 수 없는 순수한 입장을 요구하기 때문입니다.

39 최상의 지혜로 합당한 것은 '괴로움의 소멸법칙'인 사성제를 꿰뚫어 이해한 최상의 정통 견해이다.

본론의 시작

2014. 12. 12.

오늘부터는 여러 가지 잡다한 서술적인 잔소리는 집어치우겠습니다. 본론으로 들어가 보겠습니다. 사실 앞에서 한 얘기는 지금부터 할 이야기의 중요성을 강조하기 위한 것입니다. 앞서 했던 이야기 가운데 고따마 붓다의 가르침에서 가장 근본이 되는 것은 사성제四聖諦라고 했고, 사성제가 어떤 것인지에 대한 큰 틀은 보여줬습니다. 그러므로 이제부터는 사성제를 하나하나 자세히 설명해 가도록 하겠습니다.

우선 사성제四聖諦를 이해하기 위해서는 사성제의 특성에 대한 것이 무엇인지 알아야 합니다. 사성제의 주제는 괴로움苦입니다. 그러므로 괴로움苦에 대한 이해가 얼마만큼 이루어졌느냐에 따라서 사성제에 대한 이해는 정비례하여 나타납니다. 우선 사성제四聖諦를 대하여 이런 생각을 가져야 합니다. '괴로움苦의 이해를 통해서 괴로움苦의 원인을 규명하고 괴로움苦은 결국 소멸한다.'[40]라고 말입니다. 이러한 설정이 이루어져야 괴로움苦을 대하는 마음가짐에서 괴로움苦을 이해하고자 하는 열망이 일어나고 그 괴로움苦이 자신의 근본적인 깊은 문제를 해결할 수 있는 것이라고 느낄 수 있을 것입니다.[41] 이러한 마음이 형성되었을 때 비로소 괴로움苦을 깊이 또는 자세하게 관찰하는 자세가 됩니다. 수박 겉핥기식으로 괴로움苦의 문제를 시험문제 풀듯 '고·집·멸·도苦·集·滅·道'라고 외워 정답이라고 내놓는다면 절대 이 사람은 사성제를 이해할 수 없을 것입니다. 분명 "사성제四聖諦는 열반으로 이끄는 가르침이다."라고 초기경전에 고따마 붓다는 설명하고 있습니다. 그러므로 열반·해탈을 하고자 하는 이들이라면 사성제를 꿰뚫어 이해하고 괴로움의 실체를 통찰해 정견의 견해를 확보하는 성과가 이루어져야 합니다.

그러면 괴로움苦이 어떤 것인지부터 설명해 보겠습니다. 괴로움苦은 고성제苦聖諦라고 합니다. 고성제苦聖諦의 괴로움은 팔리어[42]

---

40 이것을 필자는 '괴로움의 소멸법칙'이라고 풀어서 표현했음.

41 괴로움에 대한 깊은 이해는 사마타와 위빠사나의 수행에서 '마음챙김'에 관한 완벽한 구조적 역할을 할 수 있는 바탕이며, 이것은 결국 '알아차림'과 연결된 역할로 삼매를 갖추어 머무는 기틀이 된다.

42 팔리어(Pali)는 현재 세일론(스리랑카)·미얀마·타이(태국)·캄보디아·라오스 등의 남방지역의 상좌부불교권에서 행해지고 있다. 남방불교의 성전어(聖典語)를 말한다. 이 언어를 팔리어라고 명명하게 된 것은 12세기 이후라고 여겨진다. 팔리어란 언어학적 명칭은 아니

로 'dukkha'라고 합니다. 그리고 이 단어의 뜻은 고통•고뇌•슬픔•비탄을 의미하며, 반대어인 'sukkha'가 행복•안락•평안을 의미합니다. 그러나 "붓다의 인생관과 세계관을 대표하는 진리로서의 'dukkha'라는 말은 더욱 깊은 철학적 의미를 내포하고 있으며, 훨씬 넓은 뜻을 함축하고 있다."라고, 『What the Buddha Taught』에서 라훌라 월폴라Rahula, Walpola스님[43]은 말하고 있습니다. 괴로움苦에 포함된 '깊은 철학적 의미와 넓은 뜻'이라는 것은, 인간의 삶에서 느끼고 있는 모든 고통의 실체를 통틀어 말하는 것입니다. 여기서 고통이라고 하는 것은 고따마 붓다가 설정한 괴로움苦을 말하는 것입니다. 즉 불행이라고 느끼는 것은 물론, 행복이라고 느끼는 것일지라도 모두 다 괴로움이며, 형상이 있는 것이든 없는 것이든 삼계 안에 존

다. 그 이전에는 마가다어(Magadha nirutti) 혹은 마가디카 다사(Māgadhika bhāsā)라든가 근본어(根本語, Mūla bhāsā)라고 불려지고 있었다. 마가다어란 갠지스강 중류 지역의 마가다 지방의 언어라는 의미이며, 근본어란 인류가 최초로 사용했던 언어라는 의미이다. 마가다어라 불리게 된 이유는 불교의 개조인 고따마 붓다가 이 언어를 가지고 마가다 지방을 중심으로 교화·설법했으며 그것이 그대로 남방불교의 성전이 되었다.

그러나 이 언어 외에 마가다어라는 언어가 따로 존재하며 그것은 실재로 마가다 지방의 언어였다는 것이 밝혀지면서 팔리어를 마가다어라 부르지 않게 되었으며, 또한 근본어란 명칭도 사용하지 않게 되었다.

팔리어는 어어체계적으로 쁘라끄릿뜨의 일종이다. 쁘라끄릿뜨란 중기(中期) 인도 아리안어의 총칭으로, 기원전 6세기경에서 기원후 11세기경까지 인도에서 사용된 인도 아리안의 민중어(방언)이다. 쁘라끄릿뜨의 어의에 관해서는 갖가지 설이 있지만, 보편적으로 Prākrit란 Sanskrit 곧 고전범어(古典梵語)에 대비되는 말이다. 水野弘元 지음/ 김형준 역 (2001.6. 연기사) pp.15~16.

43 라훌라 월폴라(1907-1997)은 1907년 스리랑카(당시 실론) 출생·1929년 20대 초반에 출가·1964년 영국 런던대학교에서 박사학위 취득·1997년 스리랑카에서 입적하였다.

학문적 경력으로 교육: 스리랑카 비드요다야 대학(현 스리자야와르데나푸라 대학) 졸업·런던대학교 동양아프리카학부(SOAS) 박사.

재하는 모든 것을 다 괴로움苦이라고 단정 지었던 것입니다.

이러한 실체가 깊이 또는 넓게 이해될 수 있도록 밝히기 위해서는 괴로움苦의 분석이 필요하고 그 분석에서 충분히 각자가 '괴로움의 소멸법칙'[44]을 이해하여야만 알 수 있습니다. 이런 이론이 이해되지 않는다면 고따마 붓다의 인생관과 세계관을 이해할 수 없을 뿐만 아니라 그의 가르침을 꿰뚫어 이해하기란 요원할 것입니다.

그러면 괴로움의 실체를 이끌어 설명해 보겠습니다. 괴로움의 실체는 다음과 같이 세 가지 성향으로 분류해서 설명할 수 있습니다.

교수 경력: 스리랑카 비드요다야 대학 교수·미국 노스웨스턴대학 교수·캐나다 토론토대학 교수·프랑스 소르본대학 교수.

주요 업적은 학술적 공헌·초기불교 연구의 권위자·불교의 현대적 해석과 서구 소개에 큰 기여·팔리어 불교 경전의 영어 번역 작업.

주요 저서: 『What the Buddha Taught』(1959) 가장 유명한 저자·『Heritage of the Bhikkhu』·『Zen and the Taming of the Bull』·『The Heritage of Buddhist Thought』 등이 있다.

라훌라 월폴라는 20세기 불교학계에서 가장 영향력 있는 학자 중 한 명으로, 특히 그의 저서 "What the Buddha Taught"는 전 세계적으로 불교 입문서의 고전으로 인정받고 있다.

44 사성제를 '괴로움의 소멸법칙'이라고 풀어서 표현하였다. 이것은 필자가 독자들의 괴로움(苦)에 대한 입체적 이해를 돕기 위한 설명하는 과정에서 만들어진 표현임. 이런 표현이 적용되는 범위는 '괴로움(苦), 괴로움의 일어남(集), 괴로움의 소멸(滅)'이다. 따라서 팔정도(道)는 괴로움의 소멸법칙에 의해 괴로움이 꿰뚫어 이해되고 거기에서 정견의 견해가 생긴 '무학의 여덟 가지 성스러운 길'을 말하는 것으로 佛行이라고 했다.

고고성苦苦性, dukkha-dukkha: 일상적인 괴로움.

괴고성壞苦性, viparinama-dukkha: 변화로 인하여 발생하는 괴로움.

행고성行苦性, samkhara-dukkha: 조건 지어진 상태의 괴로움.

위에 분류된 세 가지 괴로움의 형태는 일체 현상의 모든 존재를 괴로움이라고 단정하였을 때 나누어진 결과입니다. 그러므로 괴로움의 분류에서 괴로움을 이해하기란 그렇게 쉬운 것이 아니라는 것을 알 수 있습니다. 이 세 가지의 괴로움은 생사윤회 속에서 언제나 괴로움의 형태로서만 나타나고 느껴지는 것은 아닙니다. 괴로움을 전혀 느끼지 못할 정도로 행복만을 느낄 수도 있습니다. 그러나 이러한 행복도 세 가지 괴로움에 속해 있다는 사실을 꿰뚫어 알게 됨으로써, 비로소 인생 전체 혹은 현상세계 전체를 '괴로움'라고 단정 지은 고따마 붓다의 가르침을 이해하게 될 것입니다. 거듭 말씀드리지만, 고따마 붓다의 가르침에서 이 세 가지 괴로움苦의 문제의 이해를 놔두고 다른 어떤 가르침이나 실천 방법으로 해탈·열반을 구한다고 한다면 그것은 고따마 붓다의 가르침이고 결과라고 할 수 없습니다. 특히 대승은 이러한 잘못된 이유를 가지는 것에 관해 대단히 용감하였습니다. 용감한 대승의 행동은 깨달음을 얻게 되는 원인과 과정 그리고 결과를 충분히 분석하지도 인정하지도 않는 것에서 나타난 것이라고 할 수 있습니다.

대승이 이러한 이론을 가질 수 없는 것은, 결국 고따마 붓다의 깨달음의 결정체인 열반을 배울 수 없고, 얻을 수 없고, 경험할 수 없고, 설명할 수 없게 되는 원인이 됩니다. 그러므로 다시 되돌릴 수 있는 길이 있다면 바로 이곳에서 되돌릴 수 있는 유일한 길임을 알아야 할 것입니다.

그러나 대승은 너무 멀리 와 있습니다. 그래서 고따마 붓다의 가르침으로 출가한 목적인 열반은 온데간데없고 갑자기 성불이란 목적으로 바뀌어 사뭇 새롭고 낯선 환경을 경험하게 만들고 있습니다. 이 난제는 대승이 만든 것이고 대승이 결정해야 할 문제입니다. 어떠한 시절인연에 이러한 이해가 형성되었을 때 대승에 참다운 고따마 붓다의 광명이 비치게 될 것입니다.

괴로움의 성향

2014. 12. 13.

고성제苦聖諦의 세 가지 성향의 분류 중 첫 번째로 언급되는 고고성苦苦性, dukkha-dukkha은 일상적인 괴로움을 말합니다. 단순한 아픔이나 고통을 뜻하며 명색名色[45]의 현실적인 괴로움을 나타냅니다. 정신적인 현실의 괴로움은 무엇이 있을까요? 고통·고뇌·슬픔·비탄 등이라고 말할 수 있습니다. 육체적인 고통은 우리의 몸에 어떠한 이유로든 상처를 입었을 경우 아픔과 고통을 느끼게 됩니다. 그것은 육체의 고통에 속합니다. 누가 나에게 심한 말로 마음에 상처를 주거나 사랑하는 사람이 나의 곁을 갑자기 떠났을 때 우리는 몸과 마음으로 동시에 아픔과 고통을 느끼게 됩니다.

---

45 명색(名色; rūpa); 세상에 나타난 모든 형상과 이름을 가진 모든 종류. 불교에서는 오온(五蘊)이란 말로 표현한다. 즉 '다섯 가지 결과물'이란 뜻이다.

어릴 때 잘못을 저질러 아버지 어머니에게 꾸지람을 듣거나 매를 맞았을 때, 친구하고 다투고 싸워서 서로 상처가 나기도 하고 이해할 수 없어 마음에 분통이 터질 듯이 울분이 일어날 때, 고집을 부리다가 형이나 누나에게 혹은 어른들에게 호되게 꾸지람을 들었을 때, 컴퓨터에 바이러스가 들어와 자신의 컴퓨터를 다 망쳐놓았거나 남이 나의 컴퓨터를 해킹하여 해킹당하였을 때, 이런 것은 분명 고통에 속하는 괴로움을 느끼는 조건들이고 괴로움이라고 단정할 수 있는 것입니다.

그리고 성장하여 공부를 열심히 할 수 없는 처지를 한탄하거나 사랑하는 이성이 생겼는데 마치 그 이성이 다른 이성을 사랑한다는 것을 알았을 때, 가지고 싶은 좋은 물건이 눈앞에 있는데 가질 수 없는 처지였을 때, 자신이 한없이 잘생겼다고 우쭐거리고 싶은데 그렇게 인정되지 않을 때, 성장하여 사업장이나 회사의 작업 등의 일을 하면서 받게 되는 스트레스, 또는 그에 따르는 실패나 장애를 통해 희망이 없어졌을 때, 부모나 형제 또는 사랑하는 이들이 이 세상에서 삶을 다하고 자신에게서 영영 떠났을 때, 등등 모든 상황은 괴로움이고 고통이라고 단정할 수 있습니다. 이것은 고고성苦苦性에 해당하는 괴로움의 실체로써 세 가지 괴로움의 성향 중에서 가장 쉽게 경험하고 이해할 수 있는 조건입니다.

이러한 괴로움은 완전히 '원인을 규명'해야 끝이 납니다. 그러기 위해서는 여러 가지 방법이 있을 수밖에 없습니다. 그 방법 중에 크게 두 가지로 나눌 수 있는데, 그 두 가지란 것이 매우 우리들을 혼란스럽게 만듭니다. 모든 괴로움의 실체가 상대적이면서 나로부터 일어난 것이므로, 수행자는 이 두 가지의 문제를 가지고 심도 있게 꾸준히 답을 얻을 때까지 캐고 또 캐곤 합니다. 이런 것의 대표적인 논서論書가 있는데 『아비담마』[46]와 대승의 『유식론』[47]이라고 할 수 있습니다. 이 논서論書에서는 물질과 정신적[名色]으로 모든 괴로움의 원인을 규명하고 있습니다. 또한 세계에 대한 성•주•괴•공成·住·壞·空의 원인까지도 괴로움의 소멸법칙을 규명하는 데 사용됩니다. 괴로움의 소멸법칙의 원인을 밝히려는 목적은 괴로움에서 벗어나기 위한 것이라고 할 것입니다. 이것은 윤회의 단절이고 열반을 얻게 되는 길이 거기에 있기 때문입니다.

그러나 이러한 논의는 오히려 너무 지나친 분석의 흐름으로 인하여 괴로움의 소멸법칙의 실체를 볼 수 있는 과정을 벗어나게 만들

---

46 아비담마(Abhidamma)는 논장(Abhidamma-piṭaka)으로, 초기불교에서는 모두 일곱 가지 논서이다. ① 담마상가니(Dhammasaṅgaṇi, 法聚論·法集論). ② 위방가(Vibhaṅga, 分別論). ③ 다투카타(Dhātukathā, 界說論). ④ 뿍갈라빤냐티(Puggalapaññati, 人施設論). ⑤ 카타왓투(Kathāvatthu, 論事論). ⑥ 야마까(Yamaka, 雙對論), ⑦ 빠타나(Paṭṭhāna,發趣論)를 말한다.

47 대승불교의 유식론(唯識論) 정의는 모든 현상은 '오직 식(識)뿐이다'라는 뜻의 불교 철학으로 경험하는 모든 현상은 '마음(識)이 만들어 낸 것.'이라는 사상. 핵심 개념으로 1 팔식(八識)·전5식(前五識): 눈, 귀, 코, 혀, 몸의 감각 의식·제6식(第六識): 의식 - 사고와 판단·

고 맙니다. 그것은 또한 『아비담마』의 가치를 잃어버리게 만드는가 하면 엉뚱한 논리의 전개로 깨달음을 구하는 데 혼돈을 가져오기도 합니다. 경험에 의하면 아비담마적 논리의 설명은 이미 모든 초기경전에 군더더기 없이 자세히 설명되어 있고 아비담마에서 새롭게 분석되는 교리적 분석이라고 하는 것은 고따마 붓다에 의해 유익한 의미로 정해진 바 없는 요소들이 많았습니다.

여기에서는 『아비담마』와 대승의 『유식론』에서처럼 전문용어는 될수록 피하고 우리들이 자주 사용하는 용어 즉 고따마 붓다가 경전에서 설법하신 내용을 사용해서 알기 쉽게 이해를 도울 것입니다. 그것은 이해의 장을 넓히고 현대의 적합한 용어가 우리에게 괴로움의 소멸법칙의 가르침과 친숙하게 해줄 것이라고 믿기 때문입니다. 또한 너무 어려운 내용의 전문용어는 내용을 파악하는 데 걸림돌이 될 수도 있을 것입니다. 그래서 서술하는 전문용어로 인해 지루하거나 싫증을 느껴 읽는 것조차 포기하게 될지도 모릅니다.

제7식(第七識): 말나식 - 자아의식·제8식(第八識): 알라야식 - 모든 경험이 저장되는 근본의식. 2 삼성설(三性說)을 세우고 있다. 즉 변계소집성(遍計所執性): 허망한 분별·의타기성(依他起性): 인연에 의해 생기는 현상·원성실성(圓成實性): 진실한 실재 등이다. 주요 특징은 현상세계는 식(識)의 변현(變現)이라고 봄·개인의 의식 작용을 체계적으로 분석·수행을 통한 전식득지(轉識得智)를 강조함.

역사적 의의로 인도에서 시작되어 중국, 한국, 일본으로 전파. 법상종(法相宗)의 근본 사상이 됨. 현대 심리학과도 연관성이 있다고 평가받고 있다. 즉 인식론적 관점에서 의식과 실재의 관계 탐구·마음의 구조와 작용에 대한 체계적 이해 제공·현대 심리치료와 명상에도 영향을 미침.

괴로움의 소멸법칙을 이해하기 위해 괴로움의 원인이 되는 요소들을 일목요연하게 외우고 암기할 필요는 없습니다. 왜냐하면 그렇게 하지 않아도 괴로움의 원인을 알게 되므로 그 원인에 대한 것들이 언제 어디에서나 정확하게 관찰되기 때문입니다. 그것을 괴로움의 이해라고 하기도 하고 정견의 견해라고 합니다. 괴로움의 실체가 바르게 관찰되면 괴로움이 되는 요소가 관찰하는 자의 관점에서 사라지지 않습니다. 이것은 관찰자의 견해이고 대단히 중요한 자세가 됩니다. 그 자세는 괴로움의 내부에 들어 있음을 벗어나게 하며 괴로움을 자신과 관계없는 관찰 대상으로 항상 괴로움의 밖에 자신을 머물게 하는 능력을 개발하게 할 것입니다.[48] 이것은 관찰자에게 대단히 중요합니다. 괴로움의 실체를 알고자 하는 자에게 이러한 상태는 괴로움을 벗어나기 위한 기본적인 자세를 얻었다고 단정할 수 있습니다. 특히 불교 명상에서 충분한 조건을 갖춘 사람이라고 할 수 있습니다. 마치 매일매일 무엇을 하겠다고 약속 시간이나 날짜에 알람을 맞춰 놓는 것 이상의 결과입니다. 오늘부터 매일매일 무엇을 하겠다고 알람을 맞춰 놓으면 약속한 일을 잊고 있었던 내일 아침 그 시간에 알람이 틀림없이 울리게 되고 그 알람 소리를 듣게 되면 '아 그렇구나!'하고 알게 되어 그 전날 약속한 그 일을 하게 되는 것 이상의 효과일 것입니다.

---

48 이 단락의 설명은 위빳사나 명상의 기본자세라고 이해할 수 있다. 그러므로 고를 철저히 이해하는 것은 올바른 명상을 할 수 있는 기본이 된다. 열반·해탈은 이해의 산물이기 때문이다.

그러므로 괴로움苦으로 단정된 그 일에 대해서는 자신이 어떠한 상황에 있더라도 '아, 이것은 괴로움이다! 괴로움의 원인이다! 괴로움의 소멸이다!'라고 당장 알고 느끼게 되는 것입니다. 이것은 분명 해탈의 전조이고 열반을 얻을 수 있는 기틀이 됩니다. 그러므로 괴로움의 실체를 관찰하여 괴로움의 원인을 규명하는 이유가 여기에 있는 것입니다.

그러나 아직 고고성의 괴로움을 이해하는 것 가지고는 세 가지의 괴로움을 다 꿰뚫어 이해했다고 볼 수 없습니다. 아직도 고고성의 괴로움의 조건을 설명할 것은 무한정입니다. 배고픔, 목마름, 외로움, 병들어 받게 되는 고통 등은 분명 고고성에 해당합니다. 추운 겨울 날씨의 빙판에서 넘어졌다고 가정해 봅시다. 이 일로 인해서 발생하는 괴로움은 여러 가지 있을 수 있습니다. 우선 넘어진 상태에 따라서 병원에 실려 갈 수도 있을 것이고 그렇지 않을 수도 있습니다. 그리고 넘어진 곳에 따라 달라집니다. 또한 사람들이 많이 있었느냐 아니면 없었느냐에 따라서, 자신이 실수였느냐 남이 가해한 것이었느냐 하는 것도 문제가 되겠지요. 이번에 일어난 사건인 '세월호 침몰 사건'은 정치, 경제, 사회에 있어 참으로 많은 사람이 각양각색의 괴로움을 당했습니다. 반대로 들떠서 환호하는 사람도 있을 수 있습니다. 그러나 어떤 경우가 되었든 모두가 고고성에 해당하는 일입니다. 만약 북한이 남한을 공격해서 남한 전체가 또는 북한 전체가 전쟁터로 변한다면 그것 역시 괴로움에 해당하는 괴로움일 것입니다. 어디 그뿐입니까? 비행기나 열차 그리고 원자력발전소의 폭발 사고, 화산이나 쓰나미 그리고 큰 한파, 큰 태풍과 같은 자연재해며 독충에 쏘이고 물리고 하는 피해를 당하는 것 등등은 고통이며 괴로움에 해당하는 것들입니다. 이런 것들은 모두 고고성에 해당하는 괴로움입니다. 고고성의 특징은 고통을 받는 자가 현실에서 직접 고통을 느끼고 고통에 몸부림치고 고통에 두려워하게 합니다.

내일의 상태를 보고 고고성을 더 설명할지 그만 끝낼 것인지를 정하도록 하고 오늘은 여기서 마칩니다.

단순한 괴로움을 넘어

2014. 12. 14.

괴로움에 대한 설명을 좀 더 해보기로 하겠습니다. 그리고 한 가지 질문을 하겠습니다.

'어느 날 잠자리를 들기 위해 잠자리에 누웠는데 갑자기 어떤 친구 얼굴이나 옛날에 서로 좋아했던 사람의 얼굴이 떠올라 잠을 이룰 수가 없습니다. 머릿속에 떠오른 사람은 이미 이 세상에 없는 죽은 지 오래된 사람입니다. 이것은 세 가지의 괴로움苦 중에 어디에 속하는 괴로움일까요?'라고 물으면, '고고성苦苦性입니다.'라고 쉽게 대답이 나와야겠지요. 꿈에서 일지라도 현실에서 정신과 물질에 의한 괴로움苦이 발생했으니 당연히 그런 대답을 해야 옳습니다.

괴로움을 진솔하게 이해하는 것은 인생의 진면목眞面目을 있는 그대로 보는 즉 인생의 실존적 가치에 대한 올바른 견해와 평가를 가진 것이라고 할 수 있습니다. 여기에 해당하는 표현의 중요한 문장이 있습니다. "있는 그대로 본다."라는 것입니다. 그것은 '사실 그대로 거짓 없이 본다.'라는 뜻입니다. 괴로움의 조건이 충분히 꿰뚫어 이해된 상태의 견해에서 "있는 그대로"를 보는 것을 말합니다. 여기에는 괴로움의 실체를 확실히 볼 수 있는 견해는 매우 중요합니다. 그러므로 고따마 붓다가 인생을 괴로움苦이라고 단정한 것에는 그만한 이유가 있습니다. '행복한 길과 고통의 길'을 있는 그대로 보았기 때문입니다. 괴로움이란 인생 전체 또는 삼라만상과 삼계에 속해 윤회하는 모든 현상 속에 있으며 현실과 현실 아닌 것들 모두에서도 괴로움의 조건이 갖춰져 있는 것입니다. 이것도 저것도 괴로움이며, 여기도 저기도 괴로움이며, 아래도 위도 괴로움이며, 온통 괴로움의 가운데 서 있는 자신을 보았던 것입니다. 그러므로 이러한 괴로움에서 벗어나는 자만이 행복한 것이라고 믿게 되었고 그 괴로움을 벗어나는 길을 찾았으며 발견한 것입니다.

이러한 괴로움의 가운데 행복의 길을 찾고자 한다면 괴로움의 원인을 꿰뚫어 알아야 합니다. 왜냐하면 자신의 모든 존재의 가치가 괴로움苦에 결박당해 있고 거기에서 벗어나는 길은 괴로움의 실체를 보는 것이기 때문입니다. 그래서 고따마 붓다는 괴로움의 실체를 통해 일어나는 현상에서 괴로움을 규명하기 위한 관찰하는 생활로 나아가게 됩니다. 그것은 출가 생활로 알려져 있습니다. 그 생활에서 결국 사성제四聖諦란 이론이 성립되고 '고통을 벗어나는 성스러운 길'이라는 것을 발견했습니다. 그때부터 이 성스러운 사제四諦의 이론을 바탕으로 그는 모든 이들에게 자신의 가르침을 펼치게 되었음은 물론 자신은 반열반般涅槃의 길로 인생을 마무리하였습니다.

이쯤에서 이 글을 읽고 있는 독자분들에게 또 다른 질문을 하나 더 하겠습니다.

"이 고통을 벗어나기 위한 조건이 무엇일까요?"

이 물음은 이 연재가 다 끝날 때까지 계속 유효합니다. 그러므로 독자 여러분도 이 연재가 끝날 때까지 답변을 해주시면 됩니다. 그 이전에 답변해 주시면 더욱 좋을 것입니다. 왜냐하면 괴로움에 대한 설명을 여러분들이 이해하고 있다는 기쁜 마음이 필자에게 위안을 줄 것이기 때문입니다. 그리고 여러분은 괴로움을 소멸하는 목적을 벌써 알아차렸기 때문에, 그때부터 자신의 공부는 스스로 해결할 수 있는 상태로 들어선 것입니다.[49] 괴로움의 소멸법칙을 꿰뚫어 이

49 왜냐하면 이 사람의 깨달음과 견해는 四雙八輩 중에 속해 있기 때문이다 四雙八輩: ① 예류향(向, Sotāpatti-magga): 첫 번째 성자의 길에 들어선 단계. 예류과(果, Sotāpatti-phala): 수다원과라고도 하며, '흐름에 든 자'로 깨달음의 흐름에 처음 진입한 단계. 아직

해하는데 자신에게 도움이 되는 스승은 이때까지만 필요합니다.[50] 이 질문에 정확한 답변을 한다는 것은 이 연재의 내용을 알뜰히 이해하면서 이미 자신의 공부는 자신이 챙길 수 있을 것이기 때문입니다. 그리고 여러분은 이 질문에 답변함으로써 여러분이 이 연재의 내용을 얼마만큼 이해하는지를 스스로 알 수 있게 됩니다. 그리고 그것은 필자가 다음 연재 내용을 어떠한 방향으로 설정하고 이끌어갈지 결정하는 데 도움이 됩니다.

다음은 두 번째의 괴로움苦인 괴고성壞苦性, viparinama-dukkha; 변화로 인하여 발생하는 괴로움에 대해 설명하겠습니다. 이 뜻에 대해서는 괴고성壞苦性이란 단어의 한자에 나타난 내용을 보면 쉽게 이해할 것입니다. '허물어질 괴壞, 괴로울 고苦'라고 설명할 수 있습니다. '허물어짐의 조건을 가진 괴로움', '변화의 조건을 가진 괴로움' 등으로 이해할 수 있습니다. 이 세상 모든 현상과 현실에서 존재하는 것은 생명을

7번의 윤회가 남아있으나, 삼악도에 떨어지지 않음. ② 일래향(向, Sakadāgāmi-magga): 한 번 더 인간 세상에 돌아올 단계로 향하는 길. 일래과(果, Sakadāgāmi-phala): 한 번만 더 인간 세상에 태어날 단계. 탐진치(貪瞋痴)가 엷아진 상태. ③ 불환향(向, Anāgāmi-magga): 돌아오지 않는 경지로 향하는 길. 불환과(果, Anāgāmi-phala): 더 이상 욕계에 태어나지 않는 단계. 오하분결(五下分結)을 끊음. ④ 아라한향(向, Arahatta-magga): 최고의 깨달음으로 향하는 길. 아라한과(果, Arahatta- phala): 모든 번뇌를 끊고 완전한 해탈을 이룬 단계. 오상분결(五上分結)까지 모두 끊어 더 이상의 윤회가 없음. ※ 오상분결(五上分結)은 상계(色界, 無色界)에 묶어두는 다섯 가지 큰 번뇌로써, 색탐(色貪)-색계에 대한 집착. 무색탐(無色貪)-무색계에 대한 집착. 거만(慢)-자만심. 도거(掉擧)-들뜨고 산란한 마음. 무명(無明)-진리를 모르는 어리석음이다.

50 이러한 자세한 설명은 초기경전에 여러 가지 방편으로 실려있습니다. 다만 이해의 한계 때문에, 정견의 견해를 갖추지 못하게 되는 자신이 스스로 해결해야 할 문제인 것입니다.

가진 것이든 생명을 가지지 않은 것이든 모두 변화를 겪게 되고 그 변화 속에 자신이 처음 가졌던 모습을 언제나 그대로 유지할 수 없을 것입니다. 각자 자기 자신을 되돌아보십시오. 처음 이 세상에 태어나 10년, 20년, 30년, 40년, … 90년을 살아왔다고 합시다. 그리고 세 살이나 일곱 살 때의 자기 자신과 현재의 자기 자신의 모양이 달라져 있음을 발견하게 될 것입니다. 달라진 자신은 세 살이나 일곱 살 어릴 때나 현재 늙어 있는 자신이나 둘 다 자신이 아닌 것은 아닙니다. 그러나 분명 늙어 있는 자기 자신 모습은 어릴 때의 자기 자신과 달라져 있음을 보게 됩니다. 이러한 현실은 자기 자신에서 경험할 수 있는 괴고壞苦라는 것입니다. 변하거나 허물어짐으로 인해 발생하는 현상을 말하는 것입니다. 인위적인 파괴의 현상도 여기에 해당합니다. 시간과 공간 속에서 세월의 흐름으로 인하여 발생하는 모든 현상의 일들이 어떻게 괴로움苦이라고 단정 지을 수가 있을까요?

이러한 문제를 어렵게 생각할 필요는 없습니다. 왜냐하면 관찰의 대상은 바로 우리 자신으로, 그 문제와 문제의 해답 또한 자신에게서 찾아볼 수 있기 때문입니다. 문명이 발달과 함께 현대 생명과학에서는 현재 우리가 다루고 있는 늙고 죽는 문제에 대해서, 걱정하지 않아도 될지는 모르지만, 우리 주위를 돌아보면 수많은 사람이 각양각색으로 매일 매시간 운명을 맞이하고 있음을 보게 됩니다. 어떤 이는 태어나자마자 죽고, 어떤 이는 길을 걸어가다 차 사고를 당해서 죽고, 어떤 이는 우연히 길거리에서 험한 사건을 만나 죽게 되고, 어떤 이는 갑자기 자다가 아니면 앉아 있다가 죽게 되고, 암과 같은 고약한 불치병에 걸려 죽게 됩니다. 그들의 문제는 남의 일이 아닌 바로 우리 자신의 문제이기도 합니다. 왜냐하면 우리 자신에게도 필연적으로 맞이하는 것이 죽음이기 때문입니다. 그러므로 누구나 똑같은 조건을 가지고 있고 이 죽음을 피해 갈 수 있는 사람은 이 세상에 아무도 없습니다. 이러한 삶과 죽음의 문제가 바로 괴고성壞苦性에 해당한다는 것입니다.

생명을 가진 모든 존재는 생生 • 노老 • 병病 • 사死로, 우주나 자연에서는 성成 • 주住 • 괴壞 • 공空이라는 현상들이 괴고성壞苦性의 현실에 해당합니다. 그러나 괴고성壞苦性에서는 단편적인 괴로움의 형태 즉 현실에서 확인되고 증거를 삼을 수 있는 변화가 그에 해당합니다. 이러한 괴로움苦이 우리에게 어떠한 영향을 미치며 왜 벗어나야 하는 대상일까요? 이러한 질문에 답변은 '괴로움이며 영원하지 않고 윤회 속에 머물기 때문이다.'라고 고따마 붓다는 설명합니다. 윤회는 괴로움의 원인을 제공하게 되는 것이고 해탈과 열반의 반대편에서 있다는 것을 깊이 생각해 보면 괴로움苦의 가르침이 왜 우리에게 필요한가를 알게 될 것입니다. 또한 윤회를 유추하거나 확인하거나 경험하는 일은 분명 괴로움을 이해하는 방법입니다.

괴로움의 자세한 설명 1

2014. 12. 15.

괴고성壞苦性에 대해 좀 더 설명합니다. 괴로움苦을 이해하기 위해서는 모든 형태의 괴로움苦이 고통과 괴로움만을 가지고 있지는 않다는 것을 알아야만 합니다. 어떤 괴로움苦은 괴로움苦을 느끼기 전에 쾌락과 즐거움을 주고, 어떤 괴로움苦은 자신이 꼭 해야만 한다는 의무감이나 의리를 가지게도 하고, 어떤 괴로움苦은 사랑과 자비와 연민으로 가득 차 있기도 합니다. 이렇듯 괴로움苦의 세계가 넓고 깊고 큰 의미를 포함하고 있음은 생사의 모든 조건에 해당하지 않는 것이 없기 때문입니다. 그러므로 우리들이 행복하다고 느끼고 있는 것 또한 괴로움苦에 속한다는 것을 꿰뚫어 알게 될 때 비로소 괴로움의 실체는 윤곽이 드러나게 됩니다. 특히 괴고壞苦에서, 어떤 것은 서서히 무너지고 변형되며, 어떤 것은 갑자기 부서지고 없어지는 것 등의 현상을 가지고 있습니다. 그러나 괴고壞苦라고 해서 무너지는 모습만 생각할 수 없는데, 무너지는 현상에서도 생성하는 현상이 공존해 있기 때문입니다. 이러한 문제의 괴로움은 거의 예측하거나 확인할 수 있는 것들이므로 조용히 명상에서 유추해 보면 발견하게 되고 이해하게 됩니다.

고고성苦苦性에 비해 괴고성壞苦性은 훨씬 범위가 넓습니다. 전자의 괴로움苦이 단편적인 괴로움苦이라면 괴고성壞苦性은 입체적인 성향의 괴로움苦이라고 할 수 있습니다. 우리가 흔히 행복·사랑·안락·평온이라고 표현하는 것들도 이 설명에서는 괴로움에 해당합니다. 왜냐하면 영원하지 않고 무상한 것들을 통틀어 괴고성壞苦性에 해당하는 조건에 속하기 때문입니다. 다시 설명한다면 영원하고 안온하며 무상하지 않다는 것은 현재에 있어서 좋은 모습이고, 행복하고 사랑스럽고 유쾌하더라도 언젠가는 사라지거나 유익하지 않고 변하고 마는 것들이라고 단정되는 조건들이기 때문입니다.

현대과학의 물리학에서는 이러한 원리나 이치를 적당한 도구를 만들어 확인할 수 있게도 하고, 그것에 대한 유익한 것을 조합하는 기술도 가지고 있습니다. 불쾌한 괴로움에 노출된 인간에게 죽음 이전에 약간의 안위와 평온을 주는 의학도 더욱 발전한 상태이긴 하지만 괴로움의 조건을 완전히 벗어나지는 못합니다. 그러나 창조론을 주장하고 있는 종교의 창조설이나 창조주의 존엄성까지도 존폐의 문제를 고려해야 할 정도로 현대과학은 발전해 가고 있습니다. 미국 같은 나라에서는 '시체농장'이라는 장소[51]가 있습니다. 법의학적 연구를 위해서 특별하게 만들어 놓은 농장이라고 하는데, 여기에서는 사람의 시신을 자연환경에 가져다 놓고 그 시체가 자연환경의 여건에서 어떻게 부패하는지 정도를 연구하는 곳입니다. 그 시체를 연구하는 연구진들은 자연에 놓여 진 시체가 어떻게 부패하고 어떻게 변화하는지를 관찰하고 기록합니다. 이렇게 현대 과학적 측면에서 생각하게 되면, 더욱 괴로움에 대한 이해가 쉬워집니다. 마치 불교의 수행자가 자신의 명상에서 어떤 경험이나 결과를 얻기 위해 공동묘지에 버려진 시체 앞에서 시체가 부패하는 과정을 보고 관찰하는 것과 같습니다. 그러나 불교의 교리 안에서 이렇게 논리를 풀어가는 방식은 열반을 얻을 수 있는 사성제의 괴로움을 가르칠 때 설명을 제외하고는 전혀 존재하지 않습니다. 왜냐하면 불교의 이론이 현대 물리학적인 이론을 함축하고 있긴 하지만, 불교의 목적하는 바가 완전히 다르기 때문입니다. 다시 말하자면, 고따마 붓다의 가르침에서 목적은

---

51 미국의 대표적인 시체농장(Body Farm)은 테네시 대학교(University of Tennessee)의 법인류학 연구시설인 '인체분해연구시설'(Anthropology Research Facility)이 있으며, 이곳 외에도 현재 미국 내에는 총 7개의 시체농장 있다. 테네시 대학교(1981년 설립)-최초의 시체농장. 웨스턴 캐롤라이나 대학교(North Carolina). 텍사스 주립대학교(Texas State University, San Marcos). 샘휴스턴 주립대학교(Sam Houston State University, Texas). 콜로라도 메사 대학교(Colorado Mesa University). 서던 일리노이 대학교 (Southern Illinois University). 북미시간 대학교(Northern Michigan University)이다. 이러한 시설들은 법의학 연구와 교육을 위해 시신 부패 과정을 연구하고, 범죄 수사에 도움이 되는 중요한 데이터 수집에 이용된다.

열반涅槃을 추구하거나 확인하는 방법으로 명상에서 쓰이는 게 그 이유입니다. 그러므로 현대과학이나 어떤 이론에서와 같이 결론을 도출하는 방법과는 전혀 다른 것입니다.

고따마 붓다는 제자들에게 무상 · 고 · 무아의 이치를 괴로움의 소멸법칙을 터득시키기 위해 공동묘지나 시체가 부패하는 현장에 앉아서 공부하기를 요구했습니다. 이러한 것은 수행에 도움을 주고 유익한 것이기 때문입니다. 특히 괴고성壞苦性을 이해시키기 위한 특별한 방법이라고 여겨집니다. 이 방법은 자신이 결국 시체의 모습으로 되었을 때, 마치 자신의 죽은 몸뚱이를 보는 것과 같은 생생한 경험을 통해 괴로움을 이해시키기 위한 특별한 방법입니다. 그만큼 괴로움苦을 이해함이 어렵고 중요하다는 얘기가 되겠지요. 또한 이것은 괴로움의 이해를 넘어 괴로움의 실체를 통찰하고 꿰뚫어 알아 그 앎의 능력이 통찰의 과정에서 전광석화처럼 알아차림의 입장을 만들어가기 위해 그렇게 수행하였던 것입니다. 그러나 꼭 이와 같은 경험을 통해서만 깨달음을 성취할 수 있는 것이 아니라는 것을, 알아 둘 필요가 있습니다. 왜냐하면 깨달음은 언제나 꿰뚫은 이해를 통해 쉽게 찾아오기 마련이니까요. 아무리 공동묘지의 시체 앞에서 공부한다고 하더라도 괴고성에 대한 이해가 따라주지 않으면 무슨 소용이겠습니까. 그러나 어떤 사람은 이 공부하는 과정에서 가장 이해하기 어렵다는 세 번째 괴로움의 성향인 행고성行苦性, samkhara-dukkha; 조건 지어진 상태에서의 괴로움까지 꿰뚫어 이해하는 경우가 있습니다. 쉬워서가 아니라 이해하는 능력이 뛰어난 것을 이야기하는 것입니다.

마지막 설명하는 괴로움은, 괴로움의 세 번째 성향인 행고성行苦性, samkhara-dukkha; 조건 지어진 상태에서의 괴로움입니다. 이 행고성行苦性은 설명하기도 어렵고 설명을 듣고 이해하기 난해합니다. 왜냐하면 이 세상에 모든 존재이면서 눈에 보이고 보이지 않고 확인할 수조차 없는 윤회의 흐름까지 통찰하지 않으면 이해 불가능하기 때문입니다. 그러므로 행고성을 꿰뚫어 관철하기 위해서는 명상적 깊은 관념을 동원할 필요가 있습니다. 위에서 설명했던 괴고성을 이해하기 위해 공동묘지나 시체 앞에서 명상하듯, 고따마 붓다에 의해 전승되어 온 명상을 실천하는 방법은 이러한 문제를 해결할 수 있는 특별한 방법의 하나입니다. 이러한 방식은 괴고성이나 행고성을 이해하기 위한 입체적이고 현실적인 방법이라고 할 수 있습니다. 왜 이러한 극단적인 방법이 필요했을까요? 신라시대 원효가 해골 물을 마시는 일화는 유명합니다. 행고성行苦性의 이해야말로 모든 괴로움을 이해하는 초석이 되고, 열반涅槃을 얻는 가장 큰 역할이 되기 때문입니다. 행고성行苦性에 대한 설명은 몇 차례에 걸쳐 계속 이어집니다.

괴로움의 자세한 설명 2

2014. 12. 16.

깨달음을 얻은 고따마 붓다는 이시빠다나의 사슴동산에서 다섯 비구에게 자신을 깨달음으로 이끌었던 사성제四聖諦를 가르칠 때 가장 먼저 깨달음을 얻은 사람은 꼰단야koṅḍañña입니다. 이로부터 꼰단야koṅḍañña는 안냐 꼰단야Añña koṅḍañña; 깨달은 꼰단냐로 불리게 됩니다. 그는 또한 구족계를 가장 처음으로 받은 고따마 붓다의 제자입니다.

말이 나온 김에 잠시 다섯 비구가 누구인지 이름만 간단하게 소개합니다. 그 이유는 역사적인 인물이기 때문이고 가장 처음으로 세존의 제자가 되어 괴로움의 소멸법칙을 완전히 깨달은 아라한들이기 때문입니다. 그들의 이름은 다음과 같습니다. 안냐 꼰단야Añña koṅḍañña 2. 왑빠Vappa 3. 밧디야Bhaddiya 4. 앗사지Assaji; 사리뿟따와 목갈라나를 세존께 인도함 5. 마하나마Mahānāma 등입니다.

행고성行苦性, samkhara-dukkha; 조건 지어진 상태에서의 괴로움을 이해하기 위해서는 앞서 설명된 사생육도四生六道[52]의 중생이 존재하는 모습과 방식을 자세히 관찰할 필요가 있습니다. 이들 중생 중에 죽지 않거나, 변하지 않거나, 영구적인 존재는 아무것도 없다는 사실부터 인정하고 확인합니다. 그것은 시간과 공간을 영위해 가는 생명체가 계속 변하고, 죽고, 무상하고, 영구적이지 않은 상태를 확인하는 작업입니다. 이러한 존재에 대해 괴로움의 소멸법칙을 사성제의 교설로 설명하는 것이 행고성行苦性, samkhara-dukkha; 조건 지어진 상태에서의 괴로움에 대한 특별한 설명입니다. 또 한 가지 더 있습니다. 이것은 오온五蘊을 통한 윤회의 실상을 자세히 관찰하는 방법입니다. 여기서 잠시 윤회의 성향을 소개하면 '윤회輪廻란 사람이 죽어 사람이 되고, 짐승 등이 죽어 짐승 등이 되는' 일방통행적인 환생과 교생을 말하는 것이 아니라, 육도윤회六道輪廻[53]에 어울리는 윤회를 뜻하는 것입니다. 흔히 말해서 '각자 소양대로 지어진 업業'에 의해서 다시 어딘가에 태어난다는 뜻입니다. 이러한 것에 대해 지금부터 아주 자세하게 설명할 것입니다.

---

52 사생육도(四生六道): 육도를 번갈아가며 태어나고 죽고 또 태어나는 가운데 태어나는 형태를 말하는 것으로써, 태(胎)·란(卵)·습(濕)·화(化)의 현상에서 태어나고 죽고 하는 것을 말함.

53 육도윤회(六道輪廻)는 육도를 번갈아 가며 태어나고 죽게 되는 것을 말함. 육도윤회란 ① 천상 ② 인간 ③ 아수라 ④ 지옥 ⑤ 아귀 ⑥ 축생의 여섯 곳에 태어나고 거기서 죽고 또 다른 곳에 태어나는 등의 윤회를 일컬음.

사성제四聖諦의 설명이 이윽고 정점에 다다르게 되었습니다. 사성제四聖諦의 주제인 괴로움苦의 이해를 돕는 이론을 더 깊고 자세하게 설명해 나갈 것입니다.

앞에서 설명한 세 가지 괴로움苦은 괴로움의 일어남集의 실체이자 오온五蘊과 밀접한 관계가 있는 것이며, 언제나 자신과 가까이 있어 관찰하고 이해하기 편리한 것들인데도 불구하고 인간의 감성에 중요한 역할을 가진 오온을 두고 '괴로움의 소멸법칙'과 연결하여 생각하지 못하는 이유는 무엇일까요? 그것은 오온五蘊으로 이루어진 특별한 감각적 현실이 탐진치의 대상적 관계에서 더 큰 감각의 욕망에 묶여 이해할 수 있는 길이 차단되거나 방해받기 때문이라고 할 수 있습니다. 이러한 욕망은 자체적으로 발생하거나 소멸하지는 않습니다. 언제나 상대적이며 협동적이며 역동적이고 본능적으로 이루어집니다. 이렇게 한 단계 혹은 여러 단계의 결정된 일은 모두 오온五蘊의 기능이 현실과 마주쳤을 때 나타나는 특징으로 다섯 종류의 기능이 작용한다는 점이 특성입니다. 이것을 행行; saṅkhārā이라 하는데, 이러한 행의 순서는 정해진 것이 없고, 몸과 감각기관과 대상의 조건과 사건의 성향에 의해 비로소 선후가 정해지는데 여기서 중요한 것은 오온五蘊의 어느 한 곳에라도 집착을 일으키고 빠져든 사람은 괴로움苦을 전혀 이해할 수 없다는 것입니다. 그러므로 선사들이 '놓아라, 놓아라.', '버려라, 버려라.'를 강조하는 깊은 뜻이 여기에 어울리는 말입니다.

오온 五蘊

오온五蘊이란 육신을 구성하고 있는 다섯 가지 특성의 영역이며 이것을 '다섯 무더기'라고 표현합니다. 즉 우리의 육신을 구성하고 있는 요소입니다. 여기서 '무더기'란 하나의 개체가 아니라 셀 수조차 없는 아주 많은 단위를 뜻합니다. 즉 밀가루나 콩가루, 쌀가루의 '가루', 등의 표현이나 '돌무더기', '흙무더기'의 '무더기'와 같은 개념으로 이해하면 됩니다. 그러나 괴로움의 소멸법칙의 가르침에서 오온을 표현하고 설명할 때 다음과 같은 다섯 가지 성향으로 표현합니다.

색色/rūpa; 물질의 무더기

수受/vedanā; 느낌의 무더기

상想/saññā; 지각의 무더기

행行/saṅkhāra; 형성의 무더기

식識/viññṇa; 의식의 무더기의 다섯 가지입니다.

여기서 온蘊이란 쌓임·모임·집합을 의미하며 그래서 시로 그 기능이 유지될 때까지 떨어질 수 없는 관계를 유지하는 상태입니다.

즉 인간이나 물질을 구성하고 있는 다섯 가지의 '조건 지어진 상태'를 이렇게 부릅니다. 오온五蘊을 오취온五取蘊이나 오음五陰으로 달리 부르기도 하는데 그 견해에 따라 달리 부를 수 있습니다. 이렇게 달리 부를 때 단어의 표현에서 약간의 매력을 느낄지 모르겠으나 뜻은 달라지지 않습니다. 어쩌면 이런 조건들을 설명할 때 물리학이나 생물학의 이론을 빌리면 더 쉽게 이해할지 모르지만, 그것은 어디까지나 세속적 학문의 이론에 불과한 것이기 때문에 '괴로움의 소멸법칙'의 결론을 도출하기란 어렵습니다.

오온五蘊의 색色/rūpa은 지地·수水·화火·풍風의 사대를 말합니다. 즉 우리의 육체나 물질을 구성하는 요소이며, 더 분류된 기능으로서의 구체적인 온蘊의 구조는 안眼·이耳·비鼻·설舌·신身·의意로 되어있습니다. 그리고 나머지 수受·상想·행行·식識 등은 정신적인 부분이며 명名이라 칭합니다.

이 네 가지 온蘊은 색온色蘊의 기능을 바탕으로 하여 개체를 계속 유지 발전해 가려는 강력한 힘을 가진 본능이 있습니다. 이것은 기능의 생장이나 현상을 계속 유지하려는 속성이 있는가 하면, 성장이나 상태의 유지 발전 과정을 지나 하나의 기능이 소멸하는 때에도 특성의 변화는 계속 이어지고자 하는 것입니다.

수온受蘊에서는 즐거움이나 고통 등의 감수 작용을 통하여 감각 • 지각 • 인상 등을 받아들이게 됩니다. 상온想蘊은 대상의 인식을 돕는 표상작용이며, 모든 기억에 의한 것들이 여기에 해당합니다. 행온行蘊은 의지와 정신작용입니다. 잠재적 성향이 여기에 해당하며, 행온行蘊은 오온五蘊 중에 가장 활동적이라고 할 수 있고, 주도적이고 포괄적인 역할을 합니다. 그러므로 이 행온行蘊을 역동적이라고 표현한 학자도 있습니다.[54] 행온行蘊은 오온五蘊의 어느 부분을 통해 나타나든 그것과 연결되고 관여된 부분에서 창조적인 형태의 일, 즉 신체와 언어와 의식으로 표출되는 업業의 일이 진행됩니다. 그러므로 윤회에서 다음 생을 이어주는 조건을 유지하는 것도 이 행온行蘊의 역할이 담당한다고 할 수 있습니다. 식온識蘊은 판단이나 추리와 유추에 의한 식별 작용입니다. 다시 말하면 대상을 구별하며 인식하고 다시 대상을 통해 분별하는 기능을 말합니다. 그러므로 식온識蘊의 마음은 오온 전체를 통괄합니다. 즉 마음이 가진 총체적인 기능입니다. 그러나 마음은 육식의 작용이 멈추어졌을 때 육식의 작용과 함께 기능과 역할이 멈추어집니다. 또한 이것은 조건에 따라서 길게 혹은 짧게 잠재성향으로 남아 얼마 동안 유지되기도 합니다. 따라서 '이러한 성향이 윤회에 들게 되면 지은 업에 따라 다시 태어남을 만나게 된다.'라고 하는 설명이 가능합니다.

---

54 르네 E.A. 요한슨 지음, 박태섭 옮김(1996.10.21. 시공사) 『불교심리학』

55 일반 신앙생활이란 어떤 창조주 혹은 교주의 권능을 맹신적으로 믿고 따르면서 자신의 믿음과 믿음의 행동에 대한 보답으로 가피나 구원을 바라는 것을 일컬음.

생각해 보면 단순한 '일반 신앙생활'[55]을 하는 이들에게는 정말 이러한 논리는 난해하고 골치 아픈 일이지만 관심거리인 것만은 확실합니다. 그러나 참으로 고따마 붓다의 가르침을 배우고 실천하려고 한다면 이 과정을 피해 갈 수는 없습니다. '나는 고따마 붓다의 참다운 제자입니다.', '나는 고따마 붓다의 참다운 재가신자입니다.'라고 한다면 이 관문은 반드시 통과해야 합니다. 이 과정이 서툴거나 아예 비워진 상태라면 수행자는 출가와 수행을 포기한 것과 같고, 재가불자 역시 올바른 불자의 길을 포기한 것이라고 할 수 있을 것입니다. 그러므로 수행자에게는 열반을 얻음이 평생에 꿈에 불과할 것이고, 재가신자에게는 세존을 칭송하거나 공양하는 일이 일생을 통해 서툴고 바르지 못하며 오히려 세존을 욕보이는 일로 나타나게 될 것입니다. 세존을 이해하거나 칭송하는 일은 언제나 세존이 설한 법에 맞는 것이어야 함을 『디가 니까야』「범망경」과 「사문과경」에서 자세히 밝히고 있습니다.

라훌라를 위한 가르침

2014. 12. 17.

이러한 오온五蘊의 구조적인 이해는 물질과 비물질의 상호관계를 좀 더 세밀하게 관찰함으로써 이뤄질 수 있습니다. 오온五蘊에 연결된 비물질인 식識은 행行을 주관하거나 나타나게 합니다. 이러한 행과 식에 대한 설명은 아비담마Abhidhamma, 阿毘達磨[56]에 잘 설명되고 있습니다. 그러므로 식의 변화됨은 행의 기능을 통해 우리는 느낌으로 혹은 눈으로 확인할 수 있고, 그 행行에서 식識은 느낌이라는 수많은 감정변화를 겪게 되는 것입니다.

---

56 아비담마(Abhidhamma, 阿毘達磨): 아비담마는 '최상의 가르침' 또는 '특별한 가르침'이라는 의미이며, 고따마 붓다의 가르침을 체계적으로 정리하고 분석한 불교의 논서이다.주요 주제로는 심법(心法): 마음의 작용과 의식 상태에 대한 분석. 색법(色法): 물질적 현상에 대한 분석. 심소법(心所法): 마음의 부수적인 작용들. 열반(涅槃): 궁극적 해탈의 상태이다.

핵심 개념으로는 5온(蘊): 색, 수, 상, 행, 식·12처(處): 6근과 6경·18계(界): 6근, 6경, 6식 등을 논했다. 특징은 체계적이고 분석적인 접근·심리학적, 존재론적 분석 방법 사용·실천적 수행론과 이론적 교학의 조화를 들고 있다. 그 목적은 고따마 붓다의 가르침을 논리적으로 정립했으며 수행자들의 깨달음을 위한 이론적 토대를 제공했고 불교 교리의 체계화 그러면 명名; 受·想·行·識에 대한 비유를 들어보겠습니다. 어떤 사람이 길을 가다가 우연히 자신이 평소 생각하고 있는 정말 아름다운 이성을 만나 기분이 좋아졌다면, 이는 수온受蘊 때문입니다. 그러면서 마음에 드는 그 이성이 자신과 결혼해서 행복하게 살고 있는 모습을 상상해 보았다면, 이는 상온想蘊과 관계가 있습니다. 그래서 그는 그 이성에게 사귀기를 바라고 인사를 나누었다면, 이는 행온行蘊의 역할입니다. 그런데 갑자기 자신이 이미 결혼했음을 인식하고 그래서는 안 된다고 판단을 내렸다면, 이것은 식온識蘊의 역할입니다. 짧은 비유이지만 오온五蘊에 대해 간명하게 잘 설명한 비유입니다.

오온五蘊에 대한 것이 어떠한 것이며, 어떻게 생각해야 하는가에 대한 고따마 붓다의 가르침이 있습니다. 약간 오온의 설명과 다른 것 같은 느낌이지만 다섯 가지 무더기에 대한 가르침은 고따마 붓다가 라훌라에게 무아의 관념을 가르치기 위한 설법에서입니다. 그리고 이러한 가르침은 대동소이한 형태로 경전 곳곳에 나타납니다.

"라훌라야, 물질은 영원한가, 무상한가?"

"무상합니다. 세존이시여."
"무상한 것은 괴로운 것인가, 행복한 것인가?"

를 꽤했다. 그러므로 아비담마는 초기불교의 교리를 체계적으로 정리하여 후대 불교 발전의 중요한 토대가 되었다.

"괴로운 것입니다."

"무상하고, 괴롭고 변하는 것들을 두고 '이것은 내 것이다. 이것은 나다. 이것은 나 자신이다.'라고 생각하는 것은 옳은 것이냐?"

"옳지 않습니다."

"느낌과 지각과 형성과 의식은 영원한가, 무상한가?"

"무상합니다."

"무상한 것은 괴로운 것인가, 행복한 것인가?"

"괴로운 것입니다."

"무상하고, 괴롭고 변하는 것을 두고 '이것은 내 것이다. 이것은 나다. 이것은 나 자신이다.'라고 생각하는 것은 옳은 것이냐?"

"옳지 않습니다."

"이와 같이 무상한 줄 알기 때문에 잘 배운 거룩한 제자들은 물질에 집착하지 않고, 느낌 · 지각 · 형성 · 의식 등에 집착하지 않는다. 집착하지 않기 때문에 욕망에서 벗어난다. 욕망에서 벗어남을 통하여 해탈解脫을 얻는다."[57]

---

57 이 내용이 담긴 「라훌라 긴 교계경(Mahā-Rāhulovāda Sutta, 大教誡羅睺羅經)」은 『맛지마 니까야(Majjhima Nikāya, 中部)』 제62경(MN 62)과 「라훌라 짧은 교계경(Cūḷa-Rāhulovāda Sutta, 小教誡羅睺羅經)」인 『맛지마 니까야(Majjhima Nikāya, 中部)』의 제147경(MN 147)에 나타나는 수록되어 있다. 고따마 붓다의 아들인 라훌라에게 주신 가르침을 담고 있다.

그러니까 괴로움을 보고 느끼는 것은 무상함을 느끼는 것이고 그 무상함을 통해 괴로움의 성향을 잘 알아야 한다는 뜻입니다. 고따마 붓다는 사성제의 가르침을 천상에 있는 신들에게도 설했는데 그들도 사성제에 관한 이해를 하게 되면 생사의 해탈은 물론 열반을 성취한다고 했습니다.[58] 오온五蘊 중에서 형성에 대한 욕망은 윤회와 아주 밀접한 관계가 있습니다. 12연기의 설명에서는 다음 생生을 창조하는 동시에 현생에서도 탄생하게 되는 동기를 부여하는 직접적인 영향을 주게 된다고 하는 것이 바로 이 행行, saṅkhāra라고 했습니다. 오온五蘊의 설명에서도 마찬가지입니다. 왜냐하면 사물을 구성하게 되는 과정에서 그 역할이 대단히 크고 또 다른 생사를 만들어 가는 분명한 이유가 되기 때문입니다.

다시 한번 더 강조하지만 초기불교에서 괴로움의 소멸법칙인 사성제의 가르침을 이해시키기 위해 오온五蘊과 연기 등을 설명할 때, 이 행行, saṅkhāra; 형성의 무더기을 가장 이해하기 어려운 개념 중 하나로 여깁니다. 행行을 뜻하는 팔리어 'saṅkhāra'의 번역으로 쓰인 단어를 보더라도 그것을 알 수 있습니다. 'saṅkhāra'에 관해 가장 많이 쓰이는 단어의 뜻은, 활동activity, 습관적 경향habitual tendency, 노력

---

58 『상웃따 니까야(Saṃyutta Nikāya, 相應部)』의 「사천왕품(Catumahārāja-vagga)」 중 「천신들의 모임에서(Devasabhā Sutta)」. 경전의 주요 내용과 배경은 다음과 같다. 고따마 붓다가 33천(도리천, Tāvatiṃsa)에 머물 때의 이야기·사천왕과 그들의 수행자들이 모인 천상의 집회에서 설법·설법 내용은 사성제(四聖諦)의 가르침을 상세히 설명.

effort, 열망aspiration, 집적accumulation, 구조construction, 업의 형성kamma formation, 업의 잔류물kammic residue, 조건condition, 성향propensity, 요소factor, 물thing, 복합물component thing, 창조물created thing, 복합체complex, 구성 부분constituent part, 존재의 요소element of existence, 괴로움trouble 등으로 나타냅니다.

그러나 오온의 이해는 '괴로움의 소멸법칙'인 사성제를 어떻게 이해하느냐에 따라서 이 많은 단어를 하나하나 다 열거해 가면서 이해해야 할 필요는 없습니다. 행이 괴로움의 일어남과 소멸하는 과정에서 어떠한 역할로 괴로움이 일어나고 소멸하는지 꿰뚫어 이해했을 때 비로소 오온이 왜 괴로움을 창조하는 장소가 되고 역할을 하게 되는지도 알게 되는 것입니다.

행saṅkhāra이 소멸하는 과정

2014. 12. 18.

오온五蘊의 다섯 가지 조건의 요소에서 행行, saṅkhāra; 형성의 무더기이 중요한 역할을 한다고 하는 것은, 오온五蘊의 모든 조건의 요소가 이 행行을 의지해 유지 발전되기 때문입니다. 그렇다고 다른 요소들이 오온五蘊을 구성하는 데 있어 전혀 무관한 것은 아닙니다. 다섯 가지 무더기가 작용하는 데에는 행이 가지는 역할은 다양한 정보를 각 요소로 서로 전달해 주는 매우 중요한 관계가 있습니다. 우리가 가지고 있는 몸의 상태가 다 오온五蘊에 포함되어 있음을 보더라도 각 조건의 중요성을 알게 되는 것입니다. 이 다섯 가지 무더기는 무상하고 괴롭고 변하는 특성으로 형성되어 있습니다. 짐짓 괴로움을 유추해 보거나 그 관계를 꿰뚫어 알고자 할 때는 특성을 살펴보아야 합니다. 그러므로 이것으로부터의 벗어남을 통해 해탈을 얻는다고 가르친 고따마 붓다의 설법을 이해하는 데 도움이 되는 것입니다.

현대과학에서 물질과 비물질 간에 연관되었다는 설명은 마치 오온五蘊의 연관성을 나타내는 것과 같은 이론을 가지고 있습니다. 특히 매질과 진공에서 전파가 전해지는 현상을 설명한 것이 그것입니다. 이러한 것은 우리의 영혼이라는 마음 즉 정신상태가 매질인 육체적인 현상을 통해서 작용하고 반응하는 것과 너무나 닮아있습니다. 대기 중이나 진공 공간이나 아니면 우주공간에서 통신은 가능합니다. 화성에서 지구까지의 거리는 약 5,600만㎞이고, 화성에서 지구까지의 전송시간은 약 15분 걸린다고 합니다. 이러한 상태를 확인할 수 있는 것은 바로 매질의 역할을 하는 매개물이나 탄성체가 있기 때문입니다. 사람의 영혼이 움직이거나 생각이 움직이는 것 또한 어떤 매질을 통해서 확인됩니다. 만약 매질의 역할을 하는 육체적인 모든 기능이 없어지면, 우리의 생각과 영혼의 움직임은 확인할 수 없게 됩니다. 이러한 현상은 모두 생사의 윤회이며 괴로움苦의 원인이 된다는 것이 고따마 붓다의 괴로움의 본질에 관한 설명입니다. 이러한 이야기와 유사한 내용이 경전에 전해옵니다.

고따마 붓다의 제자 중에 출라빤타카Cullapanthaka[59]가 있었습니다. 그는 마음으로 몸을 만들어 내는 솜씨가 가장 뛰어난 제자라

---

59 출라빤타카(Cullapanthaka, 周利槃陀伽)는 『앙굿따라 니까야(Aṅguttara Nikāya, 增支部)』의 「일인품(Ekapuggala-vagga)」에 특정 분야에서 뛰어난 제자들을 열거하면서 출라빤타카는 "의념으로 만들어진 신체를 만드는 데 가장 뛰어난 비구(意所成身第一)"로 언급

고 고따마 붓다에게 인정받았습니다. 따라서 경전을 보면 고따마 붓다 역시 두 가지 몸을 가졌다고 하는 곳이 있습니다. 두 가지 몸이란 사대四大; 地・水・火・風의 요소로 형성된 몸과 관념의 작용으로 된 무형의 몸을 말합니다. 출라빤타카Cullapanthaka가 세존에게 몸을 만들어 내는 솜씨를 인정받은 것은, 바로 이 관념으로 만드는 몸의 기술을 이야기한 것입니다. 이러한 몸은 여러 가지 조건에 의해 그 상태가 변할 수 있습니다. 일반적으로 신통神通이라고 알고 있는 능력이 여기에 해당합니다. 또한 대승불교에서 이러한 관념적인 대상들은 수없이 많이 만들었다는 것이 확인됩니다. 역사에 혹은 현실에 존재하지 않은 인물들의 설정은 모두 여기에 속한다고 보면 됩니다. 우선 이러한 능력들이 '정신의 집중으로 생긴 현상'이라는 것을 알아 둘 필요가 있습니다. 그러나 이러한 신통의 일은 세존께서 애초부터 금지했던 일로서 열반涅槃이나 해탈解脫을 얻는 데 유익한 것이 아니라고 선을 그었습니다.

또한 행行, saṅkhāra; 형성의 무더기의 과정을 설명하는 삼매의 아홉 단계를 설명한 경전SN[60]이 있습니다. 여기에 나타난 삼매의 설명에

됨. 출라빤타카는 처음에는 매우 둔한 제자였으나, 고따마 붓다의 가르침으로 깨달음을 얻게 된 인물. 특히 하나의 연꽃잎을 주시하며 수행하여 아라한과를 성취했다는 유명한 일화가 있음. 불교에서 수행의 가능성과 희망을 보여주는 대표적 예시, 지혜가 부족하더라도 올바른 수행방법과 노력으로 깨달음에 이를 수 있음을 보여주는 한 사례의 인물. 이 이야기는 후대에 법구경 주석서 등에서도 자세히 다루어지며, 불교 수행의 중요한 교훈으로 전해지고 있다.

서 삼매가 깊어질수록 각각 어떤 기능들이 멈춰지는지를 설명합니다. '가장 낮은 첫 단계에서는 말이 멈춘다. 둘째 단계에서는 개별적인 분별vitakka과 분석적 분별vicāra이, 셋째 단계에서는 기쁨pīti이, 넷째 단계에서는 호흡意, 意識; viññṇa이, 다섯째 단계에서는 형체의 이미지들이, 여섯째 단계에서는 무한한 공간의 삼매의 지각이, 일곱째 단계에서는 무한한 의식의 삼매의 지각이, 여덟째 단계에서는 무無의 삼매의 지각이, 아홉째 단계에서는 상념想念; sañña과 감각感覺; vedanā이 멈춘다.'라고 되어있습니다. 그러므로 이 모든 단계는 행行, saṅkhāra; 형성의 무더기이 주관한 역할이라고 할 수 있는 것입니다.

그러니까 행行, saṅkhāra; 형성의 무더기이라고 불리는 것은 모두 오온五蘊을 통해서 나타나는 것들이라고 말할 수 있습니다. 이 오온五蘊은 모두 괴로움의 원인입니다. 괴로움의 원인은 집성제集聖諦에 속하는 것입니다. 또한 경전에서는 행行, saṅkhāra; 형성의 무더기은 의지 또는 의도적인 역할이기 때문에 업業과 의지意志, 의도라는 뜻을 산쩨타나sañcetanā라고 정의하고 있습니다.[61] 의도나 의지에서는 보통 여섯 가

60 『상윳따 니까야(Saṃyutta Nikāya)』의 제36상응(Vedanā-saṃyutta, 受相應)의 「멸진정경(Nirodhasamāpatti Sutta)」. 이 경전에서 설명하는 9단계 삼매는 다음과 같다. ①초선(初禪) ② 제2선(第二禪) ③ 제3선(第三禪) ④ 제4선(第四禪) ⑤ 공무변처(空無邊處) ⑥ 식무변처(識無邊處) ⑦ 무소유처(無所有處) ⑧ 비상비비상처(非想非非想處) ⑨ 상수멸정(想受滅定)을 말한다. 특히 이 경전은 행(saṅkhāra)의 점진적 소멸 과정과 함께 각 단계에서의 심리적 상태를 상세히 설명하고 있다.

61 6가지 의도/의지(cetanā, 思)는 다음과 같다. ① 색사(色思): 시각적 대상에 대한 의도/의

지로 표현되는데, 형체 • 소리 • 냄새 • 맛 • 촉감 • 의식입니다. 이 여섯 가지의 감각기관이 가지는 반응을 행行, saṅkhāra이라고 표현하는 것입니다. 그러므로 행行, saṅkhāra은 오온五蘊의 갖가지 기능을 사용하는 역할을 담당하는 것입니다. 행行이 업業이라는 개념으로 이해하는 것도 이러한 이유 때문입니다. 경전에서 행行이 업業이라는 개념으로 말하게 될 때는 다음과 같이 표현하고 있습니다.

"어두운… 업業은 무엇…인가? 여기에 누군가 유쾌한 … 신행身行을 만든다.", "그릇된 견해를 가지고 있는 사람에게는 모든 신업身業 • 구업口業 • 의업意業, 모든 의도 • 열망 • 결정 그리고 모든 행이 견해에 따라 이뤄지기 때문에 그 모든 불쾌하고 싫고 혐오스럽고 무익한 것들을 향하여, 한마디로 말하면 윤회의 괴로움을 향하여 간다." 그러므로 오온五蘊을 관장하는 행行, saṅkhāra은 결국 윤회로 이어주는 역할을 갖게 되는 것입니다. "행行, saṅkhāra을 소멸시키면 창조되지 않는 것이 무엇인지를 안다."

지 즉 눈으로 보는 것과 관련된 의도적 활동 ② 성사(聲思): 청각적 대상에 대한 의도/의지 즉 소리를 듣는 것과 관련된 의도적 활동 ③ 향사(香思): 후각적 대상에 대한 의도/의지 즉 냄새를 맡는 것과 관련된 의도적 활동 ④ 미사(味思): 미각적 대상에 대한 의도/의지 즉 맛을 느끼는 것과 관련된 의도적 활동 ⑤ 촉사(觸思): 촉각적 대상에 대한 의도/의지 즉 신체적 접촉과 관련된 의도적 활동 ⑥ 법사(法思): 정신적 대상에 대한 의도/의지 즉 마음의 대상에 대한 의도적 활동으로 이러한 구분은 6근(六根)과 6경(六境)의 구조에 대응하며, 각각의 감각영역에서 발생하는 의도적 활동을 설명한다. 이는 업(kamma)의 형성과 직접적으로 연관되어 있으며, 초기불교의 심리학적 분석에서 중요한 위치를 차지한다.

오온五蘊은 연기緣起의 소생所生이며, 연기緣起는 오온五蘊을 생성하는 연결고리의 현상입니다. 이것은 또한 오온을 통해 현실에서 연기를 관찰하는 방법이기도 합니다. 이것으로써 오온五蘊에 대한 설명은 끝났습니다.

해탈송 解脫誦

2014. 12. 19.

오늘은 '解脫涅槃之功'의 노래를 한 번 부르려 합니다.

괴로움이 보이고
괴로움의 原因이 보이고
괴로움의 消滅이 보이면
곧 그것이 바로 解脫입니다.

항아리의
받침대처럼
그것을 바르게
받쳐주는 받침대가 있습니다.

그것은

올바른 견해正見; Sammā diṭṭhi를 가지고,

올바른 판단正思惟; Sammā sammkapp하고,

올바른 말正語; Sammā vācā을 하고,

올바른 행동正業; Sammā kammanta을 하며,

올바른 생계수단正命; Sammā ājiva을 가지고,

올바른 노력正精進; Sammā vāyāma을 쏟고,

올바른 마음챙김正念; Sammā sati을 하고,

올바른 삼매正定; Sammā samādhi에 머무는 것입니다.

이것은 열반의 길로 인도하는

변하지 않는 성스러운 진리의 길입니다.

참되고 복됨은

이곳으로부터 나오니

영원히 새지 않는

'無漏福'이라 합니다.

또 다른 해탈송解脫誦

2014. 12. 20.

해탈의 길을 찾는 사람이
자신이 원하는 것만 찾는다면
그 배움은 영원히 이루지 못합니다.

자신이 바라는 것만
바라보고자 한다면 영원히
다른 경치는 볼 수 없는 것과 같습니다.

고따마 붓다의 가르침을 성취하고자 한다면
자신이 가진 모든 조건을 다 내려놓아야만 합니다.
그것은 과거와 현재 또한 미래에도 변함없는 진리입니다.

"나에게 버리고 내려놓아야 할 무엇이 또 남아 있는가?"라고
거듭거듭 생각해서 자신의 마음속에 조금이라도 무엇이
남아 있다면
그것은 가르침을 듣고 깨닫고 행하고 또 다른 이에게
가르침을 주기란
참으로 어려운 조건인 줄 알아야 합니다.

고따마 붓다의
가르침을 이해하고자 한다면
이와 같은 조건을 갖추어야만
아주 조금이라도 이해가 될 것입니다.

만약,
자신의 마음속에 이런 것들이
웅크리고 있다면 얼른 버리세요.

눈으로 보고
귀로 듣고
코로 냄새 맡고
입과 혀로 맛보고
몸으로 접촉하고

그래서 뜻으로 많이 생각하게 되는 것
좋은 생각이건 나쁜 생각이건 마음속에 들어 있어서
그 무엇에도 감각적 욕망의 작용이 일어난 상태가 있다면
바로 그것이 고따마 붓다의 가르침을 방해하는 요소가 됩니다.

그리고
그것은
깨달음을 얻을 수 있는
수행자의 자격이 아닙니다.

고따마 붓다의 가르침은 무엇입니까?
고따마 붓다가 문제로 삼았던 것은 무엇입니까?
고따마 붓다가 해결한 문제는 무엇이었습니까?

이 세 가지를 깊이 통찰하셔서 정확한 답변을 구하게 되면
고따마 붓다의 가르침에 대한 이해와 깨달음이 분명해집니다.

연기설緣起說에 관하여

2014. 12. 21.

연기緣起에 대한 상세한 설명은 경전에 많이 실려있습니다. 특히 연기에 대한 고따마 붓다의 설법은 너무나 다양할 정도입니다. 그러나 그 설명은 모두 어떠한 일정한 규칙이 적용되어 나타납니다. 상대에 따라 약간씩 설명이 더 약첨略添되어 집니다. 어느 날 연기에 대한 이해가 약간 생긴 아난다가 세존 앞에서 자신의 심경을 토로한 적이 있습니다. 이에 대해 세존은 다음과 같이 상세하게 연기에 대해 설법하게 됩니다. 아난다는 이렇게 고따마 붓다에게 이렇게 말씀드립니다.

"경이롭습니다, 세존이시여, 놀랍습니다, 세존이시여. 이 연기緣起는 참으로 심오합니다. 그리고 참으로 심오하게 드러납니다. 그러나 이제 제게는 분명하고 또 분명한 것으로 드러납니다."라고 아난다가 말하자.

"아난다여, 그와 같이 말하지 말라. 이 연기緣起는 참으로 심오하다. 그리고 참으로 심오하게 드러난다. 이 법[62]을 깨닫지 못하고 꿰뚫지 못하기 때문에 사람들은 실에 꿰어진 구슬처럼 얽히게 되고 베 짜는 사람의 실타래처럼 헝클어지고 문자풀처럼 엉키어서 처참한 곳, 불행한 곳, 파멸처에 떨어져 윤회를 벗어나지 못한다."[63]라고 부처님은 연기에 대한 이해가 쉽지 않음을 강조하셨습니다.

연기는 이렇게 윤회의 고리를 형성하고 있고, 그 고리는 질기고 단단하여 매우 벗어나기 어렵다는 것이 고따마 붓다의 설명입니다. 이러한 연기는 보통 다음과 같이 12가지로 분류해서 설명됩니다. 이러한 연기는 실상에서 확인하고 고찰이 가능한 일입니다.

① 무명無明이라는 어리석음 때문에 형성이 있고

② 행行이라는 형성 때문에 의식이 있으며

---

62 여기서 '법'이라고 한 것은 '괴로움의 소멸법칙'인 사성제(四聖諦)를 말함. 연기는 연기일 뿐, 법이라 하지 않는다. 그리고 '연기법'이란 표현은 괴로움의 소멸법칙의 실체를 두고 하는 말이다.

63 『상윳따 니까야(Saṃyutta Nikāya)』의 인연상응(因緣相應, Nidāna-saṃyutta) 중 「심오경(Gambhīra Sutta)」(SN 12.60).

③ 식識이라는 의식 때문에 이름과 모양이 있게 되며

④ 명색名色 때문에 여섯 감각기관이 있게 되고

⑤ 육식六識 때문에 접촉이 있으며

⑥ 촉觸 때문에 느낌이 있으며

⑦ 수受라는 느낌이 있으므로 갈애가 있으며

⑧ 애愛라는 갈애渴愛로부터 집착이 생기고

⑨ 취取라는 집착으로부터 존재가 생기고

⑩ 유有라는 존재로부터 태어남이 있으며

⑪ 생生이라는 태어남이 있으므로

⑫ 노사老死, 슬픔, 한탄, 고통, 불쾌, 절망이 있다.

이것은 연기의 조건을 12가지로 분류해서 조직을 분석한 자료입니다. 『디가 니까야』「대인연경」에서는 9가지의 방법으로 분류했고, 다른 곳에서는 10가지 혹은 11가지로 분류되기도 하지만 근본적인 윤회의 이론은 다르지 않습니다. 이것은 태어남을 조건으로 늙음과 죽음이 있고 그 과정에 있어 12가지나 9가지 혹은 10가지 또는 11가지로 나누더라도「대인연경」에서 세존은 아난다에게 연기의 이치를 자세히 설명하면서 연기의 실상과 연기의 의미를 이렇게 설명합니다.

"아난다여, 간담바神의 種들이 죽어 간담바가 되고, 약카神의 種가 죽어 약카가 되며, 정령들이 죽어 정령이 되고, 인간들이 죽어 인간이 되고, 네발짐승들이 죽어 네발짐승이 되고, 새들이 죽어 새들이 되고, 파충류들이 죽어 파충류가 되는 이런 태어남이 어떤 것에 의해서도 어떤 식으로도 그 어디에도 그 누구에게도 없다고 하자. 그러면 이런저런 중생들의 태어남은 결코 없을 것이다. 아난다여, 그러면 이처럼 태어남이 소멸해 버려 어떤 식으로도 전혀 존재하지 않는데도 늙음·죽음을 천명할 수 있겠는가?"

"아닙니다, 세존이시여."

"아난다여, 그러므로 이것이 바로 늙음·죽음의 원인이고, 근원이고, 기원이고, 조건이니, 그것은 다름아닌 태어남이다."[64]라고.

연기는 양자물리학과 같은 현대과학에서 확실하게 고증되거나 확인되지 않지만, 고따마 붓다께서는 연기의 확고한 입장을 이렇게 설명하였습니다. 그리고 이러한 설명을 시작으로 탄생과 죽음에 이르는 과정이랄지 윤회의 원인과 원리 등을 분석해 설명합니다. 여기에서 연기緣起의 중요성은 인간이 가지는 근원적인 괴로움苦의 문제

64 『상윳따 니까야(Saṃyutta Nikāya)』의 인연상응(因緣相應, Nidāna-saṃyutta) 중 「간담바경(Gandhabba Sutta)」(SN 12.46).

를 해결하기 위한 설명으로 요약됩니다. 이것은 연기가 확인되거나 확인되지 않더라도 앞에서 고따마 붓다가 아난다에게 설명한 '간담바神의 種들이 죽어 간담바가 되고, 약카신의 종이 죽어 약카가 되며, 정령들이 죽어 정령이 되고, 인간들이 죽어 인간이 되고, 네발짐승들이 죽어 네발짐승이 되고, 새들이 죽어 새들이 되고, 파충류들이 죽어 파충류가 되는 그런 태어남이 어떤 것에 의해서도 어떤 식으로도 그 어디에도 그 누구에게도 없다고 하자.'라는 말씀 중에서 연기설의 의미를 확인할 수 있습니다. 오온五蘊의 설명이나 무아無我의 설명이나 공空의 설명 역시 마찬가지입니다. 이러한 이론을 분석하다 보면 그 이론의 함정 속에 갇혀버리는 경우가 있습니다. 이러한 경우는 괴로움苦의 분석이 어려워지게 되는 원인 가운데 하나가 됩니다. 예를 들면 '연기설'을 가지고 명상을 통해 분석하다 보면 명상을 통해 자신의 한없는 전생을 따라 답습하게 되고 명상에서 나타난 자신 혹은 남의 전생을 보게 되는 것을 자신의 특별한 능력이라고 생각하여 다음 명상 때도 그다음 명상 때도 계속하여 그 상황을 벗어나기는커녕 오히려 그 상태를 즐기려 들기 때문입니다. 이러한 경우는 명상을 통해 공부하는 이들에게 아주 자연스럽게 경험하게 되는 일이긴 하지만 매우 위험한 현상입니다. 왜냐하면 그곳에서 자신이 원하는 어떤 깨달음을 발견해 내길 간절히 바라지만 그럴 수 없게 만들기 때문입니다. 고따마 붓다는 연기의 설법에서 항상 괴로움의 소멸법칙이 거기에 있음을 보라고 한 것을 보면 연기설법은 괴로움의 소멸법칙을 더욱 현실감 있게 보여주는 교육자료로 제시한 것이었음을 알 수 있습니다.

연기의 구조

2014. 12. 22.

12연기가 어떤 구조로 설명되는 것인지 집중적으로 살펴보겠습니다. 연기의 설명은 그럴 수 없이 난해하고 복잡합니다. 그래서 이해하기 어렵습니다. 그러나 연기의 설명이나 이해에서 이러한 어려움이 있을 때마다 "'괴로움苦을 알고 괴로움의 원인集을 알며 괴로움의 소멸滅을 알기 위해' 이러한 이론을 알아야 할 필요가 있는 것이다."라고 알게 될 때, 사성제의 괴로움의 소멸법칙을 이해시키기 위해 설명한 이론들인 오온·연기·무아·공·무상의 이해는 대단히 쉽게 이뤄집니다. 이러한 뜻을 말하는 것은, 이제부터 12연기에 관해 설명하게 될 것이고 그렇게 되면 12연기의 이론에만 집중하여 본래 12연기를 통하여 이해하여야 하는 '괴로움의 소멸법칙'인 사성제의 이해를 놓치지 말라는 것입니다.

그러면 사성제는 무엇에 필요한 가르침인지 알게 될 것입니다. 고따마 붓다의 가르침으로 깨달음을 이루기 위해 올바른 생각으로 출가한 사람이라면 이와 같은 생각을 하게 될 것입니다. "그것은 깨달음을 성취하기 위한 가르침이다. 사성제의 가르침은 괴로움苦를 알고 괴로움의 원인集을 알며 괴로움의 소멸滅-괴로움의 소멸법칙-로 이끈다. 그것은 해탈이며 열반이라고 하는 것이다."라고.

바로 이러한 이유로 이 설명은 필요한 것입니다. 그러므로 이 설명을 통해 깨달음을 얻는 이가 반드시 있을 것입니다. 그리고 그는 일생을 통해 가장 값진 순간을 경험하게 될 것이라고 믿습니다.

사성제의 이해야말로 괴로움苦과 연기의 연결고리를 끊게 되며 때문에 대자유인의 조건을 갖추게 되어 해탈과 열반을 얻게 될 것입니다. 그것은 또한 수많은 사람을 유익한 해탈의 길로 들게 할 것입니다. 깨달음은 태양의 역할과 같습니다. 태양은 모든 이들을 이익되게 하지만 어느 한 사람을 위해 존재하는 것은 아니기 때문입니다. 이러한 이야기는 잡설에 불과합니다. 왜냐하면 깨달음을 얻는 과정의 정확한 이론이 아니라는 점에서 그렇습니다. 많은 이들은 이런 내용의 말을 더 듣기 원할지도 모르지만, 그것은 어리석은 생각입니다. 이미 그러한 이론과 잡설은 대승에서 경험할 수 있는 사실입니다. 목적인 열반을 향해 가야 한다는 생각과 열반의 지고한 행복함에 심취한 사람이 가보지도 않고 경험도 없는 열반의 일에 자신의 상상이나 추론으로 이야기하고 만족한다는 것은 아무런 소용이 없습니다.

그러니까 불교가 외설의 흐름을 의지해 일반대중의 열열한 관심을 바탕으로 발전해 가는 과정에서 대승과 밀교로 전락한 일은 매우 안타까운 일이 아닐 수 없습니다. 이런 것은 무엇 때문일까요? 가장 큰 이유는 고따마 붓다의 가르침을 정통으로 꿰뚫어 이해할 수 없었음이고, 보조적인 역할을 한 원인으로는 인간의 욕망이 한도 끝도 없다는 것을 들 수 있습니다. 안 되는 일인 줄 알면서도 억지 이론을 만든 것은 욕망으로 인한 것들을 교묘하게 정당화시키면서 자신들의 욕망을 채워왔던 것입니다. 만약 이런 밀교와 대승불교의 관념적 사상의 이론이 사성제의 이해를 통해 해탈이나 열반을 얻는 일보다 효과적이고 정도였다면 이미 고따마 붓다가 먼저 그 길로 나아갈 수 있는 가르침을 폈을 것입니다. 고따마 붓다의 가르침은 괴로움에 빠진 중생이 영원히 그 괴로움에서 벗어나기 위한 것에 있었으므로 더 이상의 방법을 생각하지 않았던 것입니다. 중생 구제는 중생들이 가진 괴로움의 실체인 본능적 성향에 얽매이지 않고 그것에서 벗어나는 효율적이고 정통성을 가진 방법의 가르침이 가장 효과적입니다. 고따마 붓다가 재세시에 자신의 가르침에서 정통과 비정통이 발견되면 일어날 수 있는 상황을 이렇게 묘사한 곳이 있습니다.

이와 같이 나는 들었다. 한때 세존께서는 사왓티에서 제따숲의 아나타삔디까 원림에 머무시었다.

그때 마하깟사빠 존자가 세존께 다가갔다. 가서는 세존께 절을 올리고 한 곁에 앉았다. 한 곁에 앉은 마하깟사빠 존자는 세존께 이렇게 말씀드렸다.

"세존이시여, 무슨 원인과 조건 때문에, 이전에는 학습계목學習啓目은 더 적었지만, 구경의 지혜에 안주하는 비구들은 더 많았으며, 무슨 원인과 조건 때문에, 지금은 학습계목은 더 많아졌지만, 구경의 지혜에 안주하는 비구들은 더 적습니까?"

"깟사빠여, 그것은 이와 같다. 중생들이 하열해지고 정법이 사라질 때에는 학습계목은 더 많아지지만, 구경의 지혜에 안주하는 비구들은 더 적다.

깟사빠여, 유사정법類似正法이 세상에 생기지 않는 한 정법은 사라지지 않는다. 그러나 유사정법이 세상에 생기면 정법은 사라지게 된다.

깟사빠여, 예를 들면 황금과 유사한 것이 세상에 생기지 않으면 황금은 사라지지 않는다. 그러나 황금과 유사한 것이 세상에 생기면 황금은 사라지게 된다.

깟사빠여, 그와 같이 유사정법이 세상에 생기지 않는 한 정법은 사라지지 않는다. 그러나 유사정법이 세상에 생기면 정법은 사라지게 된다."

"깟사빠여, 땅의 요소가 정법을 사라지게 만들지 않는다. 물의 요소가 … 불의 요소가 … 바람의 요소가 정법을 사라지게 만들지 않는다.

그러나 여기 쓸모없는 인간들이 나타나서 이 정법을 사라지게 만든다.

깟사빠여, 배에 많은 짐을 실으면 침몰하지만, 정법은 그와 같이 사라지지 않는다."[65]

여기에서 정법이 사라지는 조건을 이야기했고, 정법이 사라지는 유해한 현상이 나타나는데 다음과 같이 설명합니다.

---

65 각묵 스님(2009.11.5. 초기불전연구원). 『상윳따니까야』 제2권. 유사정법경(類似正法; S16:13). pp.521~523.

> "깟사빠여, 다섯 가지 유해한 현상이 나타나면 정법을 혼란스럽게 하고 사라지게 한다. 무엇이 다섯인가?
>
> 깟사빠여, 여기 ① 비구들과 비구니들과 청신사들과 청신녀들이 스승을 존경하지 않고 순응하지 않으며 머문다. ② 법을 존중하지 않고 순응하지 않으며 머문다. ③ 승가를 존중하지 않고 순응하지 않으며 머문다. ④ 공부지음을 존중하지 않고 순응하지 않으며 머문다. ⑤ 삼매를 존중하지 않고 순응하지 않으며 머문다. 깟사빠여, 이러한 다섯 가지 유해한 현상이 나타나면 정법을 혼란스럽게 하고 사라지게 한다."[66]

그리고 정법이 확고해지고 혼란스럽지 않게 하고 사라지지 않게 하는 다섯 가지 유익한 현상에 관해서도 다음과 같이 설명하고 있습니다.

> "깟사빠여, 다섯 가지 현상이 나타나면 정법을 확고하게 하고 혼란스럽지 않게 하고 사라지지 않게 한다. 무엇이 다섯인가?

66 각묵 스님(2009.11.5. 초기불전연구원). 『상윳따니까야』 제2권. 유사정법경(類似正法; S16:13). p. 525.

깟사빠여, 여기 ① 비구들과 비구니들과 청신사들과 청신녀들이 스승을 존경하고 순응하며 머문다. ② 법을 존중하고 순응하며 머문다. ③ 승가를 존중하고 순응하며 머문다. ④ 공부지음을 존중하고 순응하며 머문다. ⑤ 삼매를 존중하고 순응하며 머문다.

깟사빠여, 이러한 다섯 가지 현상이 나타나면 정법을 확고하게 하고 혼란스럽지 않게 하고 사라지지 않게 한다."[67]

중생의 '본능적 성향'이라는 것, 이것은 어떤 것일까요? 본능적 욕망으로 이루어져 있고 언제나 윤회의 길을 찾아다니며 다시 태어남을 답습하는 성향이라고 할 수 있습니다. 이것은 결국 삼계의 모든 실체를 괴로움의 성향인 윤회로 이끌고 온갖 괴로움苦을 받도록 이끌며 그 고통 속에 머물게 합니다. 이러한 괴로움의 실체를 있는 그대로 여실히 볼 수 있도록 고따마 붓다의 가르침에 인도된 사람은 삼계의 실체인 괴로움에서 벗어나는 길을 볼 수 있는 것입니다. 이것을 위한 가르침이 괴로움의 소멸법칙인 사성제이며 사성제 안에서 사성제를 이해하도록 인도하는 부수적인 설명이 오온·12 연기·공·무아·무상의 이론이라고 할 수 있습니다.

---

67 각묵 스님(2009.11.5. 초기불전연구원). 『상윳따니까야』 제2권. 유사정법경(類似正法; S16:13). pp. 525~526.

그러나 대승의 일반 수행자들 혹은 불교학자 또는 일반 불자들은 이러한 이론을 두고 이해를 할 수 없어 많은 갈등을 겪고 있음을 발견하게 됩니다. 고따마 붓다의 정통 가르침을 앞에 놓고 전혀 이해할 수 없는 상황이라면 황당한 일이 아닐 수 없습니다. 그런 사람들의 이유는 다만 하나의 이론인 사성제의 실체를 규명하기 위해 부연 설명되는 이론을 따로따로 분류해서 연구하고 이해하려는 방법을 택하고 있기 때문입니다. 마치 커다란 모사이크 된 코끼리의 그림을 뜯어놓고 코끼리란 동물을 보지도 듣지도 못한 이들이 어떻게 맞추어야 할지 난감한 상황을 보는 듯합니다. 사성제란 가르침에서 주제로 채택된 괴로움苦의 덩어리란 문제를 해결할 수 있는 커다란 이론의 실체를 설명하기 위해 설정한 이론들, 즉 오온五蘊 • 12 연기緣起 • 공空 • 무아無我 • 무상無常 등을 따로따로 분해해서 이해하거나 설명하려 하지 말고 항상 사성제의 괴로움苦의 문제와 직접 연결하여 연구하고 관찰해야 합니다. 그러므로 괴로움苦의 실체가 한눈에 확실하게 들어 나고 체득할 수 있는 길이 열리게 되는 것입니다.

오늘은 동지입니다. 동지를 지나고 나면 공부에 더 밝은 신선이 있기를 바라면서 오늘 설명은 여기서 마칩니다.

연기의 잘못된 관찰

2014. 12. 23.

연기緣起의 이론은 어떤 면에서 연기만의 단편적인 '연기의 가르침'이라고 생각하기 쉽습니다. 그러므로 많은 사람은 연기만의 단편적인 연기의 이론에서 깨달음을 얻게 된다고 굳게 믿고 있습니다. 왜냐하면 연기緣起의 이론은 사성제의 가르침에서 확인할 수 있는 괴로움苦과 윤회의 단절을 연기緣起에서도 확인할 수 있기 때문입니다. 연기의 이론이 탐구하는 사람의 관심을 사로잡는 매력은 끝도 없는 자신과 다른 이 혹은 어떤 세계와 연관된 광활한 관념의 세계가 펼쳐지고 그 세계에 빠져들게 된다는 것이 가장 큰 이유입니다. 그러므로 단순하게 생각해서는 안 되는 괴로움의 소멸법칙인 사성제의 가르침을 놔두고 연기緣起의 가르침이 더 깊은 뜻이 담겨있다고 나름대로 생각하고 있는 것입니다. 다시 말하면 '연기緣起의 이치를 깨달아 알기 위해서 사성제를 설명하였다.'라고 주제와 부제를 뒤바꿔 생각게 되는 것입니다. 참으로 이렇게 되면 가르침의 이론 정립이 뒤죽박죽되고 수행자의 입장은 가장 곤혹스럽고 혼돈으로 휩싸이게 될 것입니다. 이런 경우 정확한 깨달음이 성취되지 못한 이들은 정황 없이 그 이론에 휘둘리게 되고 자신도 언제 끝날지 모르는 연기緣起의 관찰만을 위한 일로 치닫게 될 것입니다.

이러한 상태는 두 가지 유익하지 못한 경험을 가지게 합니다. 그 연기緣起의 관찰에서 경험하는 형이상학적 실상들을 '깨달음'의 상태라고 생각하게 될 것입니다. 이러한 경우의 사람은 스스로 깨달음이라고 인정한 부분을 결코 누구에게도 전할 수 없고 설명하지 못하는 것입니다. 설령 어떻게든 남에서 설명해 전한다 해도 그것은 깨달음도 아니고 정법도 아닙니다. 또 다른 한 가지는 그렇게 단정 지어진 것의 '깨달음'을 다른 이들에게도 가르치고 천명하고 확정하여 전달하게 된다는 것입니다. 이것은 연기緣起의 관찰에서 가장 위험한 요인으로 인정됩니다. 무엇 때문에 연기를 관찰하게 된 것일까요?

연기緣起가 설명되는 정확한 이유를 알기 위해서는 사성제四聖諦의 주제인 괴로움苦의 문제가 통찰되지 않고는 대단히 어렵습니다. 이 사성제四聖諦는 언제나 잔잔하게 어느 교리에서나 깊숙이 연관되어 주관적인 입장으로 관찰할 수 있는 가능한 상태여야 모든 이론 즉 사성제四聖諦・고苦・오온五蘊・연기緣起・공空・무상無常 등이 일목요연하게 정리될 것입니다. 사성제四聖諦의 가르침에서 괴로움苦을 알고 괴로움의 원인集을 알고 괴로움의 소멸滅을 알게 되었을 때, 비로소 열반涅槃에 이를 수 있는 길이 어떤 것인지를 알게 되고, 열반涅槃에 이를 수 없는 길 또한 어떤 조건인지를 알게 됩니다. 열반에 이를 수 없는 길로 제시된 것은 바로 오온五蘊·연기緣起·공空·무아無我·무상無常 등의 이론이 바르게 설명되지 않거나 이해되지 않았을 때이며, 열반에 이를 수 없는 원인을 무명無明 때문이라고 한 것 역시 오온과 연기·공·무상의 실체를 있는 그대로 보지 못하는 것을 두고 한 설명입니다. 이러한 잘못된 경계에 다다른 사람이 그 잘못된 문제를 확실하게 알았을 때 생사生死의 근원을 해결하고 열반涅槃에 이르는 길로 향하는 것이 어떠한 것인지 알게 되고, '공부의 길'로 의심 없이 나아갈 수가 있게 되는 것입니다.

다시 정리를 하겠습니다. 이것은 생사生死의 길은 무엇이며 생사生死가 단절된 길은 어떤 것인지에 대한 설명입니다. 사성제四聖諦를 이해함으로써 생사로 인한 괴로움苦과 괴로움의 원인集과 괴로움의 소멸滅이란 괴로움의 실체를 보고 괴로움의 생산처인 연기緣起와 괴로움을 벗어나 해탈과 열반을 얻게 되며, 반면 사성제를 이해하지 못하므로 생사로 인한 괴로움苦과 괴로움의 원인集이며 괴로움의 소멸滅을 계속 끝도 없이 이어지는 연기緣起와 괴로움의 과정을 벗어날 수 없게 되는 것입니다.

그러므로 여기서 괴로움苦이라고 하는 것은 연기緣起의 전체 성향을 말하는 것이고, 오온五蘊의 괴로움苦이라는 것은 오온의 모든 실체에서 괴로움의 성향을 일컫는 것입니다. 이 괴로움苦의 흐름을 분명하고 정확하게 알 수 있게 해주는 것이 있습니다. 그것은 다름 아닌 상카라行; Samkhara입니다. 이 행行에 의해서 괴로움苦의 형태나 상황을 미루어 짐작하게 되고 실제로 괴로움苦이라는 것을 느끼게 되는 것입니다. 이러한 괴로움苦은 이해의 깊이에 따라 괴로움에 관한 분명한 개념을 바르게 세울 수 있고 그 판단에 따라 괴로움苦이라고 확정된 조건에서 괴로움이 되는 원인을 택하지 않는다면 열반涅槃의 세계로 이르게 되는 조건을 갖추어 스스로 가진 생명이 유지되는 동안 청정범행으로 머물게 되는 것입니다. 그것은 괴로움의 소멸법칙인 사성제의 가르침에서 괴로움의 실체를 꿰뚫어 알았을 때 아주 자연스럽게 나타나는 불행佛行인데, 이 불행은 팔정도로 표현됩니다.

열반涅槃의 세계를 경전에서는 이렇게 표현하고 있습니다. '열반涅槃이란 탐욕과 성냄과 어리석음을 소멸한 경지'라고. 달리 말하면 탐貪·진嗔·치痴의 소멸입니다. 열반을 증득하는데 가장 장애가 되는 요인을 이렇게 세 가지로 표현하고 있는 것입니다. 이 열반涅槃에 대한 자세한 설명은 뒤에 가서 이야기하기로 하고 우선 여기에서는 사성제四聖諦가 오온五蘊, 五陰이나 연기緣起를 통해서 어떻게 이해해야 하는지를 설명해 보도록 할 것입니다. 왜냐하면 열반을 증득할 수 있는 가르침인 사성제四聖諦의 가르침에서 사성제四聖諦가 이해되지 않고는 열반涅槃을 얻을 수 있는 길이 없기 때문입니다. 그뿐이 아닙니다. 깨달음도 설명할 수 없고, 전할 수도 없으며, 특히 청정범행은 이뤄지지 않습니다. 이것은 사성제의 이해가 그만큼 중요하다는 것입니다.

지금 우리는 사성제四聖諦의 구조와 원리를 통해 괴로움苦을 관찰하고 괴로움苦의 관찰하는 방법에서 오온五蘊과 연기緣起에서 괴로움苦의 실상을 확인하는 방법을 설명하고 있는 것입니다. 이런 과정이 왜 필요할까요? 열반涅槃이 사성제四聖諦의 이해에서 얻어지고 확인할 수 있는 유일한 길이기 때문입니다. 그러므로 이렇게 알아야 합니다. '열반을 증득함에 가장 장애 요소가 되는 것은 사성제四聖諦를 모르는 것이다. 아울러 사성제四聖諦의 이해를 돕는 가르침은 오온五蘊과 연기緣起를 관찰하는 것이다.'라고 말입니다.

아직 잔소리는 끝나지 않습니다. 계속해서 어떠한 반응이 정확하게 마음에 정해질 때까지 잔소리는 이어질 것입니다.

연기의 실상

2014. 12. 24.

연기緣起의 실상은 생명을 가진 모든 중생이나 유정有情·무정無情의 세계에 다 통용됩니다. 경전에 보면 아나다삔디까가 연기緣起의 가르침을 바르게 알 수 있는 것에 대하여 이렇게 질문하고 있습니다.

"연기를 지혜로써 철저하게 꿰뚫어 보고 선명하게 알 수 있는 훌륭한 방법이 무엇입니까?"

"장자여, 나의 거룩한 제자들은 연기緣起의 가르침을 철저하게 그리고 치밀하게 이와 같이 살핍니다. '이것이 있으면 저것이 있고, 이것이 없으면 저것이 소멸한다.'라는 이 연기緣起의 도리가 바로 나의 거룩한 제자가 진리를 철저하게 꿰뚫어 보고 선명하게 보는 훌륭한 방법입니다."[68]라고, 붓다는 그에게 대답합니다.

이와 같은 대화는 『대인연경』에서 아난다에게 설법하는 내용에서도 나타나는 내용입니다. 여기서는 아홉 가지의 연기緣起를 이야기하고 있지만 내용에 있어서는 열두 가지 연기와 같은 맥락입니다. 여기에서 아난다는 세존께 이렇게 여쭙습니다.

"경이롭습니다. 세존이시여, 놀랍습니다. 세존이시여. 세존이시여, 이 연기緣起는 참으로 심오합니다. 그리고 참으로 심오하게 드러납니다. 그러나 이제 저에게는 분명하고 또 분명한 것으로 드러납니다."

"아난다여, 그와 같이 말하지 말라. 아난다여, 그렇게 말하지 말라. 이 연기는 참으로 심오하다. 그리고 참으로 심오하게 드러난다. 아난다여, 이 법을 깨닫지 못하고 꿰뚫지 못하기 때문에 이 사람들은 실에 꿰어진 구슬처럼 얽히게 되고 베 짜는 사람의 실타래처럼 헝클어지고 문자풀처럼 엉키어서 처참한 곳, 불행한 곳, 파멸처, 윤회를 벗어나지 못한다."[69]라는

---

68 『상윳따 니까야(Saṃyutta Nikāya)』의 「니다나 상윳따(Nidāna Saṃyutta)」에 나오는 내용으로 니다나 상윳따의 「아나따삔디까 경(Anāthapiṇḍika Sutta)」의 내용임.

이 경전에서 아나따삔디까(급고독)는 붓다에게 연기법(緣起法)을 어떻게 통찰할 수 있는지 질문하고, 붓다는 연기법의 핵심 원리인 "이것이 있으면 저것이 있고, 이것이 생기면 저것이 생기며, 이것이 없으면 저것이 없고, 이것이 소멸하면 저것이 소멸한다(imasmiṃ sati idaṃ hoti, imassuppādā idaṃ uppajjati, imasmiṃ asati idaṃ na hoti, imassa nirodhā idaṃ nirujjhati)"라는 가르침을 설명한다.

세존의 말씀은 실로 강압적이라 할 수 있습니다. 연기를 통해 '괴로움의 소멸법칙'을 보지 못한 사람은 반드시 '처참한 곳, 불행한 곳, 파멸처, 윤회를 벗어나지 못한다.'라는 것입니다.

행고行苦의 이론이 명확해지는 것이 연기설緣起說입니다. 이곳에서의 연기 이론은 행고行苦를 잘 설명해 주며 행고의 형태를 잘 보여주고 있습니다. 그러므로 연기의 이해아밀로 행고行苦를 꿰뚫이 알 수 있게 되는 것이고 행고行苦를 꿰뚫어 앎으로 해서 윤회를 벗어나 해탈•열반의 길로 갈 수 있는 것입니다. 큰 행이든 작은 행이 되었든 어떠한 행이 수행자에게 남아 있으면 그 사람은 깨달음을 얻을 수 있는 견해가 부족한 것입니다.

그러면 연기의 이해를 위해서 조금 더 자세하게 살펴보도록 하겠습니다. 연기를 크게 나누면, 조건으로 인한 늙음•죽음이 있습니다. 그리고 이 두 가지 큰 나눔을 바탕으로 세존은 아난다에게 연기의 행로를 설명합니다. 그러면서 어떤 사람에게 연기에 관한 질문을 받게 될 때 어떻게 대답해야 하는지에 대해서도 자세한 가르침을 하

---

69 『디가 니까야(Dīgha Nikāya)』의 「마하니다나 경(Mahānidāna Sutta, 大緣經)」에 나오는 내용. 이는 디가 니까야의 제15경으로, 연기법을 매우 상세하게 설명하는 중요한 경이다. 이 경전에서 아난다가 연기법이 자신에게는 명확하게 이해된다고 말하자, 세존은 연기법의 심오함을 강조하며 경계하는 내용을 담고 있다. 특히 연기법을 제대로 이해하지 못하면 중생들이 윤회에서 벗어나지 못한다는 점을 강조하면서, 실타래나 문자풀이 엉키는 비유를 통해 윤회의 속박을 생생하게 설명하고 있다.

게 됩니다.

"아난다여, '조건이 있으므로 늙음·죽음이 있습니까?'라고 질문을 받으면 '그렇습니다.'라고 대답해야 한다. 그리고 만일 '그러면 무엇을 조건으로 하여 늙음·죽음이 있습니까?' 라고 묻는다면 '태어남을 조건으로 하여 늙음·죽음이 있습니다.'라고 대답해야 한다.

아난다여, '조건이 있으므로 태어남이 있습니까?'라고 질문을 받으면 '그렇습니다.'라고 대답해야 한다. 그리고 만일 '그러면 무엇을 조건으로 하여 태어남이 있습니까?'라고 묻는다면 '존재를 조건으로 하여 태어남이 있습니다.'라고 대답해야 한다. ……"[70]라는

세존의 가르침은 계속하여 존재와 취착·갈애·느낌·감각접촉·정신/물질名色·알음알이 등등 연기의 물음에 대한 답변에서도 같은 맥락으로 답변해야 옳다고 가르칩니다.

이것은 무엇 때문인가? 연기緣起의 법칙을 꿰뚫어 알게 하기 위함이고 연기의 설명에서 훌륭한 가르침이 되기 위한 것입니다. 즉 다

70 주 69 참조

시 말하면 '양성적인 연기'의 실체를 표현한 것이고, 그다음은 연기의 단절에 대한 이해를 돕기 위한 설명입니다.

"… 이런 태어남이 어떤 것에 의해서도 어떤 식으로도 그 어디에도 그 누구에게도 없다고 하자. 그러면 이런저런 중생들의 이런저런 태어남은 결정코 없을 것이다. 아난다여, 이처럼 태어남이 소멸하여 태어남이 어떤 식으로도 존재하지 않는데도 늙음・죽음을 천명할 수 있겠는가?"

"아닙니다, 세존이시여."

"아난다여, 그러므로 이것이 바로 늙음・죽음의 원인이고, 근원이고, 기원이고, 조건이니, 그것은 바로 태어남이다."

"존재를 조건으로 태어남이 있다고 말하였다. 아난다여, 존재를 조건으로 태어남이 있다고 하는 것은 다음과 같은 방법으로 알아야 한다. 아난다여, 만일 욕계의 존재, 색계의 존재, 무색계의 존재 이러한 존재가 어떤 것에 의해서도 어떤 식으로도 그 어디에도 그 누구에게도 존재하지 않는다고 하자. 아난다여, 존재가 소멸하여 어떤 식으로도 전혀 존재하지 않는데도 태어남을 천명할 수 있겠는가?"[71]

71 주 69 참조.

이러한 내용의 가르침은 '취착을 조건으로 존재가', '갈애를 조건으로 취착이', '느낌을 조건으로 갈애가', 등의 소멸에 이르는 문제를 짚어 줌으로써 연기緣起 안에서 '괴로움의 소멸법칙'의 깨달음을 향한 방향을 설정해 주고 있는 것입니다.

9가지 혹은 12가지로 설명한 갈애

2014. 12. 25.

연기의 가장 상징적인 표현은 역시 갈애渴愛라는 행온行蘊입니다. 이것은 모든 감각 접촉기관을 통해 욕망의 형태로 나타나며, 다른 연기의 조건과 연관된 결과를 또다시 일으켜 세우는 역할의 진행이 강합니다. 9가지 연기나 12가지 연기에서 조건과 결과라는 관계 즉 연기의 관계 형성을 이루며 계속해서 또 다른 연기형성을 창조합니다. 이 창조하는 힘은 가히 역동적이라고 할 만하고, 그것을 보는 자는 연기의 역동성에서 두려움을 느끼게 됩니다. 왜냐하면 윤회의 질긴 고통이 거기에 웅크리고 숨어있음을 발견할 수 있기 때문입니다. 세존은 이러한 상황을 아난다에게 다음과 같이 설명하고 있습니다.

"아난다여, 이처럼 느낌을 조건으로 갈애渴愛가, 갈애를 조건으로 추구가, 추구를 조건으로 얻음이, 얻음을 조건으로 판별이, 판별을 조건으로 욕망이, 욕망을 조건으로 탐착이, 탐착을 조건으로 거머쥠이, 거머쥠을 조건으로 인색이, 인색을 조건으로 수호가, 수호를 원인으로 하여 몽둥이를 들고 무기를 들고 싸우고 말다툼하고 분쟁하고 상호비방하고 중상모략하고 거짓말하는 수많은 사악하고 해로운 법들이 생겨난다."[72]라고.

이러한 것들의 중심에는 강한 역동성을 가진 갈애가 기본이 되고 각 조건을 의지해서 성향이 바뀌게 되지만 결국 괴로움의 무더기苦蘊로 결론지어집니다. 그래서 수행자는 여기서 괴로움과 괴로움의 원인과 괴로움의 소멸을 이렇게 알아야 한다고 가르치고 있는 것입니다.

"…수호를 원인으로 하여 몽둥이를 들고 싸우고 말다툼하고 분쟁하고 상호비방하고 중상모략하고 거짓말하는 수많은 사악하고 해로운 법들이 생겨난다고 말하였다. 아난다여,

---

72 『디가 니까야(Dīgha Nikāya)』의 「마하니다나 경(Mahānidāna Sutta, 大緣經)」에 나오는 내용. 이 부분은 특히 연기법의 구체적인 전개 과정을 설명하는 중요한 대목으로, 느낌(vedanā)으로부터 시작하여 갈애(taṇhā), 추구(pariyesanā), 얻음(lābha), 판별(vinicchaya), 욕망(chandarāga), 탐착(ajjhosāna), 거머쥠(pariggaha), 인색(macchariya), 수호(ārakkha)로 이어지는 일련의 과정을 상세히 설명하고 있다.

이것은 다음과 같은 방법으로 알아야 한다. 아난다여, 만약 수호가 어떤 것에 의해서도 어떤 식으로도 그 어디에도 그 누구에게도 존재하지 않는다고 하자. 아난다여, 수호가 소멸하여 버려져 수호가 어떤 식으로도 전혀 존재하지 않는데도 몽둥이를 들고 무기를 들고 싸우고 말다툼하고 분쟁하고 상호비방하고 중상모략하고 거짓말하는 수많은 사악하고 해로운 법들이 생겨날 수 있겠는가?"

"아닙니다, 세존이시여."

"아난다여, 그러므로 바로 몽둥이를 들고 무기를 들고 싸우고 말다툼하고 분쟁하고 상호비방하고 중상모략하고 거짓말하는 수많은 사악하고 해로운 법들이 생겨나는 원인이고, 근원이고, 기원이고, 조건이니, 그것은 바로 수호이다."[73]
라고.

세존은 아난다에게 갈애로 인하여 일어났던 결과가 어떻게 소멸하는지를 가르치고 있습니다. 이러한 소멸은 모든 조건과 결과 결과와 조건들 사이에서만 일어날 수 있음을 천명하면서 그 천명함이 거짓이 될 수 없는 사실임을 다음처럼 확인시켜 줍니다.

73 주 72 참조.

"인색을 조건으로 수호가 있다고 말하였다.", "거머쥠을 조건으로 인색하다고 말하였다.", "탐착을 조건으로 거머쥠이 있다고 말하였다.", "욕망을 조건으로 탐착이 있다고 말하였다.", "판별을 조건으로 욕망이 있다고 말하였다.", "얻음을 조건으로 판별이 있다고 말하였다.", "추구를 조건으로 얻음이 있다고 말하였다.", "갈애를 조건으로 추구가 있다고 말하였다.", "감각·접촉을 조건으로 느낌이 있다고 말하였다.", "정신·물질을 조건으로 감각·접촉이 있다고 말하였다."[74]
라는,

등의 개념은 세존이 아난다에게 가르친 연기의 성향입니다. 그리고 이러한 원인으로 하여 다른 것들이 일어나고 사라지는 요소임을 있는 그대로 여실히 보여줌으로써, 일체[75]에 대한 원인과 과정 그리고 결과까지 괴로움의 단절을 설명한 것입니다.

괴로움苦의 단절을 천명함은 무엇을 뜻하는 것일까요? 괴로움苦을 알고 괴로움의 원인集을 알며 괴로움의 소멸滅을 꿰뚫어 아는 것이 해탈·열반이었음을 모르는 사람은 없을 것입니다. 참으로 그렇습니다. 세존의 가르침의 설법은 모두가 다 이와 같은 뜻을 포함하고 있다는 것을 항상 염두에 두고 이 글을 읽어야 한다는 것이 세존의

74 주 72 참조.

75 오온(五蘊)을 의탁하거나 원인으로 일어나는 행의 모든 작용과 결과.

가르침을 바르게 배우는 자세라는 것을 말씀드립니다. 알음알이와 정신·물질의 상호 작용이랄지 자아를 천명하는 자들의 열반 이론이 성립되는 과정이나 모든 삶에서 일어날 수 있는 상황에서 자아를 천명하지 않는 자들의 성향에 관한 것들 역시 괴로움苦을 단절한 입장에서 관찰해야 '바르게 보인다는 팔정도의 길'이 열리게 되는 것입니다.

알음알이와 정신·물질의 상호작용[76]

2014. 12. 26.

언젠가 '연기의 실상'을 다룬 책을 한 번 읽어본 기억이 납니다. 그것은 아주 많은 분량의 일본인이 쓴 책입니다. 그리고 책 이름도 역시 '연기의 실상'이었고 대구 모 지방신문에서 책으로 출판하기 전 연재로 다루었던 것입니다. 이 책의 내용을 보고 어떤 사람들은 대단한 감명을 받아 갑자기 정신적으로 나름의 경지를 경험했고, 어떤 사람은 정신적으로 장애를 겪고 있었는데 책을 읽는 도중에 갑자기 장애요인이 사라졌다는 등의 내용에 대해서 사형께서 나에게 소개하였던 적이 있습니다.

지금 왜 이런 생각을 했는가 하면, 연기에 대한 설명을 여기서

---

76 연기의 법칙은 알음알이와 정신·물질의 상호 작용이라고 할 수 있습니다. 아인슈타인의 상대성이론과 흡사한 논질(論質)은 서로 상통되는 요소가 있다.

마칠까 생각했는데 너무 빨리 끝내는 것 같아서입니다. 연기의 설명은 사실 지루하고 이해하기 어렵습니다. 그것은 모든 연기적인 일들이 실감 나지 않기 때문입니다. 현실에서 살고 있는 사람들에게는 현장에서 경험하는 일에서도 이해가 안 되면 의문을 가질 때가 있고 싫증을 냅니다. 또한 간단히 설명할 수도 없는 문제입니다. 그러나 이해의 상황에 따라 지루한 설명이 될 수도 있고 그렇지 않을 수도 있습니다. 여기서 특별히 주장하고 싶은 것은 고따마 붓다의 가르침에서 깨달음을 이끄는 중심을 연기의 가르침으로 생각해서는 안 된다는 것입니다.

이런저런 이유는 뒤로 미루고 또다시 연기의 그림을 그려보도록 하겠습니다. 연기의 그림은 누가 그리더라도 대동소이한 그림이 나오게 되어있습니다. 연기의 실상에서 연기의 실상을 보고 자신의 단점과 병적인 상황을 극복할 수도 있는 상황이 연출되기도 한다는 것은 연기의 상황이 자신과의 밀접한 관계가 있고 자신의 전생에 잘못된 상황을 통해서 현생의 현실과 밀착하여 연관성을 세밀히 관찰할 수 있을 때 그렇게 될 것입니다. 이러한 상황이 현실과 전생을 넘나들며 경험을 쌓게 되는 것이고 때로는 자신에게 크게 유익한 결과를 초래합니다. 오래된 지병에서 벗어난다든지, 갑자기 나쁜 생활습성이 고쳐졌다든지 하는 현상을 경험하게 되는 것입니다. 그러면 연기의 말씀을 더 경청한 뒤, 조심스럽게 이야기를 이어가 보도록 하겠습니다. 이 설명은 세존께서 아난다에게 연기를 설명하는 내용 중에 나타나는 이야기로써 상당히 적극적이고 현실적인 내용을 말씀하고 있습니다.

"알음알이를 조건으로 정신·물질이 있다識緣名色고 말하였다. 아난다여, 알음알이를 조건으로 정신·물질이 있다는 이것은 다음과 같은 방법으로 알아야 한다. 아난다여, 만약 알음알이가 모태母胎에 들지 않았는데도 정신·물질이 모태母胎에서 발전하겠는가?"

"아닙니다, 세존이시여."

"아난다여, 알음알이가 모태에 들어간 뒤 잘못되어 버렸는데도 정신·물질이 오온을 갖춘 그런 상태가 생기겠는가?"

"아닙니다, 세존이시여."

"아난다여, 알음알이가 동자나 동녀와 같은 어린아이일 때 잘못되어 버렸는데도 정신·물질이 향상하고 성장하고 번창하겠는가?"

"아닙니다, 세존이시여."

"아난다여, 그러므로 이것이 바로 정신·물질의 원인이고, 근원이고, 기원이고, 조건이니, 그것은 바로 알음알이이다."[77]라는

가르침 안에는 분명 우리와 식결되는 성신적 육체적 생성 과정과 소멸 과정을 설명하고 있습니다. 그러면 이러한 성향의 영역을 더 깊은 곳으로 옮겨놓은 가르침을 따라가 보도록 하겠습니다.

"정신·물질을 조건으로 알음알이가 있다名色緣識고 말하였다. 아난다여, 정신·물질을 조건으로 알음알이가 있다는 이것은 다음과 같은 방법으로 알아야 한다. 아난다여, 만일 알음알이가 정신·물질에 확립됨을 얻지 못하였는데도 미래에 태어남과 늙음·죽음과 괴로움의 일어남이 생긴다고 천명할 수 있겠는가?"

"그렇지 않습니다, 세존이시여."

---

77 주 72 참조.

"아난다여, 그러므로 이것이 바로 알음알이의 원인이고, 근원이고, 기원이고, 조건이니, 그것은 바로 정신·물질이다. 아난다여, 그와 같이 태어나고 늙고 죽고 죽어서는 다시 태어나는 것이다. 이러한 알음알이가 '알음알이와 정신·물질의 상호 조건'에 의해 이름 짓는 토대가 생기고, 어원에 입각한 언어의 토대가 생기고, 개념을 얻은 토대가 생기고, 통찰지의 영역이 생기며, 이 알음알이와 정신·물질의 상호 조건에 의해 윤회는 전개되는 것이다. 정신·물질은 알음알이와 더불어 오온의 이러한 상태를 천명하기 위한 것이다."[78]

이러한 연기의 설명은 모두 우리 자신의 정신·물질이 어떻게 생성되고 소멸하는지를 여러 가지 조건五蘊으로 인하여 일어날 수 있는 모든 상황을 견주어 설명하고 있습니다. 세존의 설명은 다시 부연 설명이 필요 없는 아주 자세하고 자상한 설법입니다. 그러나 그것은 이해를 통해서만 가르침의 뜻이 정확하게 자신에게 혹은 어떤 사람에게 전해질 수 있습니다. '물질의 알음알이와 더불어'란 연기법에 따라 설명한 정확한 표현이라고 할 수 있습니다. 모든 연기의 법칙을 꿰뚫어 이해하거나 잘 설명할 때 반드시 이러한 표현과 정황이 갖춰져야 할 것입니다.

78 주 72 참조.

명상 시간 1

2014. 12. 27.

오늘은
모두 명상을 하세요.

사성제에 관한 명상입니다.

사성제의 주제가
괴로움苦이라는
것을, 잘 아시겠지요?

그 괴로움에 관한
'확답'을 얻게 되면
고따마 붓다의 가르침을
멋지게 바르게 전해 받은 것입니다.

명상 시간 2

2014. 12. 28.

태어남과
죽음의 일

때문에,

일어나는 괴로움
그 괴로움의 원인,
그 괴로움의 조건,
원인의 규명과 소멸

사성제가 진실로
고귀한 가르침이라고 느껴진 수행자,
이 사람은 진실로 어떤 것이 깨달음인지

고따마 붓다의 고귀한 가르침인지 알고 있는 사람

이 사람은 다시는
윤회에 들지도 않고
생과 사의 괴로움에서
영원히 벗어나 행복한 사람입니다.

사성제의 부연 설명 1

2014. 12. 29.

고따마 붓다의 가르침을 정확히 이해하기 위해서는 가르침의 근원부터 찾아야 합니다. 그러므로 여기서 다시 사성제의 설명으로 되돌아가고자 합니다. 왜냐하면 사성제는 고따마 붓다의 가르침의 핵심이고 교리의 중심이고 근원이기 때문입니다. 이러한 사성제가 이해되지 않는 사람이라면 아무리 쉬운 가르침을 설명하더라도 열반을 얻는 길은 점점 더 어렵고 요원할 것입니다. 사성제가 가지는 영역은 고따마 붓다의 가르침의 중심입니다. 그러나 이 사성제는 재미없고 너무나 보편적이고 심오하지 않게 느껴질 수도 있습니다. 이것은 사성제의 가르침을 받아들이는 사람이 대수롭잖게 여기고 있을 때 그럴 것입니다. 그러므로 사성제의 가르침을 어떤 시험문제의 답을 외우는 것처럼, 네 가지 요소만을 외우고 더 이상 거기에 대해서는 깊은 통찰이나 사유를 가지지 않는 것은, 사성제에 접근하는 방식을 잘못 이해하고 있기 때문입니다.

만약 이와 같은 수행자가 있다면 고따마 붓다의 가르침을 따라 수행한다는 것은 대단히 잘못된 것이라고 할 수 있습니다. 그러므로 다시 부연해 설명하자면 고따마 붓다의 가르침이 사성제 한 가지뿐이라는 것과 다른 이론들은 모두 사성제의 이해를 돕기 위한 부재로 사용된 것에 지나지 않다는 것임을 알아야 합니다. 또한 이 책을 읽고 있는 독자들이 사성제가 이해되지 않았다면 고따마 붓다의 어떠한 설법에서도 고따마 붓다의 깨달음과 동질성을 가진 깨달음은 얻지 못할 것이 분명합니다.

그러나 이러한 문제를 두고 고따마 붓다의 출가한 이유와 제자들의 출가한 이유를 살펴보면 그 의미가 무엇인지 바르게 알게 될 것입니다. 그리고 고따마 붓다의 깨달음을 얻고자 결심한 사람은 지금부터 세상의 모든 종교적 형태의 생각이나 관념적 사고라든지, 세상과 관계된 모든 형태의 삶은 가지지 않아야 합니다. 종교적이고 관념적인 것과 세속적인 것은 고따마 붓다의 가르침을 이해하는 데 아무런 도움이 되지 않을뿐더러 오히려 방해되기 때문입니다. 이것이 세상 모든 존재에 대해 종교적이거나 관념적인 것, 그리고 세속적인 것은 고따마 붓다의 가르침인 '괴로움의 소멸법칙'을 이해하는 판별 능력을 떨어뜨릴 뿐만 아니라, 그것 때문에 출가 생활에서 어떠한 영향을 받게 되면 그 사람은 그것 때문에 출가 생활에서 사견에 빠지게 되고 해탈이나 열반을 얻을 수 없게 됩니다. 이러한 현상은 이미 교단 안에서 이단처럼 자생한 지 오래되었습니다. 세존은 그것을 일러 도닦음에 유익하지 않은 일, 유사정법이라고 깟사빠 존자와의 대화에서 처음으로 표현했습니다. 그러므로 지금 우리가 판별해 볼 때 이러한 이유가 어떤 원인에서 오는가 하는 것을 알 수 있습니다. 그것을 바르게 판별하는 것 역시 사성제를 바르게 꿰뚫어 이해하는 길임을 잘 알 수 있습니다.

사성제의 가르침에서 그 이론을 이해할 수 없다면 고따마 붓다의 가르침을 이해하고 실천하는 일은 요원할 것입니다. 어느 사람은 이렇게 말합니다. '팔만대경의 요지가 별것 아니다. 다만 '마음 심자心字' 하나의 설명에 지나지 않는다.'라고 말입니다. 그리고 그가 하는 말은 '마음을 잘 다스리는 법을 배워야 한다.', '마음 밭을 잘 가꿔야 한다.', '마음에 온 우주의 이치가 다 들었고, 마음은 일체를 창조하는 근본이다.'라는 등의 마음에 대한 오묘한 이치를 자신만 아는 양 자랑스럽게 이야기합니다. 참으로 그럴듯하게 들리는 표현들입니다. 어떤 사람들은 이런 이론에 빠져들기도 하고 수긍하여 일생을 고따마 붓다의 가르침이 아닌 수행 생활로 살아가고 있는 것을 볼 수 있습니다.

자신들이 가지고 있는 마음은 눈으로 확인되고 보이지 않아도 자신의 인생을 살아가면서 그렇게 느끼고 경험하며 살고 있는 일이기 때문입니다. 일상의 일이란 자신의 의지와 희망과 열정 그리고 목적을 가지고 얼마만큼 노력하는가에 따라서 성패가 갈리게 마련입니다. 이 성패의 일에 가장 중요하게 작용하는 요인은 자신의 마음이라고 생각하기 때문에 누구나 다 마음의 작용을 가장 중요하게 생각하게 되는 것은 당연하다 할 것입니다.

필자도 며칠간 몸이 아프고 나니 마음부터 괴로웠던 것은 사실이고, 몸이 아프지 않고 편안하고 평온을 느낄 때는 역시 마음으로부터 그 느낌을 강하게 받게 됩니다. 오온과 연기의 작용을 통해 가장 중심적인 역할을 하는 것은 마음이라 하는 것을 긍정하게 되는 순간입니다. 마음은 행行을 주관한다는 것에 관해서도 이때 믿음이 가게 되는 것입니다. 특히 남녀의 사랑에서 마음은 빼놓을 수 없습니다. 사랑이 뜨겁다느니, 식었다느니 하는 이것! 사랑을 아름답게도 거칠게도, 추하게도, 못나게도 하는 이것은, 이 마음의 작용입니다. 그러므로 사람들은 마음이 모든 걸 다 좌지우지하는 영통한 힘도 가지고 있는 줄 여기고 있습니다. 그러나 마음이 일어날 수 있는 조건들을 다 빼고 나면 과연 마음이 스스로 무엇을 할 수 있을까요? 여기서 그 역할의 '조건'이란 바로 오온을 말합니다. '오온의 조건이 갖추어져 있지 않은데 과연 마음이 홀로 존재할 수 있을까.'하는 것입니다. 고따마 붓다가 이러한 상황 설명을 아난다에게 말씀한 적이 있습니다. 이것은 앞서서도 설명했던 부분입니다.

"아난다여, 그러므로 이것이 바로 정신·물질[名色]의 원인이고, 근원이고, 기원이고, 조건이니, 그것은 다름 아닌 '알음알이'이니라."[79]라고.

마음의 행로와 형태를 가르치는 일, 그와 같은 가르침은 고따마 붓다의 가르침이 아니더라도 누구나 다 할 수 있을 것입니다. 우리나라의 고승이라는 분의 설법 중에, 마음은 주제가 되어 '마음을 찾는 공부', '마음 밭을 가꾸는 공부'라고 하여 현실에서 늘 일어날 수 있는 마음의 작용 때문에 일어나는 일들이나 마음을 집중하고 마음을 다잡아 기도에서 경험한 기적 등을 쓴 책을 내놓았습니다. 그곳에서의 마음은 아주 대단한 것인 양 그렇게 표현해 놓고 있습니다. 모든 대승 경전이 다 그것을 바탕으로 실상의 세계를 있는 그대로 보지 못하게 하는 조건을 갖추고 있는 것도 지적 거리입니다.

79 『디가 니까야(Dīgha Nikāya)』의 「마하니다나 경(Mahānidāna Sutta, 大緣經)」에 나오는 내용. 이 구절은 연기법에서 매우 중요한 부분으로, 알음알이(識, viññāṇa)와 정신·물질(名色, nāma-rūpa) 사이의 상호 의존적 관계를 설명하는 부분으로 특히 이 경전에서는 알음알이와 정신·물질이 서로를 조건 짓는 상호 의존적 관계임을 강조하는 부분이다.

그리고 고따마 붓다의 순수한 가르침을 경험하지 못한 사람들 즉 대승불교인들은 '불교는 마음 닦는 공부이다.'라는 말을 듣고 이렇게 생각합니다. '그렇다. 나도 마음이 있다! 그 마음은 너의 마음이 되었든 나의 마음이 되었든 간에 다 똑같다. 그러므로 팔만 사천 가지의 법문이 적힌 팔만대장경도 다 마음을 닦는 것이라 했는데 골치 아프게 무엇 하러 그 많은 경전을 다 읽고 배울 필요가 있겠는가?' 라며 그냥 일평생을 자기 나름의 소신대로 살아가는 사람들이 많습니다. 선지식도 그렇고 그의 제자들도 그렇고 아무도 고따마 붓다의 순수한 가르침을 한 구절이라도 읽고 듣지도 않았고 배우지도 않았지만, 자신들이 가진 견해가 부처님의 가르침이라고 철석같이 여기고 있는 것입니다. 왜냐하면 자기들의 공부는 결국 성불하는 것이기 때문입니다. 그러나 견성성불見性成佛을 가르치는 대승의 어디에서도 제대로 견성성불을 설명해 놓은 곳은 없습니다. 아울러 견성성불에 대한 장황한 근거 없는 이야기만 난무할 뿐입니다.

예를 들면 「사꿀루다이 짧은 경」[80]에서 세존은 우다이에게 "우다이여, 그대 스승들의 가르침은 어떤 것이 있는가?"라고. 우다이는 이렇게 답변합니다. "저희 스승들은 '이것이 최상의 광명이다. 이것이 최상의 광명이다.'라는 가르침입니다. 그 말을 들은 세존은 빛과

80 대림스님 옮김(2012.10.10., 초기불전연구원) 『맛지마 니까야』 제3권 「사꿀루다이 짧은 경」PP.223~227.

광명에 관해 여러 가지 빛을 비교해서 더 월등한 빛을 이야기하라고 합니다. 이 질문과 답변 가운데 우다이는 자신의 스승들의 가르침은 '실없고 헛되고 결핍되었다.'라고 알게 됩니다. 대승의 가르침을 통틀어 이렇게 표현할 수 있는 것입니다.

"그것은 정녕 고따마 붓다의 가르침이 아니다."라고.

'마음자리', '마음 닦음', '마음공부' 다 그럴듯하지만 진정한 고따마 붓다의 제자라면 이런 시시한 깃발 아래 모여들지는 않을 것입니다. 왜냐하면 고따마 붓다가 가르친 가르침은 그렇게 시시한 것이 아니기 때문입니다. 이런 시시한 가르침은 깨달음을 얻지 못한 사람이라도 얼마든지 가르칠 수 있고 유추하여 계속 거짓을 엮어갈 수 있습니다. 고따마 붓다가 큰 깨달음을 얻고 나서 사성제를 설했던 것은 사성제의 이치야말로 모든 진리 중에 가장 위대한 가르침이기 때문입니다. 그렇지 않았다면 무엇 때문에 그렇게 이해 안 되고 이해할 수도 없는 복잡한 이론을 가진 사성제를 왜 45년 동안 설했겠습니까? 시시한 도인 흉내를 내는 할아버지처럼 그저 '마음자리', '마음 닦음', '마음공부' 등이나 가르치면 아주 편했을 것입니다.

그러나 이와 같은 것이 아니라고 판단된 사람들에겐 늘 그 자체가 문제가 되는 것입니다. 그러므로 그 사람들에게 역사를 통한 현실적 전법에 관한 이야기를 하면 과거칠불過去七佛[81]이 어떻고 삼처전심三處傳心[82]이 어떻고 하면서 세존의 정법에 미치지 못한 설명만 구구절절이 늘어놓기 일쑤입니다. 그래서 고따마 붓다의 가르침을 실천하는 사람에게는 사성제의 가르침을 배워 이해가 필수적이고 꼭 성취되어야만 고따마 붓다의 가르침을 따르는 제자이고 청신사 청신녀라고 천명할 수 있는 것입니다.

---

81 과거칠불(過去七佛)은 불교에서 과거에 출현한 일곱 분의 부처님을 가리키는 용어이다. 이 일곱 분은 《불본행집경(佛本行集經)》과 같은 불교 경전에 나오는 이름들로, 석가모니 부처님을 포함하여 총 7분으로 다음과 같다.

① 비파시불(毘婆尸佛, Vipassī Buddha) ② 시기불(尸棄佛, Sikhī Buddha) ③ 비사부불(毘舍浮佛, Vessabhū Buddha) ④ 구류손불(拘留孫佛, Krakucchanda Buddha) ⑤ 구나함모니불(拘那含牟尼佛, Kanakamuni Buddha) ⑥ 가섭불(迦葉佛, Kassapa Buddha) ⑦ 석가모니불(釋迦牟尼佛, Śākyamuni Buddha)이다.

82 대승불교에서 말하는 삼처전심(三處傳心)은 부처님의 가르침이 언어나 문자에 의존하지 않고, 마음에서 마음으로 전해진다는 선종(禪宗)의 중요한 사상을 나타낸다. 이는 부처님께서 제자들에게 직접 마음의 본질을 깨닫게 하기 위해 행한 세 가지 주요 사건을 가리킨 것이다. 삼처전심은 선종에서 특히 강조되며, 언어적 설명을 초월한 깨달음의 전승을 상징하는 것임. 다음은 삼처전심의 세 가지 사건을 정리한 내용이다.

1. 영산회상(靈山會上) - 염화미소(拈華微笑)

장소: 영축산(靈鷲山, 영산)에서의 설법

내용: 부처님이 설법 도중 아무 말 없이 연꽃 한 송이를 들어 보임. 이때 제자들 가운데 누구도 이해하지 못했으나, 가섭존자(迦葉尊者)가 미소를 지었다. 의미는 가섭존자는 부처님의 마음을 알아차렸고, 부처님은 이를 통해 가섭에게 진리를 전했다고 인정하였다 하여 이는 이심전심(以心傳心), 즉 말과 글이 아닌 마음으로 진리를 전하는 전통의 시작을 상징함.

2. 다자탑전반분좌(多子塔前半分座)

장소: 다자탑(多子塔) 앞

내용: 부처님께서 가섭존자와 함께 다자탑 앞에서 법좌를 나누어 앉으심. 두 분이 나란히 앉아 법(法)의 전승과 깨달음의 계승을 상징하는 장면. 의미는 부처님께서 가섭존자를 법의 계승자로 인정하셨음을 나타냄. 법좌를 나누어 앉음으로써, 법맥이 가섭에게 전해졌음을 상징.

3. 쌍림수하유관출족(雙林樹下遺棺出足)

장소: 부처님께서 열반에 드신 쌍림수 아래

내용: 부처님이 열반에 드신 후, 가섭존자가 뒤늦게 도착했다. 가섭존자가 부처님의 열반을 애도하며 발에 절하자, 부처님의 발이 관 밖으로 나왔다. 의미는 가섭존자가 부처님의 법맥을 온전히 이어받았음을 상징. 부처님의 발이 관 밖으로 나왔다는 것은 깨달음의 전승이 단절되지 않고 이어졌음을 나타냄.

삼처전심의 핵심 의미로는 ① 이심전심(以心傳心): 마음에서 마음으로 전해지는 깨달음의 전통. ② 불립문자(不立文字): 문자나 언어에 의존하지 않는 깨달음. ③ 직지인심(直指人心): 사람의 마음을 직접 가리켜 본성을 깨닫게 함. ④ 견성성불(見性成佛): 자신의 본성을 보고 부처가 되는 것 등은 대승의 주장하는 바이다.

사성제의 부연 설명 2

2014. 12. 30.

아직도 사성제의 이해가 어렵게 느껴진다면 이제 우리의 주변에서 일어나는 일들을 둘러보고 사성제를 이해할 수 있는 괴로움의 소멸법칙을 설명자료로 내놓은 것을 살펴볼 때입니다. 불교 전법 안에서 일어났던 지난 이야기나 우리의 주변에서 이해를 갖출 수 있는 재료나 자료를 통한 설명을 듣다 보면 사성제의 이해가 쉽게 다가올 것입니다.

지금까지 설명한 사성제의 설명을 통해서 사성제가 무엇이고 어떤 뜻인지 다 알 수 있도록 설명하여 놓았습니다. 그 설명에서 사성제의 주제가 무엇인지 잘 알 것입니다. 만약 모른다면 답부터 말씀드립니다. 사성제가 괴로움苦과 괴로움의 일어남集과 괴로움의 소멸滅인 '괴로움'이 주제라고 한다면 이 주제를 어떻게 이해할 것인지요? 사성제의 두 번째 요소인 집성제에서 '괴로움苦의 원인을 알며,' 라고 했습니다. 왜 괴로움苦의 원인을 알아야 한다는 것이겠습니까? 이에 대한 대답은 다들 스스로 해결해 보시기 바랍니다. 이 대답에는 결코 우리가 고따마 붓다의 가르침을 배우려는 목적이 들어 있어야 합니다. 물론 이렇게 대답할 것입니다. "괴로움苦에서 벗어나기 위해서!"라고. 이같이 대답했다면 참으로 정확한 답변을 얻은 샘입니다.

이렇게 대답을 구했다면 사성제의 공부는 제대로 한 것입니다. 만약 사성제가 자신과 아무런 연관성이 없다고 생각하고 있다면 이러한 견해부터 바르게 정리할 필요가 있습니다. 반대로 사성제는 자신과 아주 밀접한 관계가 있다고 생각한다면 이것은 바르게 생각한 것입니다. 왜냐하면 사성제가 자신과 밀접한 관계가 있다는 것을 알게 될 때, 비로소 사성제를 이해하는 바른 정견이 일어난 상태이기 때문입니다. 이것은 또한 사성제 이해의 기본이 됩니다. 그러나 대부분 사람은 이런 생각을 가질 것입니다. '종교란 모든 이들을 이롭게 하는 것이 종교 아니냐?'라고. 이 말은 종교가 모든 이들의 삶에 유익하고 편리함을 부여해 줘야 한다는 것입니다. 그러므로 모든 이들의 삶에서 불편함을 주는 그러한 종교는 원치 않는다는 의미로도 해석할 수 있습니다. 이것을 더 분명하게 표현하자면 다음과 같은 말로 표현할 수 있습니다. '부처님에게 또는 관세음보살, 나한 또는 신적인 어떠한 대상을 두고 기도를 드리면 분명 감응感應을 받게 되어, 자신의 힘으로 안 되는 일들이 기적처럼 이뤄지게 되므로 보다 더 나의 삶이 편하고 복되고 행복하게 살아가게 될 것 아닌가.'라고.

그러나 이것은 관념적인 신앙에서 오는 가설 방편의 형태일 뿐, 고따마 붓다의 가르침을 이해하는 것은 아닙니다. 오히려 정법의 입장에서 완전한 외도의 사견이라고 할 수 있습니다. 그러므로 올바른 이해가 아니고 아울러 올바른 실천의 태도라고 할 수 없습니다. 가끔은 관념의 신앙적인 형태의 일들을 행하면서 이렇게 생각하는 이들도 있습니다. "관세음보살께 기도하면서 기도하는 사람이 마음속으로 그 자신을 두고 '이 뭣고?', '부모미생전 본래면목父母未生前 本來面目은 무엇인가?', 또는 '무자無字' 등 천칠백공안千七百公案의 화두話頭를 참구參究하면서 기도에 임하면 되는 것 아니냐?"라고 하는 것입니다. 이러한 형태를 취해서 공부하는 이들은 대부분 다음의 이유로 그렇게 하고 있을 것입니다. 가령 '그 자신이 고따마 붓다의 가르침을 직접 배우지도 않고 수행하지도 않아서 무엇을 어떻게 실천하고 따라야 할지 알 길이 없는 상태일 때'일 것입니다. 이것은 필자에서 경험에서 하는 말입니다. 그는 분명 어떤 스승에게서라도 가르침四聖諦을 정확히 배우고 터득하지 못했기 때문에, 주제 설정이 전혀 마땅하게 이루어지지 않은 미흡한 상태로, 관념적이고 방편적인 불교라고 주장하는 화려한 신앙에 신심이 복받쳐 있을 수 있습니다. 이런 사람들은 맹목적으로 관세음보살께서 현전가피現前加被 • 몽중가피夢中加被

• 명훈가피冥熏加被[83] 가운데 어느 하나의 가피를 받아 자신을 인도해 줄 것을 간절히 바라고 있습니다. 흔히 대승권역의 불교신도들은 기도하게 되면 불보살께서 이러한 세 가지 방법으로 자신이 감응을 받아 자신의 소원이 이루게 되기를 바랍니다. 또한 가피의 영험을 경험한 사람들에게서 다음과 같은 설명을 들을 수 있습니다.

첫째 현전가피現前加被는 자신이 하는 기도에서 대상으로 설정한 대상이 직접 자신 앞에 나타나 가피를 주거나 영험을 나투는 것을 말합니다. 예를 든다면, 전해오는 일화 중에 그 대표적인 분이 신라 선덕여왕 때의 자장율사慈藏律師입니다. 그는 우리나라의 오대적멸보궁五大寂滅寶宮을 창건한 분으로 선덕여왕 3년636에 당나라에 건너가 구법수도求法修道한 뒤 당의 오대산五臺山·淸涼山에서 문수보살에게 기도하여 직접 문수보살을 친견하고 거기서 석가모니 진신사리眞身舍利와 장경藏經 일부 그리고 부처님께서 직접 입으시고 사용했던 금란가사金襴袈裟와 발우鉢盂를 받아 돌아왔다고 합니다.

---

83 현전가피(現前加被), 몽중가피(夢中加被), 명훈가피(冥熏加被)는 불교에서 부처님이나 보살의 가피(加被, 자비로운 보호와 도움)가 중생에게 전해지는 세 가지 방식을 설명하는 용이이다. ① 현전가피(現前加被)는 깨어있는 상태에서 직접적으로 경험하는 가피·부처님이나 보살을 직접 대면하여 받는 가피·현실에서 눈으로 보고 귀로 들으며 직접 체험하는 가피를 말하고 ② 몽중가피(夢中加被)는 꿈속에서 경험하는 가피·꿈에서 부처님이나 보살을 만나 받는 가피·수행자가 꿈을 통해 깨달음을 얻거나 도움을 받는 경우이며 ③ 명훈가피(冥熏加被)는 은밀하게 스며드는 가피·눈에 보이지 않게 자연스럽게 전해지는 가피·일상생활 속에서 무의식적으로 받는 부처님의 가피를 말한다. 이 세 가지 가피는 모두 중생을 구제하고 깨달음으로 이끄는 부처님의 자비로운 힘이 다양한 방식으로 나타나는 것을 의미한다.

그리고 신라로 돌아온 그는 문수보살에게서 직접 받아 온 부처님의 진신사리를 오대적멸보궁인 통도사·상원사 중대·사자산 법흥사·정선 정암사·설악산 봉정에 모셨습니다. 이렇게 기도나 발원을 통해 자신이 직접 불보살을 친견하여 가피를 받거나 공덕을 짓게 되는 것을 현전가피現前加被라고 하는 것입니다. 후대에 사람들은 이것을 보고 '깨달음을 얻었다'라고 하고 이러한 이적을 보고 '깨달은 사람이 가진 힘'이라고 여기고 있습니다. 자장 스님은 그 뒤에도 문수보살에게 기도하거나 발원하는 중에 일어났던 많은 일화는 그가 창건한 사찰의 도량 곳곳에 널리 알려져 있으며 지금까지도 아름답게 묘사되어 전해 내려오고 있습니다.

이러한 현전가피와 몽중가피와 명훈가피 등의 영험은 대승의 신앙에서 역사와 함께 기록되어 내려오고 있습니다.

공덕이 되는 이야기

2014. 12. 31.

두 번째는 몽중가피夢中加被입니다. 그 내용은 기도나 정진 중에 꿈속에서 현몽 받아 자신의 소원이나 발원을 성취하게 되는 것을 말합니다. 이러한 내용의 일화 중에 생각나는 두 분이 있는데, 한 분은 통도사 구하九河 큰스님이고, 다른 한 분은 해인사 주지를 했던 환경幻鏡 큰스님입니다. 이 두 분 모두는 일제 강점기의 스님들로서 대한불교조계종의 원류를 지켰던 훌륭한 분들입니다. 두 분 가운데 구하스님의 자료에 의하면 "통도사의 근세 고승으로 호는 구하九河, 자호는 취산鷲山, 성은 김씨며, 본관은 경주로 울주군 두동면 봉계리에서 출생하였고, 13세의 나이에 양산 천성산 내원사로 가서 주관主管 스님을 은사로 출가하고, 경월慶月 스님에게 사미계를 받았으며, 1890년고종 27 예천 용문사의 용호 해주龍湖 海珠스님의 강석에 참석한 뒤로 제방을 편력하면서 교와 선을 두루 익혔고, 다시 통도사로 돌아와 부처님께 기도하는 생활에 소홀함이 없었다. 1906년광무 10 명진학교를 설립하고 교감, 교장을 역임하면서 영재 육성에 힘썼다. 또한 통도사 주지로서 1910년 한일합방 이후 30본산 주지를 역임하였다."라고 네이버 지식백과에 자세히 기록되어 있습니다.

전언에 의하면 구하 스님은 부처님께 세 가지 소원을 성취하기 위해 100일 동안 기도했다고 합니다. 그는 기도에서 부처님께 발원했던 세 가지의 소원이 있었습니다. 첫째 통도사 주지가 되는 것이고, 둘째 붓글씨를 가장 잘 쓴다고 모든 이들에게 인정받게 되는 것과 셋째는 승가에서 가장 큰 권세를 가지는 것이었다고 합니다. 이러한 소원을 가지고 구하 스님은 100일 기도를 정성스럽게 봉행하였습니다. 100일 기도가 끝나는 전날 밤, 구하 스님은 꿈을 꾸게 되는데, 꿈속에서 관세음보살을 만나 커다란 붓 세 자루를 받게 되면서 그가 쓴 붓글씨는 모든 이들에게 인정받게 되었고, 이미 통도사 주지로서 1910년 일제강점기 시절의 30개 본산[84] 주지를 역임함으로써, 그가 기도 발원했던 소원이 다 이뤄졌습니다.

---

84 30본산 제도의 배경은 1911년 일제는 '사찰령'을 공포하여 한국 불교를 통제하면서 전국의 사찰을 30개의 본산과 말사로 재편성함. 주요 특징은 행정적 통제를 위해 각 본산에 주지를 두어 관리·주지는 조선총독부의 승인을 받아야 함·사찰의 재산 처분도 총독부의 허가 필요하다는 조건이었다.

30본산 지정으로 전국의 중요 사찰들을 30개의 본산으로 지정하였고 나머지 사찰들은 이들 본산의 말사로 편입시켰다. 이때 주요 30개 본산으로 정해진 사찰은 건봉사(강원도)·통도사(경상남도)·해인사(경상남도)·범어사(부산)·송광사(전라남도)·화엄사(전라남도)·법주사(충청북도)·마곡사(충청남도)·금산사(전라북도)·직지사(경상북도) 등이다.

그리고 구하 스님처럼 몽중가피夢中加被를 경험한 분이 또 한 분 있습니다. 앞서 언급했던 환경 스님입니다. 환경 스님은 1887년 경남 합천군 가야면 마장동에서 출생했고 13세에 해인사 백련암 연응蓮應 스님에게 출가하여 16세 전후에 이미 신동으로 명성이 자자했습니다. 그 이유는 그가 쓰는 글씨는 신필神筆이라고 할 정도로 잘 썼기 때문입니다. 환경 스님은 1946년 효봉스님이 방장으로 있던 해인사의 주지로 취임하였습니다. 그가 어릴 때 그러니까 13살이 되어 출가하여 16세가 되기 이전 어느 날 환경 스님은 이런 생각을 하게 됩니다. '나는 잘하는 것이 아무것도 없다. 이왕 중이 되었으니, 부처님께 기도하여 세 가지 소원을 이뤄야 하겠다. 그런데 기도를 누구에게 드리지?'라고. 망설였지만 그는 얼마 안 있어 기도를 드려야 할 대상을 독성나반존자으로 정했습니다. 기도의 이유는 첫째 붓글씨를 잘 써서 남들에게 인정받는 것이었고, 둘째 승가에서의 권세와 부를 가지게 되는 것과 셋째로 해인사의 주지가 되는 것이었습니다.

이때 환경 스님은 독성님을 찾아 지극한 성성으로 100일기도를 드리게 되었습니다. 환경 스님 또한 100일 독성기도를 마치기 전날 밤에 꿈을 꾸게 되었는데, 꿈속에 독성님이 나타나 "너는 무엇 때

이에 대한 영향은 한국 불교의 자주성 약화·사찰의 자율적 운영 제한·일제의 불교 통제 수단으로 활용되었고 현대 한국 불교 행정 체계에도 영향을 미쳤다. 이 제도는 일제의 종교 통제 정책의 대표적 사례로, 한국 불교의 전통적 운영 체계를 크게 변화시켰다.

문에 나를 그렇게 시끄럽게 불렀느냐?"라고 귀찮다는 듯이 물었습니다. 그러자 그는 꿈에서도 "저는 세 가지 소원이 있습니다. 첫째 붓글씨를 잘 쓰는 것과 둘째 해인사 주지가 되는 것과 셋째 권세와 부를 가지는 것입니다."라고 분명하게 대답했습니다. 그러는 그에게 독성님은 말합니다. "너의 머리를 나에게로 숙여 보거라."라고 해서 환경스님은 머리를 독성님에게 숙이니 독성님은 "나의 정수리에 커다란 밀뚝 세 개를 망치로 박아대는데 어찌나 시원하던지!"라는 이것은 환경 스님의 말씀입니다. 그리고 그는 꿈을 깼다고 합니다.

그 뒤로 환경 스님은 붓글씨를 쓰게 되는데 정말 신필이라고 소문이 날 정도였다고 합니다. 왜냐하면 그의 붓글씨는 흠잡을 데 없이 잘 썼고 글씨를 얻어 가는 사람이 그가 써준 글씨를 가져다 집 안에 걸어 놓으면 소원성취, 사업성취, 병고액란소멸, 관재소멸, 등 집안에 우환을 소멸하는 영험을 경험했다고 합니다. 그러한 소문이 자자하게 전해져 삽시간에 퍼졌고, 그 소문을 듣고 그에게 글을 받겠다고 찾아오는 사람들이 줄을 이었다고 합니다. 글을 받아 가는 사람들은 환경 스님의 글을 받아 가면서 그냥 가지 않고 그만한 보답을 해주거나 사례를 하니 환경 스님은 저절로 재물이 쌓이게 되었습니다. 1946년에는 결국 해인사의 주지에 취임하게 됨으로써, 그의 세 가지 소원은 모두 다 이루어졌습니다. 이런 것을 몽중가피夢中加被라고 합니다.

그리고 세 번째는 명훈가피冥熏加被입니다. 누군가가 열심히 기도하였는데 현전가피現前加被도 없고 몽중가피夢中加被도 없지만 은연중에 자신의 소원이 일상생활에서 이뤄지는 것을 말합니다.

그러나 이러한 일들이 부처님이나 보살에게 기도하여 얻은 가피라고 해서 고따마 붓다의 가르침에 의한 깨달음의 법과 연관되거나 정견의 견해와 어울리는 일은 아닙니다. 그리고 기도한 사람이 특별한 기도를 통해 힘을 가졌고 깨달음을 얻었다고 하더라도 그것은 결코 사성제의 가르침이나 깨달음과 같지 않습니다. 왜 그런지 거기에 대해서 다음 시간에 이어가도록 하겠습니다.

관념의 방편 불교

2015. 1. 1.

관념적인 방편 불교의 흐름은 참으로 재미있습니다. 삶의 현장에서 안 되던 일들이 부처님께 기도하거나 발원을 통해 자신도 남들도 감탄할 정도로 이뤄지는 일들은 기적이라고 여기지 않고는 설명하기 어렵습니다. 그래서 관념적인 방편 불교의 힘은 그렇게 발전해 왔고 또 그렇게 발전되어 가는 것입니다. 설령 관념적인 방편 불교가 고따마 붓다의 가르침과 사상을 전혀 연결하여 생각지 않더라도 관념적인 방편 불교대로 어떤 의미가 있으므로, 이해하기 어렵고 힘들고 재미없는 사성제의 이론 따위는 염두에 두지 않게 되는 것은 당연한 사실입니다. 그러므로 역사적인 사건에서 확실한 것은 사성제를 배우는 사람들을 소승으로 비하했다는 것이고, 관념적 방편 불교인 대승은 한층 더 높은 곳에 그들 스스로 올라서서 사성제를 모르거나, 배우지 않더라도 얻을 수 있는 불과佛果[85]를 향해 다른 가르침을 만들어 내었던 것입니다.

이 관념과 방편의 늪에 빠진 사람들은 영원한 중생으로 살아가면서 영원히 도달할 수 없는 불과佛果를 향해 매진하고 있습니다. 그들에게는 어떠한 이론도 제대로 된 것이 없습니다. 아니 이론은 있긴 한데, 목적에 다다를 수 없는 끝없는 길을 향해 가야만 합니다. 그것은 중생들의 끝없는 윤회의 행로에 맞춰져 있어서 한없이 불쌍한 중생을 구제해야 한다는 생각에만 집중하게 만들고 있습니다. 그러나 그러한 명분은 결코 이뤄질 수도 없고 도달할 수도 없는 끝없는 길로 대승보살도나 보살의 원력에서도 나타납니다. 이것을 향해 가야만 하는 것을 배우는 이들을 보살학도菩薩學徒라 하고 이것을 성취한 이를 보살이라 부릅니다. 불과의 성취는 누구나 이루어야 할 대상이고 목적이지만 보살도를 닦는 보살학도에게는 요원합니다. 또한 보살학도의 마음 자세는 결코 그 불과佛果에 욕심을 내어선 안 됩니다. 왜냐하면 불과에 욕심을 내는 그 순간 그는 불과에 오를 수 있는 자격을 상실한 것이기 때문입니다. 그러나 언젠가 불과佛果를 이룰 수 있는 시절인연時節因緣이 무르익으면 자연 어느 부처에게서 수기를 받게 되고, 그래서 부처를 이룬다는 막연한 이론을 가지고 있습니다. 누가 감히 이 높은 곳에 계시는 분에게는 이론적 근거를 조목조목 따지

85 불과(佛果)란 성불(成佛)을 뜻하며 대승불교에서 만들어 낸 최상의 목적임.

고 대들 수도 없습니다. 왜냐하면 그 분에게는 모든 존재와 비존재에서 완벽한 권능과 능력이 갖춰있기 때문입니다. 그러므로 보살학도나 신자들은 그분에게 유익하지 않고 그분에게 해가 되는 그런 일은 해서는 안 됩니다. 더구나 비판이나 비난한다는 것은, 경전에 표현한 대로라면 몸과 머리 그리고 심장과 뼈마디가 산산이 부서지는 고통을 받게 되고 죽어서도 무간지옥의 고통을 끝없이 받게 된다고 하였습니다.

이 무서운 형벌을 피할 방법은 두 가지 방법밖에 없습니다. 그 중 한 가지는 아예 이러한 구원을 모르는 일입니다. 그러나 모른다고 그것을 면하는 것은 아닙니다. 관념적 방편 불교를 모르기 때문에, 그는 분명 몸이 무너져 죽어 좋지 않은 곳에 인연이 되어 괴로움을 받게 되는 것입니다. 관념적 방편 불교의 가르침을, 알고 모르고를 떠나 관념적인 방편의 사고가 아니면, 그는 무조건 좋은 곳에 태어날 수 없고, 살아갈 수 없는 형편이 되고 맙니다. 그리고 다른 한 가지는 무조건 관념의 방편 바다에 뛰어들어 그 바닷물을 마시고 관념불교를 방편으로 찬양하고 찬탄하고 기도하며 수지하고 수행하는 보살학도가 되는 길입니다. 그래야만 모든 빗물과 개울물과 강물이 결정코 바다로 흘러 들어가듯 한 인연이 형성된다는 원리입니다. 세월의 흐름의 형식과 원리를 그대로 답습하는 보살학도는 중생의 구원을 위해 자신의 원력을 세워야 하고 그 원력을 성취하기 위해 끝없이 정진

해야 합니다.

이러한 내용의 관념적인 방편 불교는 관념불교를 다루고 있는 경전 속에서만 확인되고 있습니다. 이 관념불교 안에서 사성제의 가르침은 존재하지 않습니다. 설령 있다고 하더라도 관념불교의 위대함에는 미치지 못하는 이론일 뿐이고 천박한 방법의 가르침이라고 폄훼하고 있습니다. 고따마 붓다의 가르침 중에 가장 성스러운 가르침이라고 천명할 수 있는 가르침은 단 한 가지도 없다는 것입니다.

다만 중생의 실생활에서 방편으로 사용할 수 있는 덕목과 인과에 따른 선악의 문제를 통해 보살도를 실천하는 것으로, 일반 대중의 실생활 주변을 맴도는 강력한 의지를 보여줍니다. 이러한 강한 의지는 세존께서 가르친 열반과 해탈을 성취할 수 없습니다. 왜냐하면 거기엔 괴로움의 소멸법칙을 꿰뚫어 알게 할 수 있는 사성제의 가르침이 존재하지 않기 때문입니다.

이 세상을 살아가다 보면 서로의 인과관계에서, 용서를 받을 자와 용서를 구할 자가 있습니다. 정의라든가 양심이라든가 하는 것들이 정의롭게 살아있고 정돈된 세상에서는 용서받을 자가 용서를 구하는 자의 용서를 받게 되고 용서를 구할 자는 용서를 받을 자에게 용서를 구하게 되는 것입니다. 그러나 주객이 전도된다든지 이 같은 일이 거꾸로 된다면 어처구니없는 일이 벌어지게 됩니다. 입이 있어도 눈이 있어도 그 입과 눈이 제 기능을 다하지 못하게 됩니다. 현재의 순간순간에서는 이미 벌써 벌어진 일들도 있고 현재 일어나는 일도 있고 앞으로 일어날 일이 있습니다. 자신의 이익과 탐욕이 앞선 이들은 종교적 양심까지도 자신의 탐욕적인 일을 위해 사용합니다. 이때 이런 사람은 탐욕을 위해 목숨도 아깝게 여기지 않게 됩니다. 이 같은 일은 고따마 붓다의 성스러운 가르침에는 관심이 없고 오직 중생들을 나약한 심성을 핑계 삼아 자신의 생존을 유지하거나 지키기 위한 일에 사용할 수 있는 관념적 이론을 펼쳐놓습니다. 그것의 절경서絶境書는 『화엄경華嚴經』이고 그것의 완벽서完璧書는 『묘법연화경妙法蓮華經』이라고 그들은 말하고 있습니다.

그러므로 누구나 관념적인 방편 불교의 표상, 이것을 터득하고 나면 과연 고따마 붓다의 '사성제 가르침은 이런 것이다.'라고 이해할 수 있습니다. 그것은 곧 『화엄경』의 「사성제품」에 관한 정확한 이해와 판단이 서게 되는 일이며, 『묘법연화경』이 「권지품」에서 그들의 행로가 분명히 탐지될 것입니다.

명상 시간 3

2015. 1. 2.

공부하기 어렵고 힘이 듭니다.

오늘은 좀 쉬면서
해탈과 열반에 대한
깊은 통찰의 시간을 갖도록 하겠습니다.

너무 이론적인 일에 매달리다 보면
온통 자신과 맞지 않은 이상한 곳에
자신이 서 있음을 발견하게 될 것입니다.

이런 이론은 자신에게나 그 어떤 누구에게도

아무런 도움이 되지 않을 뿐만 아니라

결국 실속 없는 이야기로 끝나게 되고 맙니다.

그러므로 잠시 자정하는 시간을 갖도록 합니다.

그럼,

지금부터 이제까지 얘기한 것들을 통해

간단명료한 입장에서 정리해 보겠습니다.

고따마 붓다의

가르침의 주제는 사성제입니다.

사성제의 주된 내용은 괴로움이고

괴로움의 문제를 통해 해탈과 열반을 얻습니다.

괴로움의 문제에

이해를 돕는 이론들이 있습니다.

오온 • 연기 • 무아 등의 이론을 통해서 괴로움의 실체를 봅니다.

그 실체를 보는 관점이 苦 • 無我 • 空 • 무상 • 연기 등으로 나눠집니다.

사성제의 이해가 되지 않은 사람은

괴로움의 소멸법칙을 이해함이 필수입니다.

그래야 다음 설명들이 그대로 자신의 깨달음을 돕게 됩니다.

왜 그런지에 대해서 명상을 해보시고 또 의심이 드는 부분은

지난 설명을 참조하고 또 읽어보고,

그래도 이해가 안 되면,

이해 안 되는 부분을

이해될 때까지

여러 번 읽어보아야 합니다.

명상 시간 4

2015. 1. 3.

괴로움에 대한 이해가 좀 갖추어지나요?

그렇지 않다고요?

그렇다면 좀 더 괴로움에 대한 명상을 통해

괴로움의 주제를 이해할 때까지 명상해 보시기 바랍니다.

영산정사에서는 오늘 오후 6시에

명상 모임을 하나 만들었습니다.

아직 이 모임의 이름을 짓지 않았지만

명상을 위해 단체복을 만들기로 했고

월요일에는 몇몇 회원분들이 부산진시장으로

명상할 때 단체복을 맞추러 갈 것입니다.

준비 모임에서 저는

두 가지의 이야기를 했습니다.

일반 명상과 전문 명상입니다.

일반 명상은 일반인들이 실천할 수 있는 명상으로

전문 명상에 비해 각자 자신의 생활에서

평온과 행복 그리고 안위를 찾을 수 있는 명상을 지도해 갈 것이고

전문 명상은 출가수행자의 명상을 뜻하는 것으로써, 고따마 붓다의 깨달음을 위한 가르침을 통해 명상을 실천하는 방법을 지도 합니다.

사실 추운 겨울 날씨 때문에 좀 망설였는데,

명상 법회를 발기한 분들이 추운 날을 피해 3~4개월 늦추다 보면 회원들의 관심이 낮아지거나 없어져 오늘 왔던 사람들도 오기 어렵게 된다는 조언을 그대로 밀어붙이기로 했습니다.

이 명상 법회에서도 사성제의 가르침을 기본으로 명상을 지도할 것이고 실지로 회원들의 명상하는 상태를 가끔 이곳을 통해 소식을 전할 것입니다. 또한 사성제의 가르침을 통한 명상하는 과정에서 괄목할 만한 일들을 소상히 점검할 것이고, 명상에 임하는 회원들의 반응 또한 실험적 관찰의 대상이 될 것입니다.

그러므로

명상 법회에 참석한 이들의 반응과 결과를 관찰하고 인터뷰 시간을 정해서 명상에 수준을 높여갈 것입니다.

제목 설명

2015. 1. 4.

연재의 제목이
'깨달음을 표현하기 위한 실천'입니다.
그리고
부제목은 '고따마 붓다의 깨달음'이고요.

애초에 '깨달음'이라 말한 것에
대한 입장은 분명히 밝힌 바 있습니다.

그러므로 고따마 붓다의
사성제에 의한 내용을 이해하기
위한 설명을 늘어놓았던 것입니다.

앞으로 몇 회에 걸쳐서 사성제를 설명해 마치게 됩니다.

깨달음을 위해

이론의 학습을 끝내고

실천적 행동으로 옮길 것입니다.

즉 '實修'가 되겠습니다.

이 실수의 내용은 어제 영산정사에서 시작한

명상법회에서 강의한 자료가 그대로 여기에 실리게 됩니다.

내일부터는 다시 사성제의 설명이 이어지겠습니다.

괴로움의 소멸법칙

2015. 1. 5.

벌써 2015년 1월의 시작입니다. 세월은 한순간도 멈추지 않습니다. 마찬가지 우리의 삶 역시 죽음으로 향하는 윤회적인 일들도 잠시도 멈추지 않습니다. 윤회 속에서 삶을 영위하는 오온의 무더기, 무더기들, 무엇이 되었든, 어떤 종種이 되었든, 눈에 보이는 것이든 보이지 않는 것이건 간에 실상은 한순간도 그 자리에 멈추어 있지 않습니다. 이것을 우리는 무상이라고 합니다. 그러므로 모든 현상은 무상하고 부질없고 허망한 것입니다. 어린 사람들은 어른 되기를 희망하지만, 이미 어른이 되고 늙음을 경험한 이들은 자신의 늙어 있는 모습에서 회한을 느끼고 있을 것입니다. 누구든 늙음이나 죽음을 멈출 수만 있다면 괴로움의 문제는 쉽게 해결되겠지요. 그러나 그런 인위적인 해결 방법은 윤회의 조건이 적용되는 세상에서는 존재하지 않습니다. 설사 그런 방법이 있다고 하더라도 그것은 찾는 사람을 더욱 회한으로 치닫게 할 뿐입니다. 만약 '죽고 싶어도 죽을 수 없는 현실의 입장'인 영원한 생명을 가졌다고 한다면 그것은 지옥의 고통에서나 있을 법한 일일 것입니다.

우리는 일생을 살아가면서 오온이 허물어지는 것을 순간순간 수없이 경험하고 있습니다. 그러나 누구 한 사람 그 문제에 대해 심각하게 생각한 사람은 아무도 없습니다. 그저 자신에게서 가까웠던 사람들이라면 섭섭한 마음을 느끼거나 더 사랑하는 사람이라면 이 세상이 무너지는 슬픔을 경험할 것입니다. 이러한 슬픔에서 겨우 가질 수 있는 생각과 행동은 그 슬픔을 억누르거나 삭히는 것일 뿐, 아무것도 할 수 있는 일이라고는 없습니다. 그리고 그는 세월이 흐를수록 그 애절했던 마음이 점점 희석될 것입니다. 그런 일은 그 사람 혼자만의 일이 아니고 이 세상 생명을 가진 존재에게 일상으로 일어나는 일입니다. 그러므로 그것은 그 누구에게나 피할 수 없는 일로 각인되고 당연히 받아들이게 되는 것입니다. 누구나 벗어날 수 없는 일로

우리가 자신의 인생을 살아가면서 괴로움을 이해할 수 있는 일들을 경험하게 됩니다. 이것은 사성제에 대한 가르침의 내용을 하나도 빠짐없이 경험하게 되는 일입니다. 그러나 그런 미약한 경험과 간과된 일들로는 사성제의 가르침에서 얻을 수 있는 그런 깊은 통찰의

내용은 알 수 없습니다.

이 세상은 한순간도 괴로움을 피해 가거나 건너 뛰고 쉬어갈 사람은 아무도 없습니다. 왜냐하면 아무리 아름답고 사랑스럽고 튼실하고 발전적이고 좋은 모습이고 희망적일지라도 그것은 모두 괴로움으로 치닫고 귀결되는 원인을 가지고 있기 때문입니다. 오온의 덩어리는 우리의 몸에 국한되어 있는 현상은 아니며, 성成 • 주住 • 괴壞 • 공空의 모든 현상에서도 꼭 같이 그 원리는 적용됩니다. 이것은 또한 지구를 벗어나 있건 더 멀리 우주에 있건 보이는 것이건 보이지 않는 것이건 간에 모두 다 포함됩니다. 간혹 이러한 이론을 들추다 보면 명상 속에서 자신의 전생이나 다른 이들의 전생을 보기도 하고, 우주의 빛이나 다른 세계를 체험하게도 되는데 일부 명상하는 사람은 이런 현상을 '깨달음'의 현상이라고 잘못 알고 있습니다. 그러나 그것은 정신 집중에서 오는 약간의 부수적인 현상으로 '깨달음'과는 아무런 상관이 없는 현상입니다.

왜냐하면 첫째 그 경험으로 인해 다시 태어나지 않는다는 보장된 길이 없기 때문입니다. 둘째 고따마 붓다의 가르침인 사성제의 이해가 안 된 상태이기 때문입니다. 만약 이대로 실천하는 길을 터득한다고 하여도 고따마 붓다의 가르침인 괴로움의 소멸법칙을 이해하거나 깨달은 것이 아닙니다. 그러므로 참으로 고따마 붓다의 '괴로움의 소멸법칙'에 의해 깨달음을 얻고자 하는 사람은, 정통한 가르침을 갖춘 선지식에게 지도받아야 할 것입니다. 이것은 고따마 붓다의 깨달음과 동질성을 확보하는 길입니다.

여기서 우리는 주위를 돌아보아야 합니다. 특히 수행자라고 하는 삶을 살아가는 일반적인 사람들, 그들은 자비롭고 남보다 더 참고 더 착한 일을 하라고 가르칩니다. 이러한 도덕적 삶은 누구나 다 할 수 있습니다. 그러나 사성제의 괴로움의 문제를 이해하고 깨달아 스스로 최상의 지혜를 갖춰 '이제 두 번 다시 태어남을 가지지 않는다.'라고 천명할 수는 없습니다. 그러므로 이 사람은 '깨달은 자'라고 할 수 없는 것입니다.

훌륭한 정화운동

2015. 1. 6.

그러므로 관념적인 방편 불교를 익힌 사람은 관념과 방편의 일을 모두 놓아버린 후에야 비로소 사성제의 가르침을 통해 올바른 '깨달음'을 얻을 수 있습니다. 그렇게 될 경우, 어떠한 형태의 관념적인 방편의 일을 경험하더라도 그것을 충분히 수용할 수 있게 됩니다. 왜냐하면 이 사람은 벌써 사성제의 가르침을 통해 깨달음을 얻은 상태이기 때문입니다.

이미 앞서 관념불교인 대승불교를 외도의 사견을 가진 가르침이라고 지적한 바 있습니다. 만약 대승불교를 외도라고 단정했을 경우, 외도 수행자가 고따마 붓다의 가르침을 받고자 할 때 그가 갖춰야 할 입단의식이 있습니다. 거기에 대해서 세존은 이렇게 말합니다.

"마간디여, 전에 이교도였던 자가 이 법과 율에 출가하기를 원하고 구족계 받기를 원한다면 그는 넉 달의 수습 기간을 가져야 한다. 넉 달이 지나 비구들이 동의하면 출가를 허락하고 비구가 되는 구족계를 준다. 물론 여기에는 개인마다 차이가 있음을 인정한다."[86]라고.

마치 어떤 유명한 건축가가 이 세상에서 둘도 없는 최고급 건축물을 지은 것과 같습니다. 그 건축물은 남들이 도저히 흉내 낼 수 없는 공법과 기술 그리고 특수한 자재와 인력을 사용하여 지어졌습니다. 남들은 그 건축물을 따라 짓기 위해 무수히 노력하지만, 그와 똑같이 지을 수가 없습니다. 그러나 그 건축물을 지은 사람의 설계도를 가진 상태이고, 그 설계도를 이해하고 읽을 수 있다면 그 건축물과 꼭 같은 건물을 짓는 것은 물론, 더 좋은 건축물도 무난히 짓는 것과 같습니다. 왜냐하면 그 사람은 이미 그 건축물을 통하여 어떻게 짓는지를 잘 알고 있기 때문입니다. 그뿐만이 아닙니다. 그는 사람들이 더욱 편리하게 살 수 있고 사용하는 용도에 따라 다양한 건축물을 인용해 더 훌륭하게 지을 것입니다.

이와 같이 건축의 기본적인 요소처럼, 사성제도 고따마 붓다의

86 대림 스님 옮김(2012.10.10. 초기불전연구원) 『맛지마 니까야』 제3권 「마간디야 경」. p.135.

제자들이 목적하는바 해탈과 열반을 얻기 위한 근본적인 깨달음을 얻을 수 있도록 인도하는 가르침입니다. 다만 이러한 조건은 가장 합리적인 방법으로 괴로움의 소멸법칙인 사성제를 꿰뚫어 이해했을 때 세존의 깨달음과 동질성을 갖춘 결과를 얻게 될 것입니다. 가르침의 본질은 여기에서 빛나고 값지고 정법의 품위를 지키게 될 것입니다.

그러면 관념적인 방편에 대해서 잠시 생각해 볼 필요가 있습니다. 우선 이것부터 생각해 봅니다. 우리의 육신은 오온으로 이루어진 것이라고 이미 알고 있을 것입니다. 오온의 기능이 가장 치성할 때의 나이가 젊었을 때입니다. 이때에는 우리 앞에 무서울 게 없습니다. 어떠한 어려움도 이겨낼 것처럼 용기백배의 마음을 가지게 됩니다. 이것을 젊음이라고 하는 데 그 젊음을 통하여 자신이 이루고자 하는 목적에 다다를 수 있도록 용기를 지속시키고 꾸준하게 노력을 기울일 것입니다. 그리고 어떠한 순간, 그는 실패나 자신의 한계를 느끼게 됩니다. 실패나 한계를 느끼는 경우는 사람에 따라 다르게 찾아올 수도 있습니다. 이러한 실패의 요인은 나이가 많거나 병이 들어 증세가 깊어질수록 더욱 깊게 나타납니다. 이러한 원인은 어디에 있을까요? 오온의 늙음과 병에서 비롯된 것입니다. 이 오온은 항상 젊은 상태를 유지하기 어렵습니다. 누구나 늙으면 나의 의지와는 상관없이 오온은 제 기능을 할 수 없게 됩니다. 이러한 육신의 조건을 가진 우리는 어느 순간 나약하기 이를 데 없다는 사실을 알게 되고, 그때부터 사람들은 관념의 바다로 헤엄쳐 다니게 되거나 실망한 나약한 모습을 보이게 될 것입니다.

사성제를 제대로 이해하거나 사성제에서 깨달음을 경험한 사람은 놀랍게도 대승불교를 관념과 방편의 불교라고 판단하게 됩니다. 사성제의 가르침을 통해 깨달음을 얻게 되면 대승불교를 '관념의 방편 불교'라고 해도 그렇게 어색하거나 틀린 표현이 아님도 알게 됩니다.

'관념의 방편 불교'는 나약한 중생들에게 더욱 나약하고 나약한 이들을 더욱 초라하게 만들고 맙니다. 그와 같음을 보는 순간 이런 생각을 하게 됩니다. '희망의 끝에 희망을 놓치면 그 허망함을 어떻게 감당해야 할지!'라고. 이 세상을 참으로 밝게 하려면 어둠을 밝히는 빛이 있어야 합니다. 그 빛은 무엇이겠습니까? 바로 사성제의 가르침을 통해 '깨달음'을 얻게 만드는 것, 그것밖에 없는 것입니다. 일찍부터 고따마 붓다의 가르침 안에서 이런 사상적 의지가 퇴색되지만 않았어도 불교는 교파가 갈라질 수도 없었고 대승과 밀교의 탄생도 없었을 것입니다. 관념의 방편 불교에서 수많은 부처와 수많은 보살을 만들어 놓고 이들을 통해 중생을 제도한다는 생각은 이미 고따마 붓다는 '유사정법'이라고 지적하였습니다.

이렇게 횡설수설하는 내용[87]의 연제는 얼마 동안 이어질 것입니다. 왜냐하면 사성제가 이해되고 그 가르침에서 '깨달음'을 얻는 방법을 눈치챌 때까지. 적어도 사성제의 가르침으로 얻은 '깨달음'만이 가장 올바른 고따마 붓다의 가르침이고, 그 사성제의 가르침을 통해 깨달음을 얻은 사람 역시 고따마 붓다의 구족한 가르침을 이어받은 훌륭한 제자로 인정할 수 있는 것입니다. 이러한 정서는 틀림없이 세존의 가르침을 그대로 살려내는 훌륭한 정화운동이라고 할 수 있습니다.

---

87 괴로움의 소멸법칙인 사성제를 꿰뚫지 못했을 경우의 사람들이 이 글을 읽고 생각했을 때 그렇게 여겼을 수도 있다는 이야기이다.

비난과 비평의 차이

2015. 1. 8.

이것은 절대로 대승불교를 비난하는 것이 아닙니다. 오직 비평할 따름입니다. 왜냐하면 그들은 교주인 고따마 붓다의 가르침에서 벗어나 있기 때문입니다. 이렇게 생각해 보면 대승이 발생한 후로 부처님과 정법을 비난한 것은 대승에 있을 것입니다. 이런 이유에서 단지 정법이 바로서기를 바랄 뿐입니다. 혹자들은 우리나라 불교를 통틀어 '호국불교'니 '통불교'라는 개념을 세우고 있습니다. 그러면서 포용과 관용을 얘기합니다. 그러나 포용과 관용은 이런 때 쓰는 단어가 아닙니다. 아무리 맞추려 애써도 너무나 어색하고 본실에서 어긋나 있는 사견은 외도의 형태를 보는 것과 같습니다.

이제부터 필자는 대승불교를 대승불교란 표현 대신 '관념불교 또는 방편불교'라고 칭할 것입니다. 그것은 대승불교에 대한 최소한의 예의라고 생각되기 때문입니다. 필자는 또한 이후부터는 관념의 방편불교에 대해 포용과 관용을 베풀되 고따마 붓다의 가르침에 맞추어 허용할 것입니다. 혹자가 관념의 방편 불교의 시각을 가지고 고따마 붓다의 가르침이라고 우긴다면 난 단호하게 그에 대한 잘못된 견해를 지적할 것입니다. 또한 고따마 붓다의 가르침을 잘 못 이해한 상태의 사람에게도 필자는 단호한 입장으로 그를 지적할 것입니다. 왜냐하면 필자는 고따마 붓다의 가르침을 바르게 이해한 사람 중 한 사람이라고 스스로 여기고 있기 때문입니다. 입장의 차이는 얼마든지 있을 수 있습니다. 그러나 고따마 붓다의 가르침 안에서 사성제에 대한 이해는 어떠한 사람이라도 차이가 있을 수 없는 일이기 때문입니다.

이것은 마치 농부가 농기구를 사용하는 것과 같고, 도로를 달리는 자동차와 같습니다. 예를 들어보겠습니다. 농부가 봄이 되어 농사를 지을 때 쟁기로 논이나 밭을 갈아 씨앗을 뿌리게 된다면, 우선 논이나 밭을 쟁기나 트랙터로 잘 갈아 씨앗을 심을 골과 씨앗이 잘 자랄 수 있는 환경을 만들어야 합니다. 골을 만드는 것은 어떠한 씨앗을 심을 것인지에 따라서 좁게 하거나 넓게 하거나 골이 없이 평평하게 하거나 간에 그 농부의 농사짓는 기술에 따라 달라질 것입니다. 그러나 여기에서 달라지지 않는 것은 논과 밭을 구별하는 것입니다. 논에 심을 것을 밭에 심고 밭에 심을 것을 논에 심게 되면 농사가 잘

될 리 없습니다. 만약 논과 밭의 용도를 바꿔서 파종한다면 논은 밭으로 밭은 논으로 만들고 난 뒤에야 가능할 것입니다. 이와 마찬가지로 고따마 붓다의 가르침을 이해해야 합니다.

또 다른 예를 들어보겠습니다. 만약 자동차가 달릴 수 있는 길을 봅니다. 도로의 용도에 따라서 고속도로, 일반도로, 철길, 샛길이나 농로 등이 있고, 하늘에는 하늘대로 항로가 있고, 바다에는 바닷길이 구분되어 있습니다. 그리고 각각의 도로에는 그 도로에 맞게 자동차나 트럭 자전거 경운기들이 지나다닐 수 있고 항로에는 각종 비행기가 운항하며 바닷길 역시 각종 배들이 지나다니는 길이 있습니다. 만약 자동차 전용도로에 경운기나 트랙터, 오토바이, 자전거 등을 올려놓고 함께 달린다면 한없이 불편한 일입니다. 반대로 농로나 샛길과 같은 좁은 길에는 대형차들은 지나다닐 수조차 없습니다. 길은 편리에 따라 만들어집니다. 그러므로 천차만별의 길이 생길 수 있습니다.

여기에서 이러한 질문을 할 수 있습니다. '진실하지 않음과 진실함의 차이는 무엇일까요?'라고. 그것은 큰길로만 갈 수 있는 자동차전용도로에서만 운행할 수 있는 차가 샛길이나 논두렁길로 다닐 수 있다고 주장하는 말은 거짓이고, 그 길로는 절대로 다닐 수 없다는 말은 진실입니다. 이런 상식적인 일은 모든 사물이나 이론에서도 적용됩니다. 지극히 상식의 기초적인 일을 눈앞에 두고 이해할 수 없는 상황을 만들거나 하는 것은 '어리석음'이라고 하여 탐·진·치貪·瞋·癡의 삼독三毒 중에 어리석음痴에 해당하는 것입니다. 죄를 짓게 되는 원흉인 삼독三毒 중에 어리석은 상태를 가려내기 대단히 어렵습니다. 그러므로 분별하기 곤란한 입장이 되고, 아울러 도덕적인 문제, 즉 선의 입장이 불교라고 주장합니다. 이렇게 단순한 생각을 가진 스승들은 고따마 붓다의 가르침에 대한 문제의 핵심에서 벗어나 엉뚱한 이론을 키워냅니다. 관념의 방편 불교의 칠불통게七佛通偈에도 '모든 악을 짓지 않고 선을 받들어 행하고 스스로 그 뜻을 고요하게 함은 모든 부처님의 가르침을 행하는 것諸惡莫作 衆善奉行 自靜其意 是諸佛教'[88] 이라고 합니다. 이러한 이론은 모두 인간 삶의 도덕을 기본으로 마음가짐과 행동으로써 철든 사람을 통해, 또는 자신의 삶을 통해 삶을 잘 터득할 수 있는 일입니다.

어느 때 세존은 선악의 문제에서도 '괴로움의 소멸법칙'인 사성제의 이론을 받쳐 설명하게 됩니다. 이 경에서 사왓티에 사는 빤짜깡

---

88 칠불통게(七佛通偈)는 과거칠불의 진법게로 알려진 것으로서『불본행집경(佛本行集經)』과『대장엄경론(大莊嚴經論)』등 여러 곳에 나타난다. 諸惡莫作(모든 악을 짓지 말라.)은 불교 윤리에서 악행을 멀리하는 것을 강조하는 것으로 십악(十惡: 살생, 도둑질, 거짓말,) 등을 포함한 악업을 금지하는 가르침이며, 衆善奉行(모든 선을 받들어 행하라.)은 선행을 실천하라는 적극적인 윤리의 가르침으로 보시(布施), 자비(慈悲), 인욕(忍辱) 등의 선업 실천을 권장하는 것이며, 自靜其意(스스로 마음을 맑게 하라.)는 마음을 정화하고 번뇌를 없애는 수행의 중요성을 강조하는 것으로 선정(禪定)과 지혜(智慧)를 닦는 수행을 의미한다. 是諸佛教(이것이 모든 부처님의 가르침이다) 다만 대승불교의 불교관임.

가라는 목수에게 '해로운 계율과 유익한 계율 그리고 해로운 사유와 유익한 사유'에 관한 주제로 법을 설하면서 다음과 같은 표현을 쓰게 됩니다.

"목수여, 그러면 어디서 유익한 사유가 남김없이 소멸하는가? 그들의 소멸도 이미 설했다. 목수여, 여기 비구는 일으킨 생각(심尋)과 지속적인 고찰(사伺)을 가라앉혔기 때문에 더 이상 존재하지 않고 자기 내면의 것이고 확신이 있으며 마음이 단일한 상태이고 일으킨 생각과 지속적인 고찰은 없고 삼매에서 생긴 희열과 행복이 있는 제이선第二禪을 갖추어 머문다. 여기서 유익한 사유는 남김없이 소멸한다.

목수여, 어떻게 도를 닦을 때 유익한 사유를 소멸하기 위해 도를 닦는 것인가? 목수여, 여기 비구는 아직 일어나지 않은 나쁘고 해로운 법을 일어나지 않기 위해 열의를 일으키고 정진하고 힘을 내고 마음을 다잡아 애를 쓴다. 이미 일어난 나쁘고 해로운 법을 제거하기 위해 열의를 일으키고 정진하고 힘을 내고 마음을 다잡아 애를 쓴다. 아직 일어나지 않은 유익한 법은 일어나기 위해 열의를 일으키고 정진하고 힘을 내고 마음을 다잡아 애를 쓴다. 이미 일어난 유익한 법은 지속하게 하고 사라지지 않게 하고 증장하게 하고 충만하게 하고 닦기 위해 열의를 일으키고 정진하고 힘을 내고 마음을 다잡아 애를 쓴다. 목수여 이렇게 도를 닦을 때 유익한 사유를 소멸하기 위해 도를 닦는 것이다."[89]

사마니만디까 목수에게 계율의 유익하고 해로운 계율과 사유의 유익하고 해로운 사유의 모두를 소멸한다는 것의 가르침은 '괴로움의 소멸법칙'인 사성제의 가르침이 확실하다고 알아야 합니다. 이런 이론을 '괴로움의 소멸법칙'이라 할 수 있고, 열반의 성취는 '소멸의 성향'을 꿰뚫어 알았을 때 비로소 이뤄지기 때문입니다.

그러나 만약 위에서 설명한 취지를 바탕으로 다음과 같은 질문을 하게 되면 두 가지의 답변을 듣게 될 것입니다.

"이러한 이론의 이해가 생사를 건널 수 있고 해탈과 열반을 얻을 수 있게 합니까?"라고.

아마도 이 같은 물음에 '괴로움의 소멸법칙'을 꿰뚫어 이해하지 못한 사람이라면 어떤 누구라도 정확한 답변을 할 수 없을 것입니다. 왜냐하면 이 답변은 두 가닥으로 나누어져야 하는 문제로 이해할 수 있기 때문입니다. 세속적 답변과 출세간적 답변이 그것입니다. 세속

89 대림 스님 옮김(2012.10.10. 초기불전연구원) 맛지마 니까야 제3권. 사마니만디까 경. p.216.

적 견해로 세속에 살아가는 사람은 선악의 문제로 답변할 것이고, 출가한 수행자 특히 고따마 붓다의 가르침을 의지해 출가한 수행자는 반드시 열반 증득에 도움이 되는 답변을 내놓을 것입니다.

그리고 다음과 같은 질문을 반드시 받게 된다고 생각해 볼 수 있습니다.

> "사성제의 가르침에서 깨달음을 얻고 해탈과 열반을 증득하게 됩니까?"

필자는 이 물음에 확실한 답변을 해줄 수 있습니다. 자신 있게 "네!"라고 말입니다. 그 이유는 이렇습니다. '사성제의 가르침 안에서 괴로움에 대한 가르침을 받고 괴로움을 알게 되고 괴로움의 원인을 확인할 수 있고 괴로움의 소멸 또한 보기 때문에 해탈과 열반을 증득하게 되고 아울러 정견의 견해와 도닦음의 길인 팔정도八正道를 의지해서 성스러운 도닦음의 길을 가게 됩니다.'라고 천명할 수 있기 때문입니다.

'일상에서 일어나는 모든 사건'은 어떠한 성향과 특징을 가졌건 간에 모두다 '삼계三界안에서 일어나는 사건에 해당하는 것은 틀림없습니다. 즉 윤회적 요인을 벗어나 존재할 수 없고 설명될 수 없다는 것입니다. 세상에서는 이것을 필연이라고 단정하고 있습니다. 잘난 사람이건 못난 사람이건 남녀노소 누구에게나 혹은 어떤 생명을 가졌거나 생명이 없는 것일지라도 윤회 속에서의 괴로움의 소멸법칙에서 제외될 수 없기 때문입니다. 그래서 다음의 질문이 중요하게 되는 것입니다.

"'윤회를 벗어나는 일'이 왜 그렇게 중요한 것일까요?"

"'괴로움苦을 소멸법칙을 꿰뚫어 아는 일'이 왜 그렇게 필요한 것일까요?"

출가 사문은 이 두 가지 의문과 질문에 분명하고 확실하게 답할 수 있어야 제대로 된 고따마 붓다의 가르침을 이해했다고 천명할 수 있을 것입니다. 여기에 대해 아주 적당한 세존의 설법이 있습니다.

"목수여, 어떤 열 가지 법을 갖춘 인간을 유익한 법을 갖춘 자, 최상의 유익함을 가진 자, 최고의 경지를 얻은 자, 대적할 수 없는 사문이라고 나는 천명하는가?

목수여, 여기 비구는 ① 무학無學의 경지[90]인 바른 견해를 갖춘다. ② 무학의 경지인 바른 사유를 갖춘다. ③ 무학의 경지인 바른말을 갖춘다. ④ 무학의 경지인 바른 행위를 갖춘다. ⑤ 무학의 경지인 바른 생계를 갖춘다. ⑥ 무학의 경지인 바른 정진을 갖춘다. ⑦ 무학의 경지인 바른 마음챙김을 갖춘다. ⑧ 무학의 경지인 바른 삼매를 갖춘다. ⑨ 무학의 경지인 바른 지혜를 갖춘다. ⑩ 무학의 경지인 바른 해탈을 갖춘다.

목수여, 나는 이러한 열 가지 법을 갖춘 인간을 유익한 법을 갖춘 자, 최상의 유익함을 가진 자, 최고의 경지를 얻은 자, 대적할 수 없는 사문이라고 나는 천명한다."[91]

이제 비로소 여기에까지 이르렀습니다. '괴로움과 윤회' 그것은 벗어나야 해결되는 문제, 왜 벗어나야 하는 것인가? 괴로움이기 때문에, 괴로움은 영원하지 않고 완전한 행복이 아니기 때문입니다. 여기서 '괴로움과 윤회'란 표현은 어떻게 보면 괴로움과 윤회를 둘로

---

90 "무하(無學)"은 두 가지로 해석할 수 있다 일반적으로는 '배움이 없다', '교육을 받지 않았다'는 뜻이며 불교에서는 '더 이상 배울 것이 없는 최고의 경지'를 의미한다.즉 아라한의 경지이다. 여기에서는 불교적 의미가 더 중요하며, 이는 완전한 깨달음에 도달한 상태를 뜻한다

91 대림 스님 옮김(2012.10.10. 초기불전연구원) 맛지마 니까야 제3권. 사마니만디까 경. p.217.

나누어 생각할 수 있습니다. 윤회는 괴로움의 생산처이고, 괴로움 또한 윤회를 포함하고 있으므로 그렇게 표현하는 것입니다. 어떤 의미에서 윤회의 현상이 괴로움이나 사성제의 이해에 앞서 더 중요하다고 생각되는 수도 가끔은 발견됩니다. 그것은 세존의 괴로움의 소멸법칙이 설정되기 이전부터 있던 문제로 해결 방법이 생기기 전의 문제인 것입니다. 그러므로 절대 그렇게 될 수 없는 것이 고따마 붓다의 가르침에서입니다. 괴로움의 이해 속에서 윤회의 현상을 이해할 수 있거나 윤회의 현상에서 괴로움의 실체를 보았을 때, 비로소 그는 철두철미하게 괴로움을 이해했다고 천명할 수 있는 것입니다.

이 중대한 괴로움의 문제를 해결하는 일을 놔두고 관념의 방편불교나 아비담마에서는 어떠한 이론의 결말이 되었든 분석하는 일에만 몰두한 흔적이 여기저기서 나타납니다. 한 가지로 보아도 문제가 되지 않을 것을, 분석을 통해 쪼개고 또 쪼개고 하여 더 이상 쪼갤 수 없을 때까지 쪼개려는 시도는 무의미하지 않을 수 없습니다. 그렇다고 거기에서 어떠한 괴로움의 소멸법칙을 인증하거나 고증되는 상황이 현실로 나타나지는 않고 그저 막연한 분석에서 그 중요한 의미를 잃어버리는가 하면 오히려 결론을 찾아보기 더욱 혼란스러운 상황이 되고 맙니다.

특히 유식이나 구사론과 같은 내용에서는 더욱더 이와 같은 문제가 깊어짐을 보게 됩니다. 이러한 의미 없는 분석은 고따마 붓다의 '사성제'의 연구나 이해에 아무런 도움이 되지 않는 결과를 낳습니다.

또 한 가지 서글픈 일은 아주 작은 개인의 견해를 가지고 여기저기 스스로 도인이라고 하는 사람들이 쏟아져 나오고 있다는 것입니다. 자신이 스스로 도인이라고 하는 사람입니다. 그 사람들은 다 도인입니다. 자신이 도인이라고 주장하기 때문입니다. 그러나 고따마 붓다의 가르침을 꿰뚫어 알고 있는 사람은 절대 아닙니다.

대승과 초기불교의 차이점

2015. 1. 9.

내친김에 현실에서의 관념의 방편불교가 초기불교와 다른 점을 몇 가지 더 다뤄보도록 할 것입니다.

요즈음은 관념의 방편불교는 출가수행자나 신도들이나 할 것 없이 '초기불교가 정통이다.'라는 것 정도는 알고 있습니다. 그것은 초기불교를 정통으로 배운 학자나 수행자들이 초기불교 경전의 가르침을 번역하여 알려줌으로 이제는 누구나 그렇게 생각하게 된 것입니다. 그러나 중요한 것은 초기불교를 배운 사람이라도 고따마 붓다의 가르침에서 정견의 견해를 얻어 갖추지 않았다면 니까야 경전을 함께 읽고 쓰게 할 수는 있지만 올바른 견해를 가질 수 있도록 설명할 수는 없습니다. 이런 상황은 올바른 스승 없이 공부하는 것이나 다를 바 없습니다. 그 결과는 아주 이상한 초기불교가 이해되거나 아니면 이상한 관념불교가 될 것입니다. 올바른 스승이 없다는 것은 초기불교의 핵심인 사성제를 꿰뚫어 알고 있는 사람을 만나지 못했다는 말로 단언할 수 있습니다. 그러므로 '스승이 없다.'라고 한 것입니다. 만약 초기불교를 배우고자 하는 사람이라면 그동안 바탕을 이루고 있던 관념불교가 가진 관습이나 관념을 다 내려놓아야 합니다. 그렇게 관념불교에서 벗어나지 않고는 관념불교의 관습에 얽매여 있는 자신의 위치에서 초기불교를 배우려고 하는 것은 대단히 잘못된 생각입니다.

「왓차곳따 긴 경」[92]에서 외도였던 왓차곳따 수행자가 세존께 출가했을 때 세존은 그에게 이렇게 가르쳤습니다. 이 내용은 '고따마 붓다의 깨달음(2015.1.6.)'의 연재에 실렸던 내용과 같은 내용입니다. 두 번에 걸쳐 같은 내용의 경문을 인용하는 것은 대승의 학인들이 세존의 정법에 어서 속히 돌아오기를 간절히 바라는 마음에서입니다.

"왓차여, 전에 이교도였던 자가 이 법과 율에 출가하기를 원하고 구족계 받기를 원하면 그는 넉 달의 수습 기간을

92 대림스님 옮김(2012.10.10. 초기불전연구원) 『맛지마 니까야(Majjihma Nikāya)』「왓차곳따 긴 경」에서 외도인 유행승이었던 왓차곳따는 이경에서 세존께 귀의하고 정식으로 출가하게 됨.

가져야 한다. 넉 달이 지나 비구들이 동의하면 출가를 허락하고 비구가 되는 구족계를 준다. 물론 여기에 개인마다 차이가 있음을 나는 인정한다."[93]

이런 상태의 일들이 생기게 되는 것은 단지 한 가지 이유밖엔 없습니다. 사성제를 이해할 수 없는 상태가 바로 그것입니다. 그래서 사성제의 이해는 고따마 붓다의 가르침 전체를 이해하게 되는 밑 걸음이 된다고 경전에서 천명하고 있습니다. 이 말을 듣는 관념불교를 가진 많은 이들은 어림없는 말이라고 생각할지 모릅니다. 그러나 반대할 이유가 없습니다. 그래서 그들은 이렇게 말하는 것입니다. '사성제는 성문·연각·아라한 등 독각이나 배우는 수준 낮은 가르침이다.'라고, 관념불교도의 이러한 표현은 사성제의 가르침을 아주 하찮게 생각하며 폄훼하는 행동입니다. 그러한 이유는 모든 관념불교의 경전에서 그렇게 표방하여 가르치고 있기 때문입니다.

이러한 상황을 볼 때, 관념의 대승불교를 따르는 사람들은 「왓차곳따 긴 경」에서 이교도였던 왓차곳따보다도 더 깊은 이교도의 견해에 빠져있다는 생각을 금할 수 없습니다. 왓차곳따는 출가한 지 얼마 되지 않아 세존께 찾아와 다시 이렇게 말씀드립니다.

---

93 대림스님 옮김(2012.10.10. 초기불전연구원) 『맛지마 니까야(Majjihma Nikāya)』「왓차곳따 긴 경」 P.102.

> "세존이시여, 지금까지 저는 유학의 지혜와 유학의 명지로써 증득해야 할 것[94]은 다 증득했습니다. 세존께서는 제게 더 높은 법을 가르쳐주십시오."[95]라고.

그래서 세존은 왓차에게 다음과 같은 짤막한 가르침을 빌려 삼매의 종류와 결실을 말씀하게 됩니다.

> "왓차여, 그렇다면 그대는 두 가지 법을 더 닦아야 하나니 그것은 사마타止 위빳사나觀이다. 왓차여, 사마타와 위빳사나의 이들 두 가지 법을 닦으면 여러 가지 요소界를 꿰뚫어 보게 될 것이다."[96]

그러므로 '사성제의 완벽한 이해가 아라한과를 증득하는 데 필수적이다.'라는 뜻을 설명해 보였고 아라한과를 얻기 위해 사성제를 완벽하게 이해하는 방법으로 사마타와 위빳사나를 닦아야 함을 제시해 주었습니다. 그러나 이러한 초기불교의 가르침을 과녁불교의 과

94 "'유학의 명지로써 증득해야 할 것(sekhāya vijāya pattabbaṁ)'이란 낮은 세 가지 과(豫流果·一來果·불환과)를 말하는데, 그는 이미 그것을 증득한 것이다(MA.iii.201.)." 다시 서술하면 이것은 아라한과 이전의 낮은 세 단계를 증득한 것을 말한다.

95 대림스님 옮김(2012.10.10. 초기불전연구원) 『맛지마 니까야(Majjihma Nikāya)』「왓차곳따 긴 경」. p.103.

96 대림스님 옮김(2012.10.10. 초기불전연구원) 『맛지마 니까야(Majjihma Nikāya)』「왓차곳따 긴 경」. p.103.

점을 가진 사람들이 이해하기에는 매우 어렵고 힘든 일입니다. 그러나 오히려 그들은 초기불교를 일찍부터 폄훼하며, 가까이하면 안 될 금기의 가르침이라고 결정한 상태입니다.

그러는 거기에서 갑자기 '성불'이란 단어가 새롭게 등장합니다. 성불이란 관념불교에서 달성해야 하는 최상의 목적입니다. 그 목적인 성불로 가기 위해서는 보살도라는 과정을 거쳐야 합니다. 관념불교의 모든 경전이 다 관념적 사고의 적극성을 요구하며 관념의 형식으로 설정된 요구의 결과는 바로 극락세계 또는 자비 실천의 끝없는 보살도, 공덕이 바탕이 되는 길로 인도하기 위해 모든 경전이 그렇게 편찬되었고, 거기엔 보살도를 통해 지혜를 얻게 된다고 하고 있습니다. 이 지혜는 평범한 중생이 가질 수 없고 성취할 수 없으므로 마하반야바라밀摩訶般若波羅蜜의 성취나 가피 혹은 수기를 받게 되는 길을 설정하고 있습니다. 그러나 마하반야바라밀 역시 관념불교의 대표적인 실천 형식이나 다를 바 없으며 마하반야바라밀은 무엇이 마하반야바라밀이라고 하는지조차 제대로 설명된 것을 발견할 수 없습니다. 그러므로 깨달음을 얻은 자들만이 알 수 있고 설명 불가능하다는 말로 얼버무리고 맙니다. 이것은 관념불교의 특징이자 맹점이라고 할 것입니다.

그러면 반야바라밀을 어떻게 설명할 수 있을까요? 이것은 선사들의 실증으로 나타내 보여주는 행동에서 그가 어떤 깨달음을 얻었는지 알 수 있게 되는 것이라고 설명합니다. 여기서 선사들이 얻은 깨달음은 한 사람도 같은 깨달음이 없습니다. 그것은 깨달음을 얻은 사람의 언행과 가풍에서 발견할 수 있는 문제로 고따마 붓다의 가르침인 사성제에 의한 가르침에서 얻은 깨달음의 결과에서처럼 그렇게 분명한 설명이 이루어질 수 없고 동질성을 발견할 수 없습니다.

관념불교의 권위 있는 경전 중의 하나인 금강경에서는 사상四相[97]을 세우지 않을 때 비로소 어떠한 안목이 완벽해진다고 강조하고 있습니다. 특히 사상에서 아상我相은 자신과 매우 밀접하며 매 순간 한순간도 쉴 틈 없이 다양한 형태로 나타나는 경험을 겪게 됩니다. 그러나 일상적인 삶을 살아가는 사람들에게는 이러한 상황을 그렇게 중요하게 여기지 않습니다. 인간의 생활에서는 지극히 자연스러운 일이고 한순간도 이러한 자신을 내가 아니라고 생각해 본 적이 없기

97 사상(四相). 아상(我相)·인상(人相)·중생상(衆生相)·수사상(壽者相)을 말함. 이것은 인간의 성향에 해당하는 것으로서 인성의 바탕이 되어 집착함의 원인으로 불교사전에서는 다음과 같이 설명한다

불교에서 인간의 일생을 사기(四期)로 나눈 ① 일기사상(一期四相, 또는 果報四相)과 현상계의 생멸변화의 모습을 넷으로 나눈 ② 사유위상(四有爲相)·장식사상(藏識四相)과 중생이 분별심을 일으켜 집착하는 대표적인 4개를 들어 말한 ③ 아인사상(我人四相)·중생이 깨달은 경계에 대하여 잘못 알아 집착하는 4가지인 ④ 지경사상(智境四相)이 있다.

① 일기사상(一期四相, 또는 果報四相): 생노병사(生老病死)를 말한다.

② 사유위상(四有爲相)·장식사상(藏識四相)은 만물이 변천하는 생주이멸(生住異滅)을 말한다. 즉 만유 생기(生起)의 모습이 생상(生相)·지주(支柱)의 모습이 이상(異相)·사멸(死

때문일 것입니다.

그러면 사상四相이 존재를 철저히 부정하는 것은 무엇 때문일까요? 그것은 금강경의 진공묘유眞空妙有[98]에 대한 증득의 문제가 중요한 것이기 때문입니다. 모든 오온五蘊에 관계한 행行이 정신적이든 육체적이든 아니면 윤회적이든 간에 철두철미한 공의 입장을 가져야만 견처見處가 분명해진다는 결론입니다.

그러나 그 공의 입장이 확립되기 위해서는 어떤 과정을 거쳐야 합니다. 공의 입장을 세우기 위한 작업은 대승의 선사들에 의해 화두선으로 개발되고 그 선을 힘써 실천함으로써 견처見處가 분명해진다는 이론이 성립됩니다. 이러한 수행 방법은 선지식을 통해서 세워진 공문空門이라 하는 것입니다. 이것을 만약 필자가 고따마 붓다의 깨달음의 가계家系에 족보가 없다고 이야기한다면 여기에 해당하는 사

滅)의 모습이 멸상(滅相)이다.

③ 아인사상(我人四相)은 아상(我相)·인상(人相)·중생상(衆生相)·수자상(壽者相)을 말하는데, 오온(五蘊)이 화합하여 생긴 몸과 마음의 실재의 아(我)가 있다고 하는 생각.

④ 지경사상(智境四相)은 아상(我相)·인상(人相)·중생상(衆生相)·수자상(壽者相, 壽命相)을 말하는데, … 등등의 설명이 있다. 『콘사이스판 불교사전』(김승동 편저. 민족사.)

98 진공묘유(眞空妙有)는 대승불교에서 공(空)과 유(有)의 관계를 통합적으로 이해하는 핵심 개념. 眞空(진공): 모든 현상은 본질적으로 '공(空)이다.' 즉 고정된 실체나 자성이 없다.연기(緣起)에 법칙을 따라 생겨나고 사라지는 것이므로, 실체적 존재는 없다는 것을 뜻함. 妙有(묘유): 비록 모든 것이 공하지만, 현상계는 분명히 존재하고 작용한다는 것을 나타냄. '묘(妙)'는 공의 이치를 깨닫고 볼 때, 현상계의 존재와 작용이 조화롭고 신비롭다는 의미이다. 그러므로 진공묘유는 "본질적으로는 공하지만, 현상적으로는 존재한다."라는 대승불교의 중도(中道) 철학을 표현. 이를 통해 실체에 집착하지 않으면서도 현실 세계를 긍정적으로 바라보는 지혜를 강조하는 가르침이라고 할 수 있다.

람들은 반드시 필자를 손가락질하고 욕하거나 공적公敵으로 여길 것이 분명합니다.

이러한 문제에서 대승불교와 초기불교 사이에 서로 수행 방법이 같지 않다는 것만은 확실히 밝혀졌습니다. 이를 위해 누군가 정리하여야 옳다고 보았기에 용기를 내본 것뿐입니다. 필자가 지금 하는 말을 누가 이해하는 사람이 있겠습니까? 그러나 필자는 다만 한 사람이라도 아니 '그럴 수도 있겠다.'라는 반신반의하는 사람이라도 생긴다면 그것으로 만족할 수밖에 없습니다. 이러한 필자 앞에 사함빠띠 범천이 내려와 어떤 제안을 해주지 않아도 고따마 붓다의 경험만으로도 만족함을 얻습니다.

오늘은 잠시 격한 이야기로 내용을 채웠지만 사성제의 원의原義에 대한 이해 없이는 고따마 붓다의 가르침을 배워 알기란 요원하다는 것을 밝힌 내용이었습니다.

다시 사성제의 길로

2015. 1. 10.

이제 관념불교와 초기불교의 교리적 시비는 이것으로 끝내고 다시 사성제의 이해를 위한 길로 들어가 보겠습니다. 사실 오늘부터 이곳 영산정사에서는 매주 토요일마다 초기불교를 기초로 한 명상법회를 시작하였습니다. 그러므로 이야기 말미마다 살짝살짝 그 상황을 알려드리도록 하겠습니다.

역시 어려운 길

2015. 1. 11.

이 연재를 처음 시작하면서 참으로 어려운 일인 줄 생각했습니다. 이야기 소재에 대한 설명이 어려워서가 아니라 많은 사람이 이 연재물의 주제에 대해 이해하기 어렵다는 문제 때문이었습니다. 필자는 지금 심정이 고따마 붓다가 전법을 결정하기 직전의 순간과 비슷한 심경입니다. 참으로 간단한 문제인데 이해의 피대상자인 각자의 강한 집착과 애욕과 욕망 등 오온에서 발생하는 모든 취착의 일들로 인하여 인간의 욕망은 점점 더 커지고 난해해지면서 두터운 어두움을 가진 상태의 업장으로 우리들이 '밝게 보고 확인하고 소멸하는 모습'을 가렸기 때문입니다. 이 가려진 업장의 아주 작은 욕망의 그늘 속에서도 '보고 확인하고 소멸하는 모습'을 보기 힘든 것은 결코 작다고 표현할 수밖에 없습니다. 왜냐하면 중생들의 아주 작은 업은 동업적同業的 성격으로 인해 자신의 주위에 모여 있는 군중에게 좋든

나쁘든 서로의 업에 더욱 많은 영향을 끼치기 때문입니다.[99]

그러므로 선업을 지으려는 사람이 많이 모여 있는 곳일수록 거기엔 선업의 기운이, 악업의 기운이 많은 사람이 모인 곳일수록 거기엔 악한 기운이 치성하게 되는 것입니다. 이러한 것을 '동업'이라고 하고 이렇게 모인 중생들을 '동업중생同業衆生'이라고 합니다. 그래서 동업중생의 각자의 업은 아무리 미세하다고 할지라도 같은 업을 가진 이들의 업이 중첩되면 강한 힘이 형성되므로 괴로움의 소산이랄지, 괴로움의 원인이랄지, 괴로움의 소멸이랄지 등을 감지하기는커녕 누구나 당하는 아주 자연스러운 현실을 긍정하면서 자기 혼자 당하는 일 같으면 억울하고 분하지만, 누구나 다 똑같이 당하는 일인 만큼 억울하고 분한 생각을 가지지 않게 되는 것입니다. 억지로라도 이해하고 받아들이는 현실이 억울하고 분하지만, 꾹꾹 참고 감내하면서 받아들이게 되는 현상이 만들어지는 것입니다.

어느 날 필자는 지인에게서 공양청을 받게 되었는데, 그 자리에 같이 참석했던 분과 이야기를 나누게 되었습니다. 이야기의 내용은 일본의 지진에 관한 이야기였고, 그 지진으로 인해서 많은 사람이 피

---

99 2015년. 1. 3일에 명상법회와 함께 이 연재를 시작했는데 몇 사람 안 되는 인원으로 10년을 법회를 이어왔으나 필자에게 직접 강의를 듣고 명상지도를 받은 이들을 보면서 느끼게 된 생각임.

해당한 입장을 이렇게 얘기했습니다. '나는 그런 지진으로 인해서 여럿이 함께 죽는 것은 두렵지 않습니다. 왜냐하면 나 혼자 죽은 것이 아니고 여럿이 같이 당하는 일이기 때문입니다. 가장 억울한 죽음은 남들은 멀쩡하게 살아 있는데 나 혼자 벼락을 맞는다든지, 어떤 급작스러운 사고로 해서 나 혼자 죽는 건 정말 억울하고 분하고 끔찍합니다! 그러므로 그렇게 죽는 것은 가장 억울한 죽음이라고 생각합니다.'라고.

물론 서로 웃자고 한 얘기였지만, 평소 자신에게 닥치는 불행에 대해서 어떻게 생각하고 있는지에 대한 일반적인 생각이라는 데 공감이 갔습니다. 바로 이와 같은 생각은 일반인들 사이에 피할 수 없는 죽음을 표현한 절묘한 말일 수 있습니다. 그러므로 여기에는 '당연히 당할 수밖에 없는 일'이라는 뜻이 포함되어 있습니다. 그러므로 오온으로 형성된 우리의 몸뚱이로 인한 온갖 일들에 대한 것은 좋든 싫든 간에 당연히 모든 사람이 한께 겪고 경험하는 과정으로 생각하게 됩니다. 그러므로 이 문제는 또한 '어느 누가 해결할 수 없는 일'로 지신에게 쇠뇌 되어 가면서 살아가는 동안 오욕으로 인해 일어난 일들에서 즐거움을 맘껏 누리면서 살아감을 행복한 일, 다행한 일로 여기고 살아가게 되는 것입니다.

이러한 이유는 사성제의 가르침에 대한 이해를 가장 방해하는 요소가 됩니다. 그러므로 이 방해 요인이나 요소들, 이러한 것들이 중생의 세계에서 윤회로 이끄는 원인이고 타락이나 욕망으로 이끄는 동력이 됩니다.

오온과 윤회는 괴로움의 생산공장이며 창고이기도 합니다. 오온과 윤회의 공장과 창고 안에 있는 괴로움은 인간이 가진 조건 중에 가장 불행함이 존재한다고 고따마 붓다는 규정하고 있는 것입니다. 왜 그런지, 어째서 오온과 윤회가 괴로움의 원인이고 불행한 일인지를 절감하는 사람에게서 괴로움의 소멸법칙을 통해 거기에서 벗어나는 길을 스스로 깨닫게 되는 것입니다.

회한이 남지 않는 길

2015. 1. 12.

'오온과 윤회는 괴로움의 생산공장이요 창고라 했습니다. 오온과 윤회의 공장 창고 안에 있는 괴로움은 인간이 가진 조건 중에 가장 불행한 것'이라고도 표현했습니다. 참으로 오온과 윤회는 그러합니다.

어느 지인이 카톡으로 보낸 글을 하나 읽었습니다. 필자의 글에 답변인 듯해서 그냥 넘길 수 없었습니다. 내용이 좋은 글입니다. 전문과 거기에 대한 답변입니다.

"나는 고통이 없는 곳으로 가고 싶지 않습니다.
왜냐하면, 그러한 곳에서는 나의 사랑과 이해를
기르고 익힐 방법이 없기 때문입니다.

이해와 사랑이 없으면 행복해질 수 없고

남들이 행복해지도록 도울 수도 없는 법입니다.

우리는 고통을 통해 배우게 됩니다.

고통은

이해와 사랑이라는

꽃을 피우는데

꼭 필요한 밑거름입니다."

이 글의 내용은 충분히 읽고 이해를 할 수 있습니다. 관념불교의 대승보살도는 중생의 고통 속에 자비를 구현하는 것을 커다란 해탈과 열반과 또는 성불의 길로 다가갈 수 있는 도닦음이라고 했기 때문입니다. 그러한 입장에서 헐벗은 중생을 보고, 죽음을 앞두고 늙음을 가진 노인의 딱한 처지를 두고, 신체적 불구이거나 정신적인 장애를 겪고 있는 가여운 사람들을 보고, 지금 당장 목숨을 잃어버릴 것 같은 암과 투병하는 환자의 고통이나 전쟁을 통해 팔다리, 몸의 어느 부분을 잃어버린 고통을 보고, 강한 연민의 정과 사랑을 느끼는 것은 언제나 누구에게나 필요한 덕목으로 훌륭합니다.

그러나 지금 연재되는 내용은 그 상황을 냉정히 버리자는 것으로 들릴지는 모릅니다. 왜냐하면 '괴로움의 벗어남'으로 인한 여러 가지 정황이 그렇게 보여 질 수 있기 때문입니다. 그러나 참으로 괴로움을 보고 괴로움을 알고 괴로움의 소멸을 체득한 이에게는 고따마 붓다처럼 무한의 자비가 흘러넘치기 때문에 오온의 욕망과 윤회로 치닫는 무서운 괴로움을 겪고 있는 중생들을 그냥 보고 지나칠 리 없을 것입니다. 일반적인 도덕적 행동철학은 '내가 지옥에 갈지언정', '내가 그를 구하다 죽을지언정', '사랑이 없고 메마른 인정 없는 곳에 살기를 원하지 않노라.'라고 할 것입니다.

영원하지 않아 허망하고, 전혀 유익하지 않은 삶의 현장을 뛰어 넘은 사람의 자비란 오온의 감성에 휘말려 윤회 속으로 빨려 들어가고 밀어 넣는 것이 아니라 항상 밝음과 빛으로 가득찬 그 자리에 머무름이 더욱 현명하다고 판단할 것입니다.

가끔 중생의 고통을 바라다보고 연민함을 빙자한 어리석음으로 인해 우린 탐貪·진瞋·치癡의 삼독三毒 중에 이러한 어리석음을 범하게 되는 것입니다. 이것은 자비를 베푸는 쪽이나 자비를 수용하는 쪽 모두에게 유익하지 않은 결과를 낳습니다. 왜냐하면 그 어리석음은 윤회로 이어지고 그 윤회는 괴로움을 생성하게 되며 끝없는 윤회로 이어지기 때문입니다. 관념불교의 대승보살도의 보살학도라 할지라도 이러한 이치를 모를 까닭이 없습니다. 그러나 그들은 중생과 함께 윤회의 길을 택합니다. 그리고 이렇게 말합니다. 자기들은 "중생을 구원하는 보살이다."라고. 이것은 중생에게 연민과 자비를 일으켜서 한 중생의 구원을 위해, 또는 모든 중생의 구원을 위해 끝도 없는 보살의 원력으로 중생의 한없는 윤회의 길을 따라 세세생생 구원을 포기하지 않는다고 하는 것입니다. 대단히 크고 넓은 어리석음에 자신의 모두를 내걸고 있는 그는 틀림없는 성인임에 틀림이 없습니다.

이런 원력을 가진 이들이라면 그 길이 끝없는 고통을 수반한다고 할지라도 사성제의 가르침을 쫓아 깨달음을 얻은 현자에 비해 그 존엄과 위대함은 손색이 없을 것입니다. 존경하는 이여, 오늘 밤 편히 하소서.

그러나 열반의 증득은 사성제를 꿰뚫어 통달함이 가장 적절하며, 그로 인해 괴로움은 물론, 연기의 이치를 바로 알게 되고 윤회를 끊게 됩니다. 그것은 진정한 해탈의 길이며, 모든 행복과 사랑과 자비의 정도가 되는 길입니다. 그러므로 깨달음을 얻은 모든 이들, 깨달음을 얻기를 바라는 모든 이들, 둘 다에 회한이 없게 되는 것입니다. 이것은 또한 고따마 붓다의 가르침을 실천 수행하여 깨달음을 얻게 되는 길이기도 합니다. 사랑합니다. 존경합니다. 이 글을 읽고 있는 모든 존자여! _()_

다시 한번 더 소개할 글

2015. 1. 13.

"우리는 모두 미래불입니다.

우리는 모두 우리 자신과 사랑하는

사람들을 위하여 정토를 세우고자 노력해야 합니다.

정토를 세울 수 있는 능력이

우리 자신에게 있다는 사실을 굳게 믿고

간절하게 정토를 건설하겠다고

발원하고 지금·여기에서 정성을

다해 아미타불을 부르면

우리의 마음에서

이해하고 사랑하는

능력이 자라나게 될 것입니다.

정토는 이해와 사랑이 있는 곳이니

이해와 사랑이 자라나면 지금·여기가

극락정토가 되는 것이잖아요.

나무아미타불"

이 글을 읽으면서 참으로 묘한 감흥이 온몸을 휘감아 오는 것을 느끼게 됩니다. 관념불교의 장점이자 맹점이 여기에 있습니다. 이러한 정서는 모든 관념불교의 경전 안에 담겨있고, 읽으면 읽을수록 심취하게 되고, 심취하면 심취할수록 그 관념은 점점 커져 가게 되는 것이고, 어떠한 거짓의 결과라도 참된 값을 가지게 됩니다. 그러나 거짓은 거짓으로 남아 진실이 될 수 없음에 참회로 눈물 흘려야 하는 이유가 바로 여기에 있습니다. 경전이 신앙소설이 된 경우일 때 그것을 읽는 독자들에게 전혀 터무니없지는 않습니다. 그 소설로 인해 새로운 문화가 생겨나기도 하고, 어떤 이는 진정한 삶의 안위를 거기에서 얻게 되는 수도 있습니다. 이는 마치 이와 같습니다.

국가의 살림과 정치적 현실을 놓고 싸우는 보수와 진보의 차이와 같습니다. 물론 보수라고 다 수구적이고 좋은 점이 있는 것은 아니고 진보라고 다 좋은 장점만 가지고 있는 것은 아닙니다. 여기서 예를 든 것은 서로 반대적인 견해와 입장의 차이를 비교한 것뿐입니다. 대부분 보수는 안정적이고 국가의 안위를 앞서 생각하고 진보는 정권교체를 앞세워 무리한 정책을 내세울 때가 종종 있습니다. 바로 그런 상황을 비교로 든 것입니다. 국민의 지지를 더 많이 받아 정권교체를 이루려는 욕심에서 마구잡이로 정책을 내세우는 진보의 양상은 마치 관념불교의 이론과 흡사하다고 생각하게 됩니다. 관념불교의 취지는 믿음을 가진 사람들이 많을 때 그 가치-그것은 마치 장사하는 사람이나 사업하는 사람들이 이익을 창출하는 것처럼 계산해서-를 따지고 있습니다. 이런 전법의 과정과 방법은 고따마 붓다의 '깨달음의 이론'에 적당한 전법의 형태는 되지 못합니다. 오히려 그것은 해악의 일이 되고 있음을 보게 됩니다. 그러나 일반 불자나 일반 대중들은 여기에서 '해악'이라는 점을 느끼지 못합니다. 오히려 관념불교의 전법을 찬양하고 고무되어 더욱 그 길이 옳은 길이라고 여기고 있습니다. 이런 형태의 전법 이론은 그 관점의 바탕이 서로 각자 다르기 때문입니다. '가르침의 본의를 벗어난 일'은 항상 문제를 일으키고 그것은 또한 엉뚱한 방향으로 발전하게 됩니다.

이제 막 끝내려던 관념불교의 비평을 다시 시작하게 되었습니다. 실재와 고증이 없는 소설적 이론을 가진 관념불교는 인간 삶의 역사 속에서 발전해 온 것은 사실입니다. 그리고 크고 적든, 옳고 그르든 간에 많은 사람에게 신앙적인 믿음을 형성하였고, 그로 인해 자신의 희망적이지 못한 삶에서 희망을 찾거나 구원을 경험한 이들이 많다는 것은 공감하고 인정되는 것은 사실입니다. 그러나 실존 과학의 이론으로 결과를 평가한다면 전혀 터무니없는 이론과 결과가 나타남을 보게 됩니다. 물론 기독교나 천주교 등 타 종교의 이론이나 신앙은 관념불교에 비하면 비교할 가치조차 느낄 수 없습니다.

그래서 다시 관념불교의 실체가 정당한 상태인가 하는 것을 따지지 않을 수 없게 됩니다. '형이상학적인 이론과 신앙으로 억지로 내몰린 일들'은 종교에서 흔히 발견되고, 그것은 오만으로 나타나 교주의 가르침과 전혀 맞지 않는 일로 발전하게 됩니다. 종교가 이렇게 천박하게 발전해 갈수록 세인들은 종교인을 심히 걱정하게 되고, 종교의 실천자인 전법자가 사회의 참여로 인한 부적절함은 오히려 정당화되는 실정에 놓이게 됩니다.

종교의 이념이 모든 이들을 올바른 길로 인도한다는 것만은 사실이지만, 너무나 사회 모든 분야에 적극적이거나 부당한 방법은 사회인들이 건전한 방향으로 나아갈 바를 오히려 그들에게 혼란을 일으키게 하거나 불이익을 주는 확률이 높습니다. 감흥어 하나 읊어 보겠습니다.

차마 말 못 할 사랑을 느낍니다.

차마 표현할 수 없는 사랑을 느낍니다.

차마 주고받을 수 없는 사랑에 한없는 오열을 느낍니다.

사랑이 가득한 당신에게

가끔은 아주 가끔은 그 사랑에

진심 어린 박수로 찬양합니다.

거룩한 존자시여!

그러나 어떤 사람이

이순신 장군의 거룩한 동상을 만들고

그 거룩한 장군의 손에

전장에서 쓰는 위엄있는 장검 대신

부엌에서 쓰는 부엌칼을

그의 손에 쥐어놓는다면 세인들은

그 동상을 보고 우선 웃음보를 터뜨리겠지요.

세상의 이치는 언제나 그러합니다.

우리의 이치도 언제나 그러합니다.

좀 더 구체적인 것은 다음 회에 다루기로 하고 오늘은 여기서 접습니다.

관념불교의 위치

2015. 1. 14.

관념불교, 그것은 대승불교의 역사를 대변해 줍니다. 그러므로 관념불교를 비판하거나 폄훼하거나 인정하지 않는다면 대승의 보살 학도들에게 엄청난 꾸중을 듣게 되는 일일 수 있는 일입니다. 그러나 역사는 항상 그래왔듯이 고쳐지고 수정되고 다시 쓰여 지게 되는 것입니다. 그것은 정의나 새로운 주장을 할 수 있는 소재가 발견될 때 나타나는 자연스러운 현상이라고 할 만합니다. 이왕 시작한 일이니, 관념불교의 비판을 마무리하는 일에 정성을 다해 보겠습니다. 한 시대의 고급문화를 이끄는 종교의 입지가 침체하고 정지되어 어느 날 갑자기 그 역할을 할 수 없게 되었을 때 무엇이 문제가 되는지 따져봐야 할 것입니다. '동업중생同業衆生의 업業' 그것은 세상의 흐름을 좌우합니다. 필자는 이쯤에서 대승을 비방한 죄가 분명하다면 마명馬鳴[100]과 용수龍樹[101] 두 보살에게 따지고 오겠습니다.

아, 관념불교에 대한 비판을 여기서 멈추렵니다. 그냥 초기불교의 교리 즉 고따마 붓다의 가르침에만 충실하겠습니다. 그 이유는 그렇게 하는 것이 관념불교 비판의 마무리인 것 같습니다. 왜냐하면 고따마 붓다의 가르침에 이견이 생긴 많은 사람은 그분의 가르침에 대한 긍정적인 사고가 형성되어 있지 않고 관념불교의 교의에 충실하기 때문입니다. 이런 경우 아무리 정당성이나 정통성을 주장한다고 해도 그것은 결국 시비의 소새에 지나지 않기 때문입니다. 오온의 모든 조건인 작용과 결과에 집착하여 오온의 연기적 결과를 직시할 수 없는 사람들의 집착은 사성제의 가르침에 대한 진의를 파악할 수 없습니다. 오늘은 잠시 그것에 대한 정리하는 시간을 각자 편히 가지기를 바랍니다.

---

100 마명(馬鳴): 2세기 경에 활약한 중인도 마가다국의 대승논사(大乘論師). 인도의 유명한 시인. 불멸(佛滅) 후 6백 년경에 중인도 사케타에서 태어남. 바라문교의 승려인 그가 협(脇)존자(일설에는 富樓那)에게 설복되어 그의 제자가 되었음. 그 뒤부터 마가다국을 중심으로 중인도 각처를 돌며 전도하였다. 그런데 그 당시 쿠사나왕조의 카니시카왕이 중인도를 정복하고 배상금 대신 마명을 데리고 북인도로 돌아갔다. 그래서 마명은 북쪽의 월지국에서 왕의 보호를 받게 되었고 전법에 힘썼다. 대승불교를 전법하였고 대승의 시조라 불렸다. 마명은 문학과 음악에도 조예가 깊어 마가다국에 있을 때 뇌타화라(賴吒和羅)는 가곡을 지은 일이 있으며 몸소 악사들과 어울려 왕사성에서 이 가곡을 연주하여 연기(緣起)의 이법(理法)을 가르쳤는데 그 결과 성중의 5백 왕자가 출가했다. 저서로서는 『대승기신론(大乘起信論)』 1권·『대장엄론경(大莊嚴論經)』 15권·『불소행찬경(佛所行讚經)』 5권 등이 있다. 김승동 편저(2011.5.15. 민족사) 콘사이즈 『불교사전』

101 용수(龍樹; Nagarjuna, 150~250경): 인도 초기 대승불교의 교학을 집대성시킨 점에서 제2의 석가(釋迦), 또는 후세의 각 종파에 영향을 끼친 점에서 8종(宗)의 조사(祖師)라 한다. 남인도 Vidharbha국의 바라문 출신. 4베다 등 바라문교의 모든 성전에 정통하고 20세가 넘어 모든 학술 기예에 능통하여 세상에 이름이 널리 떨쳤다. 그리하여 교만하였고 친구 세 사람과 공모하여 욕정과 쾌락에 빠져 방탕한 생활을 하였다. 어느날 우연히 욕망이 괴로움의 원인임을 깨닫고 출가하여 산중의 일불탑에 나아가 그곳에서 출가하였다. 처음은

초기불교를 수학하다 대승불교로 옮겼는데, 당시 존재하던 모든 경전에 정통하여 이들을 통일함으로써 대승불교의 교의를 확립했다. 활동 지역은 주로 대교사라국이었고 샤타바하나(Śātavāhana)왕조의 귀의를 받았다. 그의 주요 저술로는 『대지도론(大智度論)』·『십주비바사론(十住毘婆沙論)』·『중론(中論)』·『십이문론(十二門論)』·『순중론(順中論)』·『대승중관석론(大乘中觀釋論)』·『보리자량론(菩提資糧論)』·『대승이십송론(大乘二十頌論)』·『회쟁론(廻諍論)』·『십팔공론(十八空論)』·『파사현정론(破邪顯正論)』·『일체개공론(一切皆空論)』·『진속이제설(眞俗二諦說)』·『팔불중도설(八不中道說)』·『제법실상설(諸法實相說)』·『연생무성설(緣生無性說)』·『삼제중도설(三諦中道說)』·『공무상설(空無相說)』·『진신(眞身)』·『화신(化身)』·『불신관(佛身觀)』 등이 있다. 후계자는 데바(Deva)·라후라바드라(Rāhulabhadra)가 있다. 김승동 편저(2011.5.15. 민족사) 콘사이즈판 『불교사전』

이해의 어려움

2015. 1. 15.

고따마 붓다의 가르침을 이해하기가 그렇게 어려운 것은 아닙니다. 다만 그 가르침을 올바르게 파악하지 못하게 만드는 요소가 이해를 어렵게 만듭니다. 여기 그 이유에 대해 한 가지를 게송으로 읊어 보겠습니다.

태초에 태어남의 일이 있었네.
이것은 무엇에 의해 생기는 것인가?
고따마 붓다는 무명無明이라 가르쳤네.

무명은 무엇인가?
괴로움의 소멸법칙인

사성제를 꿰뚫지
못함을 말하는 것이네.

사성제는 또한
무엇을 가르치기 위함인가?
괴로움을 벗어나
해탈과 열반을 얻기 위함이네.

세상에 관심이 많고
세상사를 연민하고 사랑하는 자
중생을 너무 사랑해
그 중생을 두고 차마 못 간다고

해탈과 열반은 선반 위에 올려놓고
한량없는 중생을 따라 끝없는 윤회의 길에 드네.

거룩한 성자여,
거룩한 중생 성자여,
어리석은 중생의 업은
사성제를 깨달아 밝아진
밝음을 가진 이에게는 이미

한낱 꿈에 불과한 것이라네.

꿈속에 사는 중생을 깨우치기는커녕
그 중생과 같이 꿈속에 헤매는가?

그들의 꿈이 언제 깰지,
그들의 욕망이 언제 끝날지,
오지랖이 넓어 괴로움을 등에 짊어진 중생 성지여,

또한 그대는 말하리라.
그것은 보살의 길이라고
그것은 원력의 길이라고
그것은 자신만의 길이라고.

우문부답愚問不答

2015. 1. 16.

나의 삶이 즐겁다고 생각합니까?

나의 삶이 그런대로 살만하다고 생각합니까?

나의 삶이 나의 삶이라고 생각하고 살아갑니까?

이러한 질문에 답이 있다고 생각한다면 큰 오산입니다. 왜냐하면 이 의문은 아직 아무도 '이것이다.'라고 답변해 주거나 보여준 사람은 없기 때문입니다. 그러나 단 한 사람만이 이 의문에 정확한 답변을 준 사람이 있습니다. 그는 바로 고따마 붓다인 석가모니입니다. 그의 답변은 이러합니다.

"인생은 괴로움이다. 괴로움이기 때문에 부질없고 영원하지 않다. 그러므로 그것에서의 해탈만이 열반을 얻는 길이다."라고 했습니다.

이것은 사성제의 이론을 형성하게 되는 계기가 되었고 사성제의 이해를 돕기 위한 가르침은 5부 니까야의 설법으로 잘 나타납니다. 사성제를 배워 꿰뚫어 알게 되지 못한 이들은 항상 마음이 공허하고 허탈하여 다른 곳에서 달리 깨달음을 구한다는 것이 엉뚱한 방향으로 흘러갑니다. 그 대표적인 것을 소개하겠습니다.

若人欲了知　三世一切佛

應觀法界性　一切唯心造

누가 삼세 부처님을 꿰뚫어 알고자 하는가?

마땅히 법계의 성품을 관하라.

일체가 오직 마음으로써 지어진 것이니라.

이 게송은 참으로 수행자가 많이 음미하는 화엄경의 대표적인 게송입니다. 문장으로 보아 문제 될 거라곤 하나도 없어 보이지만 고따마 붓다의 입장이라면 아예 주제의 설정이 잘못되어 있다고 지적할 것입니다. '법계성法戒性'이라는 것이, 부처님의 성품을 대변하는 것으로 되어 있고, '일체가 노한 마음으로 지어진 것이다.'라는 것은, 언 듯 알아듣기에 누구나 다 공감이 가는 말입니다. 그래서 '팔만대장경이 별거인가? 다 마음자리 하나 닦으라는 말이여!'라고 관념불교의 수행자에게 이러한 말씀을 자주 듣게 되는 것입니다.

이것은 분명 고따마 붓다가 말씀하지 않은 경전으로 공부한 관념 수행자의 실수 혹은 잘못된 관념의 결과라고 할 수밖에 없습니다. 얽매임을 벗어나려는 자가 더욱 얽매임을 당하고 있음을 보게 됩니다. 여기에서 우리는 아주 중요한 생각을 가져야 합니다. '열반과 해탈함에 장애가 되는 요소는 무엇이며, 장애가 되지 않는 것은 어떤 것인가?'라고.

또 하나의 다른 게송을 소개하겠습니다. 이것 또한 위와 같은 내용에 충실한 관념 수행자의 견해라고 할 정도로 호감이 듬뿍 가는 내용입니다.

阿彌陀佛在何方　着得心頭切莫忘

念到念窮無念處　六門常放紫金光

아미타불은 어느 곳에 있는가?

마음을 집중하여 간절히 놓지 말라.

생각 끝 간 곳에 생각이 없으면

여섯 기관에 자금색 광명이 빛나리라.

보기에 무탈하게 보이고, 마음 편하게 보이고, 활발발해서 무애탕탕한 상태같이 보이고, 그렇게 들리고 생각되는 내용 같습니다만, 정말 끝 간 데가 없고, 마무리된 곳이 없고, 주제가 뚜렷하지 않아 언제 누구에 의해서 누구를 어떻게 해야 하는 것인지가 정확하지 않습니다.

여기서 주제라고 하면 '마음'인데, 마음은 이미 고따마 붓다에 의해서 오온이나 의식의 분석에서 육식과 같은 개념으로 분석된 것이므로 '마음'이라는 물건 또한 괴로움과 윤회의 연기 구조 안에서 벗어날 수 없는 대상으로 정해놓고 있습니다. 대승의 이러한 논리는 윤회와 괴로움의 범주에서 벗어나 있는 듯 보이지만 절대 그럴 수 없다는 것은, 결론을 분명하게 세울 수 없다는 것입니다.

이해의 장애

2015. 1. 17.

이번에는 '이해의 장애'에 대한 이야기를 해보도록 하겠습니다. 필자가 '이해의 장애'라고 하는 것은 무조건 '사성제'에 대한 이해에서 그 이해에 장애가 되는 요인을 뜻합니다. 사성제의 가르침은 고따마 붓다가 자신의 가르침에서 가장 핵심적인 가르침이라고 천명한 것이며 깨달음 역시 사성제의 이해가 되지 않았을 때 얻을 수 없다고 단언하였습니다. 이것은 또한 고따마 붓다의 전체 가르침을 모두 다 그 속에 통섭하게 된다는 것의 중요한 의미가 담겨있습니다. 그러므로 이 기본적인 논리를 통해 수행자의 모든 생활이 이뤄져야만 법이 제대로 갖추어진 수행자라고 할 수 있습니다.

그러므로 사성제의 가르침의 이해나 깨달음은 종교적인 관점이나 인간이 가진 감각영역에서 이해하려고 한다면 이해의 장애가 생길 수 있습니다. 왜냐하면 종교적 신앙심은 깨달음과는 거리가 먼 일반적인 감각적 욕망에서 개인의 소망이 섞여 있기 때문입니다. 개인의 욕망이나 감각적 욕망의 집착이 섞인 마음은 사성제의 가르침을 이해하고 '깨달음'을 얻는데 분명 장애의 조건이 됩니다. 특히 수행자가 고따마 붓다의 가르침을 바르게 알기 위해서는 자신의 성향에 맞는 가르침이랄지 자신이 바라고 고집하는 공부 방법을 택하여 가르침을 찾는 것은, 장애의 조건이 됩니다. 이런 상황은 가르침을 배우기 전에 벌써 이해와 깨달음의 조건을 자신이 설정하고 덤비는 것과 같아서 아무리 배운다고 할지라도 자신에게 맞는 교리나 이해로 변질될 가능성은 언제나 잠재해 있는 것입니다. 그러므로 올바른 이해가 어렵게 됩니다.

수행자의 장애는 자신이 수행자이기 때문에 더욱더 철두철미하게 따져봐야 할 것입니다. 수행자의 자질과 환경이 갖추어지지 않은 수행자일수록 어떠한 경우라도 가르침은 이해될 수 없고 이해되었다고 하더라도 실천 수행함에 커다란 장애를 자신이 만들게 됩니다. '수행자의 자질과 환경'은 매우 중요합니다. 수행자의 자질과 환경이란 고따마 붓다의 이름으로 그분의 가르침을 따라 수행하는 수행자가 갖춰야 할 기본적인 생활방식은 물론, 가르침의 올바른 이해가 우선입니다. 이런 조건이 제대로 갖추지 못한 수행자는 이미 수행자의 자질을 벗어났다고 판단하게 되는 것입니다. 예를 들어 출가한 사람이 부인과 자식을 건사한다든지, 가족과 함께 살면서 부모를 봉양한다든지, 사회의 어떠한 직업을 가지고 생활해 간다는 것 등은 모두 출가한 수행자의 자질을 갖추지 못한 조건입니다. 이러한 사람은 겉으로는 출가자 복장과 모양만 갖추었을 뿐, 출가 생활의 학습계목이 몸에 배어들지 않고 그대로 생활해 간다는 것은 남과 자신을 속이는 것이나 다르지 않습니다. 더 중요한 것은, 부처님의 가르침을 절대로 이해하지도, 깨달음을 얻지도 못한다는 것입니다. 왜냐하면 출가자의 삶을 갖춘 게 아니고 자질이 아니기 때문에 깨달음을 얻는다는 것은 있을 수 없습니다. 이런 종류의 출가 생활은 아무런 의미도 없을 것입니다. 이를 일러 고따마 붓다는 '생계형 출가'라고 지적하고 있습니다.

더구나 오온으로 집적集積된 조건들에 철저히 구속당하고 있는 처지라고 한다면 이 사람은 더욱 가르침에 대한 열망은 있을지 모르겠으나 바르게 깨달음을 얻을 수 없게 됩니다. 사람들은 도道에 관한 이야기를 많이 하고 있습니다. 고따마 붓다의 가르침을 따르는 수행자는 여기서 말하는 도道가 다른 것을 설명하고 있을지라도 사성제의 가르침이 기본이 되는 것이라고 알아야 합니다. 이 기본적인 이론은 깨달음을 얻게 되었을 때 완전한 청정범행을 갖춘 상태가 됩니다. 그러나 관념불교가 북방으로 전해지면서 관념불교 안에 도교道教적인 사상적 이론과 수행 방법은 중국을 거치면서 자연스럽게 습합摺合

하여 변질되었습니다. 이러한 수행 방법은 고따마 붓다의 가르침 안에서 찾아보기 힘든 수행생활상을 연출하게 되었습니다. 그것은 완전히 중국적인 불교의 모습으로 변모하였고 우리나라의 불교 역시 고스란히 그 영향을 받게 되었습니다. 이런 이유는 고따마 붓다의 가르침을 이해하는 데 가장 큰 장애의 요인이라고 할 수 있는 것입니다.

또한 일반인들이 아무리 가르침을 이해하려고 노력해도 안 되는 부분은 오온五蘊으로 조건 지어진 욕망에 의한 것으로써, 이 또한 '이해의 장애' 요소입니다. 어떤 사람이 만약 오온五蘊의 모든 욕망적인 일들을 몰록 놓아버릴 수 있는 상태를 잠깐이라도 경험하게 된다면 아주 약간의 이해는 맛볼 수 있을 것입니다. 이것은 어쩌면 정통 깨달음을 잠깐이라도 경험한 것이 되고 그 경험을 통해 더 깊고 완벽한 정견의 견해를 가지게 될 기회를 만들게 됩니다.

이해와 깨달음의 차이

2015. 1. 18.

이해와 깨달음, 그것은 분명 차이가 있습니다. 일반적인 이해라는 말의 뜻은 상대편의 사정이나 상대적인 상태를 소상히 잘 알고 있음을 말하는 것이고, 깨달음이란 아예 이해를 넘어 고따마 붓다의 깨달음과 '동질성'을 형성하게 되는 것입니다. 만약 이럴 때 사용하게 되는 표현에서 동질성이 없는 형이상학적 관점을 유발하게 된다면 대승에서처럼 고따마 붓다의 관점에서 벗어나게 됩니다. 결국 속내용의 변질 혹은 왜곡으로 치닫게 되고 자기 자신이 각자 만들어 낸 관념의 함정에 빠지게 되어 그곳에서 헤어날 수 없게 됩니다. 이런 현상은 또한 거짓의 산을 스스로 만들게 되고 위선적 선행의 조건이 될 수밖에 없으며 이해의 조건은 더욱 갖출 수 없는 것입니다.

그러나 이러한 사람들에게 사성제에 관해서 이야기하면 대체로 사성제의 네 가지 조항인 고・집・멸・도苦·集·滅·道를 시험문제 외우듯 외워 이해하고 아는 것으로 쉽다고 생각하기 일쑤입니다. 그것도 더 잘 외우는 사람은 자랑스럽고 그렇지 않으면 잘못 아는 것으로 여기게 됨을 볼 수 있습니다.

깨달음은 이해를 기초로, 꿰뚫는 이해의 과정을 넘어 고따마 붓다의 깨달음과 동질성을 형성하게 됨을 뜻하는 것이라고 했습니다. 깨달음에 가장 어려운 부분이 있다면 '동질성'을 갖추는 것인데, 그 동질성은 실존의 가치를 극대화하는 것으로 정단일념頂端一念[102]의 고귀한 현실을 스스로 누릴 수가 있습니다. 다시 말하면 사성제의 '괴로움의 소멸법칙'을 꿰뚫어 이해하므로 생긴 최상의 올바른 견해가 갖추어지게 되는 것입니다. 그러므로 깨달음을 추구하는 수행자나 깨달음을 얻은 자들이 가지는 명상에 차이가 여기에서 엇갈리게 됩니다. 이 상황은 너무나 극명하여 깨달음을 얻지 못함과 깨달음을 얻음과의 차이를 구별하는 데 별 어려움이 없습니다.

---

102 "정단일념(頂端一念)"은 불교 용어로, 깊은 수행과 명상 상태에서 사용되는 개념이다. 이 표현을 구성하는 각 단어의 뜻을 살펴보면 정단(頂端): 꼭대기, 최고점, 또는 극치의 상태를 뜻하고, 이는 수행이나 깨달음의 가장 높은 경지, 즉 궁극적인 상태를 나타낸다. 일념(一念): 하나의 생각, 한순간의 마음, 또는 집중된 마음 상태를 의미하는 "일념"은 마음이 산란하지 않고 하나의 대상에 완전히 집중된 상태이다. 따라서 "정단일념"은 수행자가 마음의 최고 경지에서 오직 하나의 대상이나 진리에 완전히 일치된 상태를 의미한다. 이는 마음이 산란하지 않고 오직 깨달음이나 진리에만 남아 있는 마음이 되어 궁극적인 깨달음과 일치됨을 뜻한다.

그러나 깨달음의 한 칸 밑에 있는 수행자들은 늘 자신의 욕망에 대한 것부터 챙기고자 하므로 이런 깨달음과 깨닫지 못함에서도 그 욕망이 통한다고 생각하게 되는 현상을 보이는 것입니다. 이런 상황을 만드는 사람들은 대부분 오온으로 이뤄진 조건에서 그 조건들로 인한 상황을 벗어나지 못하는 지극히 세속인의 성향을 갖추고 있는 것입니다. 예를 들어 모든 이들이 누리고 있는 재・색・식・명・수財·色·食·命·壽를 통해 생명이 유지되거나 연장되는 오온의 진행 과정을 벗어날 수 없는 사람들에게는 깨달음을 얻기도 어렵고 이해 역시 어렵다는 것입니다. 이것은 분명 이해의 장애인 것입니다.

이러한 이해의 장애를 가지고 있는 수행자라면 참으로 오랜 세월 동안 그 상황에서 벗어나 괴로움의 소멸법칙의 진리를 꿰뚫어 볼 수 없을 것입니다. 자신에게서 일어나는 장애는 모두 자신에게서 생기고 사라지는 조건을 가지고 있습니다. 다만 자신이 그것을 모를 뿐입니다. 대승불교의 화두선에서 깨달음을 구할 때 이와 같은 현상은 존재하며 그것을 이렇게 표현하고 있습니다. "도는 알고 보면 그렇게 쉬울 수가 없어! 세수할 때 코 만지는 것보다 더 쉬워!"라고.

이러한 경지는 대승이나 초기불교의 가르침에서도 일맥상통하는 상황으로서 주제를 꿰뚫어 알았을 때의 그 상태는 거기까지가 설명이 가능한 것으로, 서로 주고받는 언어의 형식으로는 이해할 수 없다고 생각한 것입니다. 그러면 이와 같은 상황일 때 깨달음을 전해 주는 사람覺者은 어떠한 방법을 가졌을까 하는 것입니다. 초기불교의 니까야는 각자覺者의 방법이고, 대승불교의 방법은 견성성불見性成佛[103]에서 찾을 수 있습니다.

103 견성성불(見性成佛)은 대승불교에서 중요한 개념으로, 다음과 같은 뜻이다. 견성(見性): 자신의 본래 성품(본성, 진여)을 깨닫는 것을 의미하며, 여기서 "성(性)"은 모든 중생이 본래부터 가지고 있는 불성(佛性)을 뜻한다. 성불(成佛): 부처가 되는 것, 즉 깨달음을 완전히 이루는 것. 따라서 견성성불은 "자신의 본성을 깨달아 부처가 된다"라는 뜻으로, 깨달음의 핵심을 간결하게 표현한 대승불교의 가르침이다. 이는 수행을 통해 자신의 참된 본성을 깨닫는 것이 곧 불교의 궁극적인 목표이라고 나타낸다. 견성성불과 화두선의 관계를 따로 설명하면, 화두선(話頭禪)은 선종(禪宗)에서 깨달음을 얻기 위한 수행 방법 가운데 하나로 수행자가 스승으로부터 받은 "화두(깨달음의 실마리가 되는 질문이나 주제)"를 집중적으로 탐구하며 수행하는 방법. 화두선의 목적은 견성(見性), 즉 자신의 본성을 깨닫는 데 있으며, 이때 화두는 이성적 사고를 초월하여 마음의 본질을 드러내기 위한 도구로 사용된다. 수행자는 화두를 끊임없이 의심하고 탐구하는 과정에서 마음의 혼란과 집착을 내려놓고, 결국 직관적 깨달음에 이르게 되는 형식이다. 즉, 화두선은 견성성불이라는 목표를 이루기 위한 수행법 가운데 하나이며, 화두를 통해 자신의 본성을 직접 체험하고 깨닫는 길을 제공한다.

팔정도의 올바른 이해

2015. 1. 19.

오온의 모든 조건의 상황이 결국 무아無我이며, 공空이며, 무상無常하다고 해서 부정적이거나 염세주의적인 측면에서 생각해서는 결코 안 됩니다. 왜냐하면 부정적이고 염세적이란 반대하고 싫어해서 생기는 감정의 작용이기 때문입니다. 이 감정 작용은 오온의 행온行蘊으로 인해 일어나는 일종의 윤회적인 괴로움과 연결된 상태라고 할 수 있습니다. 그러므로 오온에서 일어나는 모든 상황을 '있는 그대로' 볼 수 있는 안목을 가져야 하며, 그 안목을 바탕으로 물리적이고 과학적이고 창의적인 탐구로 진실함을 발견해 내어 '괴로움의 소멸법칙'에서 얻은 이해를 통해 사실 증명하는 길 즉 '있는 그대로 보는 것'임을 알아야 합니다. 이러한 안목을 가지는 것은 '법의 눈法眼'으로 해석되고 있습니다. 그러므로 법안法眼이 열린 그 사람은 다음과 같은 생활방식이 갖춰지는 것입니다.

약간 혼란을 일으킬 수 있는 일이긴 하지만 깨달음을 실천하는 이에게 요구했던 고따마 붓다의 가르침 가운데 염오厭惡라는 단어가 사용됨을 볼 수 있습니다. 이때 염오는 단순히 감정적으로 싫어하거나 미워하는 혐오嫌惡와는 다릅니다. 염오는 불교 수행에서 번뇌와 집착으로부터 벗어나기 위한 초기 단계의 마음가짐을 뜻합니다. 이는 단순히 부정적인 감정이 아니라, 고통의 원인을 인식하고 그것을 떠나려는 지혜로운 태도입니다. 이러한 염오의 마음은 깨달음과 해탈을 향한 중요한 발판이 되기 때문입니다. 이러한 마음이 곁들여진 생활방식의 슬기로울 것般若智慧行이라고 표현할 수 있는 다음과 같은 덕목을 열거해 봅니다.

① 정견正見: 바른 견해

② 정사유正思惟: 바른 사유

③ 정어正語: 바른말

④ 정업正業: 바른 행동

⑤ 정명正命: 바른 삶

⑥ 정정근正精進: 바른 수행

⑦ 정념正念: 바른 깨달음

⑧ 정정正定: 바른 삼매

이렇게 깨달음을 가진 사람의 일상에서 불행佛行[104]은 깨닫지 못할 때와는 전혀 다른 양상의 삶의 방식이 연출되고 그 사람은 그 조건에 의해 완전한 행복이라고 하는 열반을 일상생활에서 경험하게 되는 것입니다. 이것은 또한 오온의 집착에서 일어나는 조건의 욕망과 애욕의 경험으로 오는 행복감과는 거리가 먼 것이며 그래서 행업行業이라고 하지 않습니다. 불행佛行이라고 합니다. 그러므로 팔정도八正道는 완벽한 열반으로 향해 가는 깨달은 사람의 일상생활이기 때문에, 불행佛行이라고 하는 것이 어울립니다. 팔정도八正道는 깨달음을 성취한 이에게 자연스럽게 나타나는 생활방식이며 이것은 마치 밥솥에 밥이 다 지어지면 그 밥솥에서 김이 올라오는데, 그 김 냄새를 맡고 밥이 다지어진 상태를 아는 것과 같습니다. 그래서 사람들은 밥솥의 뚜껑을 열지 않고도 밥이 다 되었다고 알 수 있는 것입니다. 물론 그 밥은 여러 가지 상태일 수 있습니다. 좀 설익었거나 질거나 딱딱하거나 아니면 탄 것일 수도 있습니다. 그러나 팔정도는 깨달음을 얻은 사람에게서 언제나 올바르게 나타나고 확인할 수 있는 깨달은 사람의 생활방식이기 때문에, 그 '여덟 가지 성스러운 도닦음의 길'은 깨달음이 없이는 바르게 실천을 갖출 수 없습니다. 그러므로

---

104 일공 스님 지음(2019. 5. 12. 메이커즈프레스) 『Nibbāna』 p.63에서 처음 사용한 표현. 여기서 그 이유에 대해 세 가지로 설명된다. "팔정도(八正道)는 불행(佛行)이다.", "팔정도(八正道)는 사성제(四聖諦) 안에서 활용되는 조항일 뿐이다.", "팔정도는 사성제의 주제인 괴로움의 문제가 해결되었을 때 깨달음을 얻은 자에게 자연스럽게 나타나는 불행(佛行)이다."라고 되어 있다.

불행佛行이라고 하게 되는 것입니다. 다시 말하면 '부처님의 삶'이라는 뜻입니다.

이러한 깨달음을 고따마 붓다는 이렇게 표현했습니다. '이 세상에 처음 있는 일', '이 세상 누구도 발견할 수 없었던 처음 있는 진리', '최상의 가르침'이라고 천명했습니다.

불행佛行의 조건

2015. 1. 20.

불행佛行에 관한 이야기는 수없이 초기경전에 나타나고 설명됩니다. 그것은 많은 사람에게 감명을 주게 되고 또한 수많은 사람을 통해 여러 가지 형태로 설명되고 이해되고 실천되었습니다. 그러나 관념불교에서만은 수행자에겐 이런 이론이 전혀 생소하게 받아들여지고 있음을 필자는 자주 경험합니다. 몇 년 전의 일입니다. 서울에서 수십 년을 포교에만 전념해 온 도반이 있었는데 어느 날 갑자기 '자신의 일대사一大事를 해 마쳐야 하겠다.'라는 생각이 들었다며 문득 찾아와 몇 일 동안 함께 머물다 떠난 적이 있었습니다. 그때 그 도반과 아주 진지한 깨달음과 수행 방법에 관해 이야기를 나누었던 적이 있습니다.

그때 그에게 한 말은 바로 사성제의 이해와 사성제의 주제를 통한 깨달음을 얘기하였는데, 그는 그 사실이 인정되지 않는다고 하여 그에게 되물어 보았습니다. "그러면 스님께서는 어떠한 공부를 하여야 깨달음을 얻게 된다고 생각하느냐?"라고. 그는 거기에 관한 정확한 대답은 하지 않았고 필자가 얘기한 이론에는 전혀 이해할 수 없고 수긍할 수 없다는 눈치였습니다. 그 일이 있고부터 그와의 사이가 공연히 서먹해졌고 그는 몇 일 더 머문 뒤 선방에 간다고 떠나 진제 스님이 주식하고 있는 해운정사 선방에 방부를 드렸습니다. 그때 그를 보고 생각한 것은 이런 것이었습니다. '그의 공부는 이생에서 고따마 붓다의 깨달음과 동질성을 갖춘 깨달음을 얻기란 참으로 힘들다.'는 것이었습니다. 왜냐하면 고따마 붓다의 가르침을 분명히 모르고 있고 배우지 않았고 그 가르침에 전혀 긍정적이지 않았고 깨달음 또한 그렇게 얻는 것이 아니라고 알고 있기 때문입니다. 특히 그가 공부하고 있다는 선방에 선지식은 오래전에 필자가 벌써 저울질한 분으로 후학에게 깨달음을 가르치고 깨달음으로 인도할 만한 선지식이 아니라고 판단했던 분입니다.

고따마 붓다의 가르침에 의해 깨달음을 얻고자 하는 사람이 그 분의 가르침을 통해 깨달음을 얻는 것은 당연합니다. 당연한 사실을 눈앞에 놓고도 지나쳐 버리거나 그의 가르침을 따르지 않고 엉뚱하고 이상한 이론에 머물고 있음에서 참으로 참담함을 느끼게 되는 순간이었습니다.

그러다 소발에 쥐 잡는 격으로, 눈먼 사람이 문고리 잡는 격으로 어떤 견처見處가 생겼다고 하더라도 그것은 고따마 붓다의 가르침에 의해서 얻은 깨달음과 같을 수는 없습니다. 왜냐하면 그것은 괴로움苦과 괴로움의 원인集과 괴로움의 소멸滅을 통해 깨달음을 얻는 사성제처럼 완벽한 가르침과 깨달음이 아니기 때문입니다. 이것은 매우 중요한 주장입니다. 그분 고따마 붓다의 가르침이냐 아니냐의 문제와 깨달음의 동질성이 갖추어진 것이냐 아니냐의 문제이기 때문입니다.

동질성의 앞에서

2015. 1. 21.

누구나 고따마 붓다의 가르침을 배우고 수행하는 것은 그의 가르침으로 그가 발견한 진리를 깨달아 동질성을 가진 깨달음을 얻기 위해서입니다. 그러기 위해서는 그분의 가르침 안에서 깨달음에 대한 가르침으로 이해를 구해야 할 것입니다. 이것을 정도라 하고 수행의 정석에 해당하는 것으로 고따마 붓다는 가르침을 통해서 도를 구하는 가장 합당한 방법을 일생에 전해주었습니다. 이 정도의 상식적인 일에 무관한 사람이라면 마음속에 이미 다른 생각이 있다든지 아니면 상당히 지혜롭지 못한 사람일 것입니다.

그러나 그런 기본적이고 근본적인 문제는 잘못되는 경우가 드물고 앞서 서술하였던 '이해의 장애'[105] 때문에, 가르침과 깨달음의 관계와 목적을 그르치는 경우를 자주 볼 수 있습니다. 그리고 이 글을 쓰는 중에 이곳 인터넷의 지면을 통하여 만남이 이루어진 모든 이들은 다들 가장 순수한 입장이라고 생각하고 있습니다. 설령 자신의 고집스러운 견해를 가진 사람들일지라 할지라도 거기에는 순수함을 볼 수 있었습니다. 왜냐하면 금전을 주고받거나 서로의 어떤 이익을 생각하게 되는 사이가 아니므로 이해의 관계에서 다른 감정을 가지 않기 때문입니다. 사회 전반에서 금전이 개입된 사이가 되면 언제나 잘못된 욕심이 일어나고 그 일 때문에 근본적인 대의를 잃게 되는 경우가 있습니다. 그러므로 이 공간에서는 그런 일은 발생할 수도 없고 이뤄질 수 없다고 생각하게 되었습니다. 그러므로 '이해의 장애'가 생겨날 가능성은 희박합니다. 이것은 고따마 붓다의 가르침에 대한 이해가 그렇게 중요하다는 이야깁니다.

---

105 '이해의 장애'란 고따마 붓다의 깨달음을 위한 가르침과 깨달음을 얻는 것에 장애요인을 말하는 것으로, 사견과 이견을 말함.

불행佛行

2015. 1. 22.

하늘은 항상 하늘이고
바다엔 항상 물과 파도이고
공간엔 항상 바람이고
중생의 마음속엔 항상
애욕·탐욕·시기·질투뿐입니다.

관념의 바다에 들면
그 현상들이
구름인 체·파도인 체·바람인 체
그리고 애욕·탐욕·시기·질투인 체로
모두 평온한 관념의 바다에 들게 합니다.

더 큰 사랑 앞에
더 큰 자비 앞에 서 있는
아주 측량할 수 없는
깨달음을 가진 해탈한 자의 존재는
이제 우리의 눈에는 보이지 않습니다.

그것은
고따마 붓다의
가르침에 귀의하고
그 가르침을 배우고
그 가르침에 의해 수행한 자입니다.

판념의 일들이 쉽지 않고
그곳을 헤매게 되는 것은 오직
가르침에 판단이 서 있지 않았기 때문입니다.

수행을 위해 출가한 사람들이여,
결코
그 길은 어렵고 힘들고 장엄하지만

끝없고 결론 내릴 수 없는 길을
중생들의 고통을 대신 짊어진 성자지만
그것을 더 힘들게 만드는 것은

그 짊어진 무거운 짐 속에는
쓸데없고 잡다한 하찮은 돌과 같은
무거운 물건들만 들어있기 때문입니다.

이제 다 내려놓으시고
고따마 붓다의 가르침에 들어
엄숙하고 숙연한 마음 자세로,
한순간도 쉬지 않고 배워야 합니다.

그러다
괴로움과
괴로움의 원인과
괴로움의 소멸인
'괴로움의 소멸법칙'을
알아차린 자는 항상 법을 보게 됩니다.

그래서
그는 항상
고따마 붓다의 성스러움을
팔정도의 불행佛行으로 나타냅니다.

어리석음의 경계

2015. 1. 23.

깨달음을 얻기 위해서
오직
고따마 붓다의
가르침에 의지하여야 합니다.
그것은 진실이고 변함없는 진리입니다.

그러나
무엇이 고따마 붓다의 가르침인지
분별하지 못한다면 우린 영원히
그분의 가르침에서 깨달음을 얻지 못할 것입니다.

흔히 사람들은 '믿음'을 이야기하지만,

믿음을 이야기하는 대부분의 사람들은
가르침에 대한 확실한 이해에서 생겨나는
견고한 생각보다는 신앙적 믿음으로 생긴
구원에 대한 믿음을 갈망하고 희구합니다.

이것은 믿음이 아니라 맹신이고 맹종이며
그리고 그것은 이해가 아니라 무지의 소치입니다.

이러한 상태가 수행자의 마음속에 담겨있다면
불행한 수행자 불행한 사람이라고 할 수 있을 것입니다.

왜냐하면
이 사람에게서는
아무런 희망과 발전도 없기 때문입니다.

그러므로
이 사람은 결국 불행하고
죽어서도 좋은 곳에 갈 수 없습니다.

그 사람은
좋은 곳에 갈 수 없고,
행복을 누릴 수 없는 조건들을

그 자신이 생산해 내고 있음은
행복한 길을 등지고 있기 때문입니다.

마치
배고픈 사람이
밥을 지을 줄 몰라
생쌀을 씹어 먹거나
굶는 것과 흡사한 일입니다.

그러나 밥을 잘 짓고
밥 짓는 기술이 뛰어난 사람은
자신이 맛 좋은 밥을 지어 먹기도 하고
남에게도 맛있는 밥을 지어 주기도 합니다.

올바른 가르침을 의지해
깨달음을 얻는 것은
마치 이와 같아서
무지에서 영원히 벗어나
완전한 인격체를 이루고
안목을 가진 성자의 길을 살아갑니다.

그는 팔정도를 실천하는
세상에 둘도 없는 스승입니다.

자신을 돌아보는 지혜

2015. 1. 24.

참으로 긴 시간과 공간을
허비하여 지나왔음을 알아야 합니다.

왜냐하면,
고따마 붓다의 가르침에
정통하지 않은 길을 거쳐 왔고
전통을 외면하여 지나쳐 왔기 때문입니다.

이것에 대한 보상은 각자
스스로 찾을 수밖에 없게 되었습니다.

그러는 중에
여러 가지 설명할 수 없는
일은 우리의 앞길을 가로막고 있습니다.

이것을 '이해의 장애'라 합니다.

그것은
누구에게나
현실에서 나타나는
장애의 현상입니다.

그것에 대한 설명은
고따마 붓다의 교설에
모두 다 자세히 담겨있습니다.

이러한 현상이
발생하는 이유 중
'이해의 장애'는
고따마 붓다의 가르침을 올바르게
이해할 수 없게 만드는 것은
가장 치우기 힘든 큰 걸림돌입니다.

오온五蘊에 의한 조건 지어진

모든 욕망과 애욕과 탐욕의 늪에

간탐慳貪의 파도로

언제나 자신을 불안과 갈등

그리고 갈증의 목마름으로 내몹니다.

인간의 욕망 중에

가장 크고 피할 수 없는 것은

색욕이라는 탐욕이 우선입니다.

구족한 수행자의 사색에는

색욕에 의한 윤회의 모습에서

괴로움과 괴로움의 원인과

괴로움의 소멸의 모습을 쉽게 살펴봅니다.

그것은 바로 법의 눈이라고 합니다.

이때 그에게 나타나는 것은 세상의 모든

이치에 대한 올바른 견해가 생기게 되고

팔정도라는 불행佛行을 반드시 가지게 되는 것입니다.

그는 이미 깨달음을 얻은 성자입니다.

그는 오온五蘊의 조건 지어진
모든 상태에서 벗어나 불이 다 꺼진 것처럼
오온五蘊의 감각적 행온行蘊에서 멀어져 있기에
더 이상 어떠한 아주 작은 윤회의 길로 든다거나
괴로움苦의 소산으로 불릴만한 결과를 가질 수 없습니다.

그래서
윤회는 끝나게 됩니다.

열반의 공식

2015. 1. 25.

옛 선지식들이 후학들에게

간절히 공부하기를 권장하면서

들려주는 경훈經訓의 이야기가 있습니다.

'인간의 몸을 받는 것은, 그렇게 쉬운 것이 아니다. 마치 저 높은 하늘에서 바늘을 하나 떨어뜨려 겨자씨를 맞히는 것보다 더 어렵다. 또한 넓은 바다 깊은 곳에 몇천 년을 넘게 사는 바다 거북이는 천 년에 한 번씩 바다 위로 떠올라 목을 걸칠 수 있는 구멍 뚫린 나무를 만나서 그 나무 구멍에 머리를 걸치고 의지해야 햇볕을 쏘일 수 있는데, 그 거북이가 천 년에 한번 깊은 바닷속에서 떠올라 구멍 난 나무도막을 만나는 것보다 더 어려운 일이다.'라고 했습니다.

그러므로 육도윤회六道輪廻를 하면서 사람 몸을 받는 것은, 그렇게 어려운 일이니, 사람 몸으로 태어났을 때 생사윤회生死輪廻에서 벗어나야 한다고 하는 것입니다. 만약 이 몸을 잃어버리고 나면 다시는 사람 몸을 받기 어려움의 기약 없음을 그렇게 표현한 것입니다. 왜냐하면 인간의 몸을 받아 태어났을 때가 공부하기 가장 좋은 적당한 조건을 가진 때이기 때문에 이런 좋은 때를 놓치지 말라고 하는 경훈의 말씀으로 선지식들이 중요하게 사용하던 말씀입니다.

다행히 사람으로 태어나 이 세상을 살아가고 있는 사람들도 자신이 윤회하고 그 윤회 속에서 다른 종種인 네발 달린 짐승이나 하늘을 나는 새와 곤충이나 땅을 기어다니는 파충류 등과 물속을 헤엄쳐 다니는 물고기나 아니면 눈에 보이지 않는 류類인 생명들의 몸을 받아 태어나는 행로를 알지 못하고 있습니다. 다만 자신에게 직접 보이고 느껴지는 것들에 대한 것으로 인해 생겨난 수많은 감정과 행업에 얽매여 있어 윤회하는 행로는 눈에 보이지도 느끼지도 않을 것입니다.

이러한 소선들 때문에 고따마 붓다의 기르침을 이해하기는커녕 귀담아듣지 않게 되는 것입니다. 오온의 조건으로 일어나는 일상의 모든 행업은 충분히 그러고도 남을 만합니다. 예를 들면 요즈음 컴퓨터 게임으로 인해 많은 문제가 발생합니다. 컴퓨터 게임에 심취한 사람들은 자신의 중요한 일까지도 망각하는 경우가 그와 같습니다. 우리 육신의 감각적 욕망에 의한 일들에 심취함이 마치 컴퓨터 게임에 몰두하여 있는 것과 같습니다. 즐거움, 감각적 성취감, 희열에 빠져 빠져나올 수 없는 것이 그와 같습니다.

고따마 붓다의 가르침에서 이러한 욕망은 모두 괴로움이며 괴로움의 원인이며 괴로움의 소멸을 볼 수 있는 학습 자료로 정해놓고 있습니다. 그 학습 자료를 통해 우리는 괴로움과 괴로움의 원인과 괴로움의 소멸을 볼 수 있어야만 깨닫게 되고 마침내 해탈이나 열반을 얻게 됩니다. 이러한 원리와 원칙은 이미 고따마 붓다는 설명해 놓고 있습니다. 즉 괴로움의 소멸법칙인 사성제가 그것입니다. 마치 이것은 수학에서 문제를 푸는 방정식과 같습니다. 그래서 사성제는 열반의 문제를 풀 수 있는 공식입니다.

명상 실천의 올바른 길

2015. 1. 26.

이제 깨달음과 명상을 엮어 이야기할 차례가 되었습니다. 무턱대고 명상이나 참선을 닦아 깨달음을 얻고자 생각하는 사람들이 많이 있고 그래서 무턱대고 명상과 참선을 닦는 사람을 보게 됩니다. 인간의 삶을 다 버리고 출가하여 올바른 가르침을 만나지 못한 사람은 참으로 쉬운 길을 놔두고도 어렵고 고통스러운 길을 가고 있는 것입니다. 그들 앞에는 올바른 지도서[106]가 수없이 놓여있는데 그것을 외면하거나 이해할 수 없어 어려운 길을 택한 것입니다.

오온五蘊의 조건적인 현상들이 현실에서 경험한 어떤 일이 잠재적 기억 속에 쌓여 있으면 오히려 이러한 조건이 깨달음을 얻기 위한

106 초기경전 즉 오부 니까야 모두를 말함.

공부에 방해되기 때문입니다. 그것은 인간의 본능이라는 원인이 장애를 일으키는 것으로써, 괴로움의 소멸법칙이 이해되지 않은 상태로 명상하거나 참선을 닦음으로 마음에 혼란을 겪게 되는 것입니다. 불교에서 명상이나 참선하는 목적은 두 가지로 설명할 수 있습니다. 첫째는 '괴로움의 소멸법칙'을 꿰뚫어 이해하지 못해서 열반의 견해를 얻지 못한 사람이 명상하는 경우이고, 둘째는 '괴로움의 소멸법칙'을 꿰뚫어 이해하고 정견의 견해가 견고하게 이루어졌거나 어느 정도 비슷한 견해를 얻은 사람이 명상하는 경우입니다. 먼저 첫 번째 경우의 사람이 명상하는 방법은 명상 자세를 갖추고 명상하되 우선 '괴로움의 소멸법칙'을 꿰뚫어 이해하기에 힘써야 합니다.

왜냐하면 효과적이고 정통성을 갖춘 명상을 위해서라면 열반과 해탈을 얻을 수 있는 길을 알 수 있어야 제대로 된 삼매를 성취하고 거기에 머물 수 있기 때문입니다. 두 번째의 경우는 이미 결과를 얻은 사람이 명상하는 것입니다. 이것은 팔정도의 삶을 실천하는 사람이라고 설명할 수 있습니다. 공부의 성취에서 오는 덕목이 팔정도이고 팔정도가 반열반을 향한 도닦음이라고 한다면 앉음명상이나 걷기명상이나 아니면 모든 일상생활의 명상에서 삼매의 필수인 정견의 견해가 완벽한 입장이 됩니다. 이런 사람에게는 행·주·좌·와·어·묵·동·정行·住·坐·臥·語·默·動·靜이 삼매 아님이 없을 것입니다.

깨달음을 얻기 위해 공부하는 사람은 무엇을 깨달아야 하는지를 확실히 알아야 하고 무엇 때문에 명상이나 참선해야 하는지 그 목적을 분명히 알아야 효과적인 명상을 할 수 있을 것입니다. 그러므로 두 가지 실례의 명상하는 사람의 경우 첫 번째는 고따마 붓다가 가르쳤던 가르침과 깨달음에 관해 사성제를 꿰뚫어 이해했을 때 비로소 제대로 된 명상이 이루어진다는 것을 알게 될 것이고, 두 번째의 경우 이미 괴로움의 소멸법칙인 사성제를 꿰뚫어 이해한 사람이 명상하는 방법입니다. 후자의 경우 명상은 견해의 올바름 때문에 어떻게 명상하든 올바른 명상을 실천하게 됩니다.

아울러 이것은 고따마 붓다의 가르침에 의한 깨달음을 실현하기 위한 수행과 방법에 해당합니다. 세존의 가르침에서 명상이 중요한 것은 이렇게 두 가지의 중요한 뜻이 있습니다. 그것은 괴로움의 소멸법칙이라고 단정한 현실을 열반이라는 깨달음의 삶으로 살아가게 하는 것이기 때문입니다. 그 삶이 청정범행으로 성취되었을 때, 그는 스스로 지금·여기에서 최상의 지혜로 알고 실현하고 구족하여 머물게 됩니다. 그리고 그는 이렇게 천명합니다. '태어남은 다했다. 청정범행은 성취되었다. 할 일을 다 해 마쳤다. 다시는 어떤 존재로도 돌아오지 않을 것이다.'라고.

이러한 두 가지 명상 방법을 통해 한 사람은 깨달음으로 나아가는 명상을 하게 되고, 다른 한 사람은 깨달음을 이미 얻은 사람의 입장으로 명상하게 되는 것입니다. 그래서 둘의 입장은 목적은 같으나 실천 과정의 차원이 다른 명상이 되는 것입니다.

그러므로 괴로움의 소멸법칙을 깨닫지 못한 이는 명상하는 가운데 머릿속에 수많은 번뇌와 잡다한 의문들이 일어날 수밖에 없을 것이고, 반대로 깨달은 사람의 명상은 그저 깨달음을 언었거나 정견의 견해를 완성한 상태이므로 평온하게 열반과 해탈한 상태가 계속 이어지고 거기에 머물게 됩니다. 깨달은 사람의 명상이기 때문입니다. 바로 팔정도의 삶이 명상 가운데서도 이어지는 것입니다.

여기서 경전 하나를 소개해 보겠습니다. 『맛지마 니까야』[107] 제3권 「마간디야 경」입니다. 여기에서 외도인 마간디야 유행승이 세존께 법에 대한 설법을 듣는 중에 세존께서 매우 중요한 게송을 다음과 같이 읊었습니다.

> "병 없음이 최상의 이득이고
> 열반은 최상의 행복이라.
> 도 가운데 불사不死로 인도하는
> 팔정도가 최고로 안전하네."

107 대림스님 옮김(2012.10.10.) 『맛지마 니까야』 제3권 「마간디야 경」

여기서 표현된 팔정도란 괴로움의 소멸법칙을 완전하게 깨달은 사람의 견해로 이뤄진 결정체라고 앞서 이야기했습니다. 이 정견의 견해가 얼마나 완벽한 것인가를 고따마 붓다는 이렇게 표현해 말씀하고 있습니다. '좋은 가문의 아들들이 집을 떠나 출가하는 목적인 그 위없는 청정범행의 완성을 지금·여기에서 최상의 지혜로 알고 실현하고 구족하여 머물렀다.'라고.

다시 설명하자면 위빳사나 명상에서 깨닫지 못한 사람도 마음챙김과 알아차림을 익히고, 깨달은 사람도 마음챙김과 알아차림을 하게 됩니다. 그러나 이 둘의 알아차림과 마음챙김은 당연히 다를 수밖에 없는 것입니다. 깨닫지 못한 사람의 명상은 사성제를 제대로 이해하지 못했기 때문에 어떤 것이 열반과 해탈의 입장인지 몰라 머릿속에는 수많은 번뇌의 상념이 일어날 수밖에 없고, 깨달은 사람은 사성제를 통한 깨달음을 얻었기 때문에, 열반과 해탈의 정확한 실체를 터득한 정견의 입장이므로 명상에서 삼매에 들어 머물게 되는 것입니다.

그러므로 괴로움의 소멸법칙을 꿰뚫어 이해한 깨달음은 청정범행의 올바른 명상의 바탕이 되지만 깨닫지 못한 사람은 명상이 오히려 번뇌를 일으키는 혼란한 입장을 만들 수 있을 것입니다. 그래서 사성제를 통해 깨달음을 얻고 난 후 명상하는 것은, 바탕이 튼튼한

땅 위에 집 짓는 것과 같고 사성제를 통해 괴로움의 소멸법칙을 얻지 못한 입장으로 명상하는 사람의 명상은 터 닦이도 안된 곳에 집을 짓거나 아니면 공중에 집을 짓는 것처럼 힘들고 어려울 것입니다.

세상의 어떤 일에서건 기본이 가장 중요합니다. 세존의 가르침에서도 사성제의 이해로부터 깨달음이 이루어져야 하고 명상 또한 사성제의 깨달음을 통해서 청정범행이 이루어져야만 가르침에 대한 이견異見과 견혹見惑이 없을 것입니다.

이해와 실천의 어려움

2015. 1. 17.

깨달음에 대한
설명은 참으로 어렵습니다.
그리고 깨달음을 얻기 위한
가르침을 이해하기는 더욱더 어렵습니다.

또한
그 이해를 통해서 깨달은 실천 역시 힘든 일입니다.

그 어려움을 완전하게 해결해 주는 것이 있습니다.
그것은 바로 사성제의 정확한 가르침과 올바른
이해입니다.

명상에서 알아차림과 마음챙김은 중요한 요소입니다.

그러나 사성제의 이해 없이 오온을 조건으로 일어나는 행업만을 알아차리고 마음챙기는 일은 마치 훨훨 타오르는 불꽃이나 쉴 새 없이 일어났다 사라지는 거대한 파도를 관망하거나 살피고 있는 것과 같은 이치입니다.

여기서
판망의 대상이란
이 세상에 태어날 때
오온의 조건 지어진 덩어리 일체를 말합니다.

그러므로 이러한 상태의 알아차림과 마음챙김은 오히려 또 다른 행업의 소산을 만들기에 충분하고 열반과 해탈의 증득을 얻어 관망하여 머물지 못합니다.

사성제의 정확한 가르침과 이해는
올바른 알아차림과 마음챙김을 가져다주지만,
사성제의 정확한 가르침과 이해가 없다면 올바른 알아차림과 마음챙김이 이뤄질 수 없으므로
사성제의 가르침과 이해는 그만큼 중요한 것입니다.

사성제를 정확하게 가르침 받고
바르게 이해하여 깨달음을 성취한 수행자는
더 이상 생사의 일 때문에 의문이 생기지 않습니다.

그러므로 그는 고따마 붓다의 가르친 진리에
변하지 않고 흔들리지 않는 믿음이 생기게 되는 것입니다.
그는 이미 생사를 넘어 해탈과 열반을 거머쥔 삼매에 들어
다시는 윤회 속에 들지 않게 되었기 때문입니다.

그리고 그는
알아차림과 마음챙김
그리고 삼매를 위해서
일부러 힘쓰는 번거로움이나
어리석음에 절대 빠지지 않습니다.

왜냐하면
그는 이미
목적을 성취한
그곳에 머물고 있기 때문입니다.

깨달음에 머무는 방법

2015. 1. 18.

명상은 고따마 붓다의 가르침에 의해 깨달음을 실현하기 위한 또는 이미 깨달음을 성취한 아라한이 이 세상에 머무는 수행방법입니다. 그의 가르침에서 명상이 중요한 것은, 가르침이 현실에서 가르침을 반듯하게 이해할 수 있도록 이끌어 주는 역할과 깨달음을 완벽하게 성취한 사람에게 있어서는 세속의 어떤 생활에서라도 다시는 괴로움의 고통 속으로 빠져들지 않고 윤회의 길로 연결되는 모든 조건을 관망하는 자세로 머무는 역할을 하게 됩니다. 다시 설명하자면 두 가지로 설명한 것 중 전자에 해당하는 사람은 사성제의 가르침을 명상하는 중에 반드시 이해하여 깨달음을 증득하게 된다는 목적의 문제가 남아 있고, 후자는 이미 사성제를 꿰뚫어 이해함을 통해 깨달음을 얻은 사람이므로 명상을 통해 깨달음의 실천인 청정범행의 완성에 머무는 일에 능숙할 것입니다.

이 두 가지의 명상을 통해 한 사람은 가르침을 깨닫지 못함을 명상에서 깨달음을 관철하기를 바라게 되고, 다른 한 사람은 이미 깨달음을 얻은 인격으로 명상하게 된다는 의미입니다.

이때 명상은 '해탈과 열반'이 목적이 되는데, 이 목적은 사성제의 가르침을 꿰뚫어 이해하여 얻은 깨달음을 얻었을 때, 완벽한 명상이 된다고 말할 수 있습니다. 왜냐하면 괴로움의 소멸법칙인 사성제의 가르침에서 깨달음을 얻은 그는 이미 모든 번뇌의 구속에서 완벽하게 벗어나 있기 때문입니다. '해탈과 열반', 이것은 또한 깨달음을 성취한 이에게만 허용되는 경지입니다. 고따마 붓다는 '해탈과 열반'을 경전 속에서 이렇게 네 가지로 표현하고 있습니다. 이것은 제자들의 각자 다른 네 가지의 성향을 나타내는 것이기도 합니다.

"비구들이여, 이 비구승가에는 아라한이 있어서 번뇌를 다했고, 성스러운 삶을 살았으며, 할 바를 다 했고, 짐을 내려놓았으며, 참된 이상을 실현했고, 존재에 대한 족쇄를 부수었으며, 바른 구경의 지혜로 해탈했다. 비구들이여, 이 비구승가에는 이러한 아라한이 있다."라고 아라한이 된 제자들을.....

"비구들이여, 이 비구승단에는 다섯 가지 낮은 족쇄를 부수어 정거천에 화생할不還果 비구들이 있다. 그들은 그곳

에서 열반에 들어 그 세계로부터 다시는 돌아오는 법이 없다.……"라고,

"비구들이여, 이 비구승단에는 세 가지 족쇄를 부수고 탐욕과 성냄과 미혹이 없어진 한 번만 돌아 올一來果 비구들이 있나니 그들은 한 번만 이 세상에 돌아와서 괴로움을 종식시킬 것이다. 비구들이여, 이 비구승가에는 이러한 비구들이 있다."

"비구들이여, 이 승가에는 세 가지 족쇄를 부수어 흐름에 든預流果 비구들이 있나니 그들은 파멸처에 떨어지는 법이 없고 해탈이 확실하며 바른 깨달음으로 나아간다. 비구들이여, 이 승가에는 이러한 비구들이 있다."[108]

그리고 사과四果를 얻지 못한 다른 부류의 제자들에 대해서도 다음과 같이 말씀하였습니다.

"비구들이여, 이 비구승가에는 네 가지 마음챙김四念處의 확립을 닦는 것에 몰두하여 머무는 비구들이 있다. …, 비구들이여, 이 비구승가에는 네 가지 바른 노력四正勤…, 네 가지 성취수단四如意足…, 다섯 가지 기능五根…, 다섯 가지 힘五力…,

108 『상윳따 니까야(Saṃyutta Nikāya) 제22권의 비구승단 경(Bhikkhu Saṃyutta)』

일곱 가지 깨달음의 구성요소七覺支…, 성스러운 여덟 가지의 도八支聖道를 닦는 것에 몰두하여 머무는 비구들이 있다."

"비구들이여, 이 비구승단에는 자애慈를 …, 연민悲을 …, 더불어 기뻐함喜을…, 평온捨을…, 닦는 것에 몰두하여 머무는 비구들이 있다. 비구들이여, 이 비구승가에는 이런 비구들이 있다. 비구들이여, 이 비구승가에는 부정不淨觀을 닦는 것에 몰두하여 머무는 비구들이 있다. 무상의 인식을 닦는 것에 몰두하여 머무는 비구들이 있다. 비구들이여, 이 비구승가에는 이런 비구들이 있다. 비구들이여, 이 비구승가에는 들숨날숨에 대한 마음챙김을 닦는 것에 몰두하여 머무는 비구들이 있다."는 등의 성향에 대하여 말씀하시고 그에 대한 정리를 이렇게 하였습니다.

"비구들이여, 들숨날숨에 대한 마음챙김을 닦고, 거듭거듭 행하면 큰 결실이 있고 큰 이익이 있다. 비구들이여, 들숨날숨에 대한 마음챙김을 닦고 거듭거듭 행하면 네 가지 마음챙김의 확립四念處을 성취한다. 네 가지 마음챙김을 거듭거듭 행하면 일곱 가지 깨달음의 구성요소七覺支들을 성취한다. 일곱 가지 깨달음의 구성요소를 닦고 거듭거듭 행하면 영지靈知와 해탈을 성취한다."[109]라고 했습니다.

---

109 『상응부 경전(Saṃyutta Nikāya)』 제54권인 「마음챙김 경(Satipaṭṭhāna Saṃyutta)」에서 마음챙김의 중요성과 그 실천 방법에 관해 설명하고 있다.

깨달음으로 인도하는 명상

2015. 1. 19.

명상은 깨달음을 얻기 위한 실천 방법인 것만은 사실입니다. 그리고 그 실천 방법에 있어 여러 가지 방법이 존재한다고 생각할 수 있는 것은 비구승가에 비구들이 여러 가지 방법으로 공부하는 모습에서 그렇게 판단이 설 수 있습니다. 그리고 그 방법에서 각자 어떠한 결과를 고따마 붓다에 의해 인정받고 있는 것도 사실입니다.

그러나 고따마 붓다에 의해 인정된 이러한 상황들을 냉철히 관

주요 내용으로 ① 네 가지 마음챙김: 신체, 감정, 마음, 법에 대한 마음챙김 ② 네 가지 바른 노력: 부정적인 상태를 피하고 긍정적인 상태를 개발하는 방법 ③ 다섯 가지 기능과 힘: 신념, 정진, 마음챙김, 집중, 지혜 ④ 일곱 가지 깨달음의 구성요소: 마음챙김, 탐구, 기쁨, 평온, 집중, 통찰, 해탈 ⑤ 성스러운 여덟 가지의 도: 올바른 이해, 생각, 말, 행동, 생계, 노력, 마음챙김, 집중이다. 이 경전에서는 비구들이 이러한 요소들을 닦으며 올바른 수행을 통해 깨달음에 이르는 과정을 강조한다.

찰하여 인정된 부분이 어떤 것인지 판단이 서야 합니다. 깨달음은 지극히 논리적이어야 하고, 지극히 과학적이고 합리적이어야 합니다. 고따마 붓다는 자신의 깨달음에 대한 견해와 그 표현에서 항상 누구에게나 잘 설명할 수 있었고, 고증된 것이었으며, 가르침을 펼칠 수 있었던 것 또한 이러한 논리가 바탕이 되어 있었기 때문입니다. 그러나 사람들은 눈으로 직접 확인할 수 있고 유추해 볼 수 있는 것에서도 언제나 오류를 범할 수 있습니다. 그것은 개인의 성향에 따라 차이는 있겠지만 삶의 과정에서 경험한 여러 가지의 집적된 견해에 대한 애착이 가장 큰 원인으로 나타납니다. 이와 같은 것을 '이해의 장애'라고 할 수 있습니다. 이러한 이해의 장애 때문에 깨달음을 얻게 될 수 없을 뿐만 아니라 늘 판단이 올바르지 않게 되는 것입니다.

고따마 붓다는 비구승가의 대중이 자신의 가르침에 대해 가진 여러 가지 성향을 따라 자신의 법을 가르칠 때 앞서 진술한 것과 같은 내용으로 설명하였던 것입니다. 예를 들어 괴로움의 소멸법칙인 사성제를 꿰뚫어 이해하여 사과四果를 증득하여 해탈과 열반을 얻었거나, 얻게 되거나, 점차적으로 얻게 될 비구들과 그 외에 사념처四念處, 사정근四正勤, 사여의족四如意足, 오근五根, 오력五力, 칠각지七覺支, 팔지성도八支聖道 등을 닦고 있는 비구들과 자慈, 비悲, 희喜, 사捨를 닦거나 부정관不淨觀을 닦거나 무상無常을 닦거나 들숨날숨에 대한 마음챙김을 닦는 것에 몰두하는 비구들을 열거하였습니다.

그러면서 고따마 붓다는 들숨날숨에 관한 올바른 공부 방법과 큰 이익을 말씀하였습니다. 그리고 그 숨을 따라 마음챙기는 것에 대하여서 자세하게 말씀하고 있습니다. 날숨과 들숨의 동선을 따라 마음을 두고 세밀하게 관찰하는 것은 집중을 위한 공부 방법입니다. 이런 것을 통해서 사념처四念處가 성취되고, 칠각지七覺支가 성취되며, 결국은 영지靈知와 해탈解脫을 성취한다고 하였습니다. 이러한 내용이 잘 설명된 경전이 있습니다. 그것은 『맛지마 니까야』 제3권 「사꿀루다이 긴 경」[110]에서입니다.

그냥 무턱대고[111] 들숨날숨에서 영지靈知와 해탈解脫을 성취하기란 매우 어렵습니다. 왜냐하면 들숨날숨에 사념처四念處와 칠각지七覺支가 성취된다는 것이 전제였다면 오히려 그것으로 인해 잡다한 분별의식이 더 많아질 것이기 때문입니다. 이때의 좋은 처방과 정통은 사성제의 주제에 대한 이해가 꿰뚫어 이해된 입장에서 '스스로 최상의 지혜'로 완벽한 판단이 서 있어야 합니다. 이보다 더 좋은 완벽한 방법은 없습니다. '사성제를 통해서 깨달음을 성취한 입장'입니다. 사성제를 통해서 깨달음을 성취한 입장을 완벽하게 갖춘 사람에겐

---

110 대림스님 옮김(2012.10.10. 초기불전연구원) 『맛지마 니까야』 제3권 「사꿀루다이 긴 경」 pp.166~204.

111 "무턱대고"란 '마음챙김'이 제대로 되지 않은 상태를 말한다. 제대로 된 '마음챙김'은 '괴로움의 소멸법칙인 사성제'를 꿰뚫어 이해했을 때 갖춰지는 정견의 견해가 바탕이 된 마음챙김을 말하는 것이다.

들숨날숨에 대한 마음챙김은 거추장스럽습니다. 사성제를 통하여 깨달음을 얻은 자는 자고 있거나 깨어있거나 가거나 오거나 놀거나 남과 이야길 하거나 그 무엇을 하거나 간에 항상 깨어있는 상태일 것입니다.

이 깨어있는 상태란 완벽한 깨달음의 조건을 다 갖추고 있다는 것을 뜻합니다.

들숨날숨의 이해

2015. 1. 20.

이미 앞서 자세한 내용을 밝혔으나 '들숨날숨을 통한 마음챙김은 어떻게 함이 좋은가?'에 대하여 설명해 보도록 하겠습니다. '들숨날숨을 통하여 마음챙김을 하면 큰 이익을 얻게 된다.'라고 경전의 많은 설법 가운데 나타납니다.

"비구들이여, 어떻게 들숨날숨에 대한 마음챙김을 닦고 어떻게 거듭거듭 행하면 큰 결실이 있고, 큰 이익이 있는가?"에 대하여 고따마 붓다는 다음과 같이 언급하고 있습니다.

"비구들이여, 여기 비구는 숲속에 가거나 나무 아래에 가거나 빈방에 가거나 하여 가부좌를 틀고 상체를 곧추세우고 전면에 마음챙김을 확립하여 앉는다. 그는 마음챙기면서 숨을 들이쉬고 마음챙기면서 숨을 내쉰다."

"길게 들이쉬면서는 '길게 들이쉰다.'고 꿰뚫어 알고 pajānāti, 길게 내쉬면서는 '길게 내쉰다.'고 꿰뚫어 안다. 짧게 들이쉬면서는 '짧게 들이쉰다.'고 꿰뚫어 알고, 짧게 내쉬면서는 '짧게 내쉰다.'고 꿰뚫어 안다. '온 몸을 경험하면서 들이쉬리라.'며 공부짓고sikkati '온 몸을 경험하면서 내쉬리라.'며 공부짓는다. '몸의 작용身行을 편안히 하면서 들이쉬리라.'며 공부짓고 '몸의 작용을 편안히 하면서 내쉬리라.'며 공부짓는다."[112]라는 기본 자세를 자세하게 설명합니다.

또한 더욱 자세한 설명을 곁들여

"'희열을 경험하면서 들이쉬리라.'며 공부짓고 '희열을 경험하면서 내쉬리라.'며 공부짓는다. '행복을 경험하면서 들이쉬리라.'며 공부짓고 '행복을 경험하면서 내쉬리라.'며 공부짓는다. '마음의 작용心行을 경험하면서 들이쉬리라.'며 공부짓고 '마음의 작용을 경험하면서 내쉬리라.'며 공부짓는다. …"[113]라며

112 『맛지마 니카야(Majjhima Nikaya』 제118편 「아나빠나사띠 숫따(Ānāpānasati Sutta)」에 수록되어 있다. 이 경은 호흡을 통한 마음챙김 수행법을 체계적으로 설명하며, 특히 몸의 관찰에서 시작하여 감각, 마음, 법(진리)에 이르는 16단계 수행 체계를 담고 있다. 언급된 구체적인 내용은 이 경전의 초반부에 해당하는 호흡의 길이 인식과 전신 경험, 신체 작용의 안정화 단계를 설명한다.

113 주 112 참조.

들숨날숨의 공부로 인하여 '사념처四念處', 칠각지七覺支 등의 성취에 대한 것으로 이어지는 이익을 밝히고 있습니다.

들숨날숨을 통한 마음챙김의 공부를 지음으로써, 결국 깊은 선정과 높은 차원의 삼매를 얻게 되고 '번뇌의 소멸의 구성요소'를 의지하고 놓아버림에 이르는 구성요소를, 법을 간택하는 깨달음에 구성요소를, 정진의 깨달음에 구성요소를, 희열과 경안의 깨달음에 구성요소를, 삼매와 경안의 구성요소를 성취하여 얻게 된다고 하였습니다.

그러나 이러한 공부지음의 방법은 어떤 확실한 구심점을 확보했을 때, 도닦음八正道이 제대로 이뤄집니다. 비구들의 성향에 따라 결과가 다르게 나타날 수 있지만, 가르침과 수행의 중심에 중요한 역할을 따라 세존의 가르침에서 오는 '깨달음'을 바르게 성취할 수 있습니다. 여기에 중요한 역할은 바로 사성제라고 할 수 있습니다. 괴로움의 소멸법지인 사성제 설명의 전후에서 그 관계를 자세히 설명하는 것도 중요하지만 꿰뚫어 이해한 것에 대해서도 깊은 성찰이 필요합니다. 그러므로 모든 가르침은 성찰을 가져야 하는 정도에 있어서 가장 완벽해야 한다며 '스스로 최상의 지혜로 알고 보아야 한다.' 라고 했습니다. 여기서 '알고 본다.'라는 문제는 명상에서 '마음챙김'

과 '알아차림'의 수동적이고 긍정적인 자세를 가지는 중요한 역할을 말합니다. 그러므로 팔정도의 여덟 가지 도닦음의 길로 가도록 하는 것입니다. '의지하고 놓아버림에 구성요소[114]는 깨달음의 언행을 가지고 일생을 바르게 살아가는 방법을 스스로 알게 하는 것입니다.

이것을 방편이라고 합니다. 이 방법의 방편은 결코 관념불교[115]에서처럼 목적을 잃어버리지 않고 행해진 방편을 말합니다. 이러한 방편의 일로 목적한 바가 소실되거나 변질되는 것은 '방편'이라는 말을 붙일 수 없습니다. 그러기 때문에 방편의 가르침을 가지더라도 이러한 기본에 충실해야 한다는 것이 초기불교의 입장입니다.

---

114 '괴로움의 소멸법칙'을 아는 요소 즉 괴로움의 실체(苦)를 보고, 괴로움의 원인(集)을 알고, 괴로움의 소멸(滅)을 꿰뚫어 아는 것.

115 관념불교(觀念佛教): 필자가 만든 신조어이다. 뜻은 '대승불교'라는 것이다. 왜냐하면 대승의 모든 사상과 교리의 실재가 관념적이기 때문이다.

통찰지

2015. 1. 21.

'들숨날숨'의 명상에서 생사의 문제를 해결한다는 원의가 어디에 있을까요? 또한 '생사의 문제'란 무엇을 말하는 것일까요? 이러한 문제를 해결하기 위해 공부하다 보면 예기치 않았던 부수적인 문제로 갈등을 겪게 되는 수가 종종 있습니다. 이것은 육신을 가지고 있는 인간에게서 당연히 일어날 수 있는 한 과정입니다. 그러므로 고따마 붓다와 그의 제자들에게도 충분히 경험되는 현상이었습니다. 이것이 자신을 형성하고 있는 오온의 조건에 해당하는 일로, 특히 오온의 조건인 상태를 통해 신심이 안이라든가 평온과 같은 것을 경험하게 된다면 그것에 현혹되어 갈등을 겪게 되는 시간이 더 길어질 것입니다. 요즈음 사회 전반에서 이러한 명상 경험을 유노하는 명상인들을 적잖게 볼 수 있습니다.

불교인 즉 고따마 붓다의 가르침을 배우고 익힌 사람들은 '들숨날숨'을 통해서 하는 수행은 오직 사성제의 주제인 괴로움의 실체를 확인하고 괴로움의 소멸을 확인하는 과정이 바르게 이뤄져야 합니다. 사성제의 주제인 괴로움이 바르게 이해되려면, 모든 존재에서 괴로움의 실체가 분명히 보아져야만 괴로움을 꿰뚫어 알았다고 할 것이며, 이렇게 되었을 때 '사성제를 통한 깨달음'을 얻었다고 할 것입니다. 바로 이것을 고따마 붓다는 '법을 보는 눈法眼'이라고 하였습니다.

그러나 제자들의 근기根器가 같지 않고 성향이 다르기에 사성제를 이해시키기 위한 말씀과 수행 방법을 달리하였습니다. 명상의 방법에서 '들숨날숨'을 통하여 마음챙김을 하면서 사념처四念處나 칠각지七覺支 등의 뜻을 되새기는 일과 또는 색•수•상•행•식色·受·想·行·識 등에서 무아無我인 것을 확인하는 명상의 방법도 결국은 우리들이 가지고 있는 '성향'에 따라 '나'라는 존재인 오온을 통하여 괴로움의 소멸법칙을 꿰뚫어 알게 하기 위한 수행 방법입니다. 어느 때, 고따마 붓다는 라훌라에게 이렇게 가르친 적이 있습니다.

"라훌라야 물질色이 그 어떤 것이건, 그것이 과거•미래•현재 것이건, 안의 것이건 밖의 것이건, 거친 것이건 미세한 것이건, 저열한 것이건 고상한 것이건, 멀리 있건 가까이 있건, 그 모든 물질色·受·想·行·識에 대해 '이것은 내 것이 아니다. 이것은 내가 아니다. 이것은 나의 자아가 아니다.'라고 이렇게 이것을 있는 그대로 바르게 통찰지洞察智로써 보아야 한다."116라고 하였습니다.

여기에서 '있는 그대로 바르게 통찰지洞察智로써 보아야 한다.'라는 뜻은 '나는 알고 본다.'라는 뜻과 연결되어 해석이 분명해집니다. 다시 연결된 뜻을 설명합니다. '있는 그대로 바르게 통찰지로써 알고 본다.'라는 뜻은 주로 '있는 그대로 본다.'라고 간단하게 말하는 것입니다. 그러나 그 뜻을 이해하기가 쉽지 않습니다. 왜냐하면 '있는 그대로 바르게 통찰지로써 알고 본다.'라는 뜻은, 여기에 통찰지의 이해가 필요하기 때문입니다. 통찰지는 괴로움의 소멸법칙인 사성제가 꿰뚫어 이해되었을 때 작용하는 지혜를 말하는 것으로써, 사성제를 통한 깨달음과 관계가 깊습니다.

그리고 '알고 본다.'라는 내용 역시 '괴로움의 소멸법칙'을 알고 '괴로움의 소멸법칙의 실체'를 본다는 것입니다. 현실의 모든 현상을 괴로움의 소멸법칙에서 교정되지 않은 감각기능에서 본대로 생각하

---

116 『상윳따 니카야』 22.71·22.91. 이 경들은 물질(色)을 포함한 오온(五蘊)에 대한 무아 관찰을 다루고 있다. 또한 『상윳따 니카야(Saṃyutta Nikaya, 상응부)』 제22장 「오온 상응(Khandha Saṃyutta)」 제71경 「라훌라 경(Rāhula Sutta, SN 22.71)」에 있다.

는 대로 그렇게 알고 보는 게 아니라 '괴로움의 소멸법칙'을 적용한 통찰지로써 '알고 본다.'라는 것입니다.

만약 아무것도 가지지 않는 수행자에게 무아無我에 대한 가르침을 주려 한다면, 각자 가지고 있는 자신이라고 생각하고 고집하는 오온五蘊을 학습의 도구로 삼는 것은 대단히 현명한 판단입니다. 고따마 붓다는 일생을 통하여 자신의 깨달음을 제자들이나 일반인들에게 가르치기 위해 이러한 방법을 가장 많이 사용하였습니다. 누구라도 자기 자신을 학습 도구로 삼아 자신의 내면과 밖의 현상을 통해 '괴로움의 소멸법칙'을 꿰뚫어 알게 하였던 것입니다. 인간이 가진 모든 불합리한 조건들[117]을 청산하고 생사와 윤회를 벗어나는 길을 '궁극적인 깨달음'을 통해 관철하도록 하였습니다.

그리고 고따마 붓다는 '들숨날숨'의 가르침을 통해 라훌라에게 이렇게 가르치고 있습니다.

"라훌라야, 안에 있고 개개인에 속하는 딱딱하고 견고하고 업에서 생긴 것은 무엇이건 이를 일러 내적인 땅의 요소라 한다. 예를 들면 머리털·몸털·손발톱·이·살갗·살·힘

---

117 이것은 생사와 윤회의 현실을 통해 결코 멈춰질 수 없는 괴로움(苦)과 괴로움의 원인(集)과 괴로움의 소멸(滅)을 말함.

줄·뼈·골수·콩팥·염통·간·근막·지라·허파·큰창자·작은창자·위 속의 음식·똥이다. 라훌라야, 그리고 그 외에도 안에 있고 개개인에 속하는 딱딱하고 견고하고 업에서 생긴 것은 무엇이건 이를 일러 내적인 땅의 요소라 한다.

내적인 땅의 요소든 외적인 땅의 요소든 그것은 단지 땅의 요소일 뿐이다. 이에 대해 '이것은 내 것이 아니다. 이것은 내가 아니다. 이것은 나의 자아가 아니다.'라고 있는 그대로 바르게 통찰지로써 보아야 한다.…"[118]라고

사대四大; 地·水·火·風의 가르침도 명상을 통해서 사용할 수 있는 수행 방법으로 제시하고 있습니다. 이것은 사성제의 이해와 깨달음을 위한 수행 방법이라고 할 수 있고, 결국 수행자가 '깨달음'을 얻게 되었을 때 바로 사성제의 주제인 괴로움苦의 실체를 깨닫게 되는 유일한 방법인 것입니다.

118 『상윳따 니카야』 22.71「Rāhula Sutta」·『맛지마 니카야』 62경 「Mahā-Rāhulovāda Sutta」.

명상의 소재

2015. 1. 22.

그래서 결국 인간이 가지고 있는 조건五蘊과 인간의 조건에 연결된 느낌識과 그리고 인간이 감지하는 대상의 일체處가 다 명상의 소재가 되는 것입니다. 그것들을 꿰뚫어 관찰하고 거기에서 '이것은 내 것이 아니다. 이것은 내가 아니다. 이것은 나의 자아가 아니다.'라고 바르게 있는 그대로를 관찰해야 합니다. 그것은 들숨날숨의 작용에서도 똑같이 통찰되어야 하고 분명하게 인식되어야 합니다. 그러므로 삼매에 들고, 순수한 깨달음의 입장에서 행복하게 머물게 됩니다.

그러나 분명한 것은 괴로움의 소멸법칙인 사성제의 괴로움苦이 이러한 명상의 모든 소재에서 괴로움의 실체苦와 괴로움의 원인集과 괴로움의 소멸滅의 원리임을 꿰뚫어 알게 된다면 들숨날숨의 명상으로 최상의 지혜와 깨달음을 얻게 될 것입니다.

대부분 사람은 명상의 주제를 바르게 설정하지 못하는 경우 명상에 혼란을 일으키게 됩니다. 이것은 명상 이론의 잘못된 설정과 인식에서 발단하게 되는 것입니다. 왜냐하면 고따마 붓다는 삼천대천세계의 모든 현상을 통째로 괴로움苦이라고 단정하였고 괴로움苦은 벗어나야 할 대상이라고 가르쳤습니다. 그 괴로움에서 벗어남을 해탈/열반이라고 했습니다. 그러므로 명상의 모든 수행에서도 핵심적이고 주관적인 가르침인 괴로움의 소멸법칙을 잊어서도 간과해서도 안 되는 것입니다.

이러한 이해와 '믿음'은 비로소 이때에야 빛이 나는 것입니다. 이러한 믿음이 형성되지 않았다면 아무리 명상을 실천해도 가르침에 대한 깨달음과는 요원할 따름입니다. 그리고 통찰지의 지혜 역시 여기에서 그 역할을 찾게 되는 것입니다. 사성제의 주제, 그것과의 교감을 주는 명상이 되어야 통찰지를 통한 지혜가 개발된다는 뜻입니다.

여기서 중요한 예를 하나 들어보겠습니다. 현대사회에 필수적인 교통수단으로 사용되는 비행기와 자동차와 기차 그리고 배가 있습니다. 그뿐만이 아니라 산업현장에는 각종 기계가 있고 그 기계를 움직이는 엔진이 있습니다. 이러한 엔진이 어떠한 기계에서 빠져있다면 그 기계는 쓸모없게 될 것입니다.

마찬가지로 모든 기계에서 기계를 움직이기 엔진의 역할이 중요하듯, 고따마 붓다의 법의 모든 설법에서 '괴로움의 소멸법칙'이란 사성제의 원론이 빠진 것은 엔진이 없는 기계와 같을 것입니다.

사성제의 역할

2015. 1. 23.

진정한 고따마 붓다의
가르침과 깨달음을 원하는가?

그분의 가르침인
사성제를 꿰뚫어 이해함으로써,
굳은 믿음이 이루어지고
그 믿음으로부터 깨달음을 얻는다네.

사성제의 가르침에서
믿음도 이해도 없다면
고따마 붓다의 가르침을 외면한 사람이네.

사성제를 외면한 수행자는
고따마 붓다의 제자가 아니며
그분의 가르침을 따르는 수행자도 아니네.

땅에서 넘어진 자는
결국 땅을 의지하여 일어나는 법
그분의 가르침을 놓친 수행자 역시
그분의 가르침에 의해 깨달음을 성취한다네.

무엇을 망설이는가?
무엇을 갈망하는가?
무엇을 버릴 것인가?
무엇을 간택할 것인가?

그대가 고따마 붓다의
가르침을 따르기를 원하기나 하는가?
아니면 다른 어떤 이름 모를 이를
스승으로 그의 가르침을 따르고 있는가?

그대가 자신을 확실한
고따마 붓다의 제자로 여긴다면

어서 갖추어진 가르침에 들어오시게!

그것은 사성제의 가르침을
바르게 이해하고 깨닫고 실천함에서
고따마 붓다의 가르침을 실현하는 길이네.

모든 명상에서
모든 생활에서
모든 감각에서
모든 통찰에서

사성제의 가르침을 놓치거나
잃어버리거나
퇴색하게 하거나
하면 안 된다네.

고따마 붓다의 아래로 출가하여
그분의 가르침을 배우는 수행자는
사성제를 항상 가슴에 안고 살아야 한다네.

망상의 진실

2015. 1. 24.

사람들은
가장 가난해야 할 것에서
가장 부유하게 생각하고 삽니다.
헛된 생각을 너무도 많이 가졌습니다.

사람들은
가장 진실해야 할 것에서
가장 많은 거짓을 담아놓고 살아갑니다.
남에게 비굴하지 않게 보이려고 항상 거짓으로 삽니다.

남에게 보이는 것이 소중한 것은 아닙니다.
자신에게 비굴함이 더 비참한 일입니다.
인생은 죽음에서 선과 악이 분명해집니다.

그것은 아무리 남을 잘 속이고
남에게 거짓으로 존경받는 일을 잘하던 사람도
죽음을 앞에 둔 그 진실만은 어쩔 수 없습니다.

마치
한여름 숲속에서
푸른 잎을 자랑하던 나무들이
가을을 지나 겨울이 오면 잎이 다 떨어져
앙상한 가지를 다 보여주는 것과 같습니다.

고따마 붓다의 가르침에서
사성제를 이해하고
깨달음을 얻었다고 함도 그와 같습니다.

아무리 거짓으로 사성제를 이해했고
사성제의 이해를 통해서
깨달음을 얻었다고 하더라도

그의 깨달음은

결국 죽음 앞에서

속일 수가 없게 됩니다.

세상 만물의 이치나

고따마 붓다의 가르침에서

나타나는 결과인

괴로움의 소멸법칙은

모두 다 같은 것입니다.

그래서 이것은 진실입니다.

세존의 설법

2015. 1. 25.

열반을 이야기했고
해탈을 이야기했고

그리고
열반 얻는
법을 이야기했고

열반 얻는
가르침과
방법도 이야기했고

열반은

왜 얻어야 하는 것인지

거기에 대해서도 이야기했고

열반이 아닌 것은 어떤 것이고

열반인 것은 어떤 것인지에 대해서도 이야길 했습니다.

열반 아닌 것은 악처의 구속이고

고통의 연속이며 불안전한 것이며

열반은 최상의 자유와 행복이라고 얘기했습니다.

이것은 세존의 설법입니다.

불가항력의 일

2015. 1. 26.

세상엔
불가항력의 일이 있습니다.

가는 세월은 잡지 못하고
오는 세월도 막을 수 없습니다.

생겨남도 막을 수 없고
늙음과 죽음도 멈출 수 없고
죽고 다시 태어남도 또한 멈추지 못합니다.

이런 것을
고따마 붓다는
괴로움이라고 했습니다.

괴로움은
무상하고 믿을 수 없습니다.
그래서 의지처로 사용되지 않습니다.

괴로움이 아닌 것,
그것은 해탈이고 열반입니다.

해탈과 열반은
유익한 믿음이고
최상의 안전입니다.
그래서 언제나
안온하고 행복한 의지처입니다.

기도

2015. 1. 27.

성자시여,

깨달음을 완성한 성자시여,

진정으로 중생들을 구원하십니다.

세상 사람은

눈과 귀와 마음이

깊은 어둠에 덮여있습니다.

성자시여,

그들을 위해

참회하고 기도합니다.

그들을 위해
온 힘을 실어
그들의
어두운 마음에
등불을 밝게 밝히렵니다.

그들이 가진
오욕과 탐욕은
세존의 법을 만나지 못하면
영원히 윤회를 벗어나지 못합니다.

성자시여,
그들의 욕망과 탐욕이
이제 멈추어 행복함을 알게 하소서.

성자시여,
마지막 남은 힘까지
모든 정성을 그들에게 기우려
어둠과 무거운
짐 진자를 구원하소서.

성자시여,

구원하는 거기에는

특별한 지혜와 신통이 필요치 않습니다.

오직

깨달음에서 오는

여덟 가지 바른길과

그들을 향한 끊이지 않는

관심과 정성만 있으면 됩니다.

오, 성자시여.

뭘 그리 망설이십니까?

지금이 바로 그들을 위해

다시 구원을 펼치기에

가장 적당한 순간입니다.

성자시여,

당신은 이제

깨달음의 밝은 빛으로

그들에게 덮인 어두움을

없애주어야 할 적당한 때입니다.

배우지 못한 비구와 잘 배운 비구

2015. 1. 28.

삶을 살아가면서 누구나 겪어야 할 당연한 일, 다섯 가지가 있습니다. 늙음·병듦·죽음·부서짐·끝입니다. 이것을 세존은 '다섯 가지 얻을 수 없는 일'이라고 말씀하시고, '이것은 사문이건, 바라문이건, 신이건, 마라건, 범천이건, 이 세상의 누구라도 얻을 수 없다.'라고 하였습니다.

"늙지 말라고 하는 것은 얻을 수 없는 것이다. 병들지 말라는 것은 얻을 수 없는 일이다. 죽지 말라는 것은 얻을 수 없는 일이다. 부서지지 말라는 것은 얻을 수 없는 일이다. 끝나지 말라는 것은 얻을 수 없는 일이다. 이 세상 누구라도 얻을 수 없는 일이다."[119]라고 말씀하였습니다.

119 『앙굿따라 니카야(Anguttara Nikaya)』 AN 5.57

그러므로 나라고 단정하는 것은 물론, 나라고 단정한 것의 모든 요소를 통해 느껴지고 경험되는 것들조차 이 다섯 가지의 범주에서 벗어날 수 없습니다. 이러한 요소들과 조건들은 우리에게 어쩔 수 없이 그 상황을 받아들이게 만들고 결국 한없는 낙심과 슬픔으로 끝을 맞이하게 만듭니다. 그것을 세존은 이렇게 묘사하고 있습니다.

"비구들이여, 배우지 못한 범부[120]에게 늙음은 온다. 다시 비구들이여, 배우지 못한 범부에게 병은 온다. 비구들이여, 배우지 못한 범부에게 죽음이 온다. 비구들이여, 배우지 못한 범부에게 부서짐은 온다. 비구들이여, 배우지 못한 범부에게 끝은 온다. 그는 늙음·병·죽음·부서짐·끝이 올 때 이와 같이 숙고하지 않는다. '오직 나에게만 늙음·병·죽음·부서짐·끝이 오는 것이 아니라 오고 가고 죽고 태어나는 중생들에게 늙음·병·죽음·부서짐·끝은 온다. 그런데 늙음·병·죽음·부서짐·끝이 올 때 내가 만약 근심하고 상심하고 슬퍼하고 가슴 치며 울부짖고 광란하게 되면, 밥도 나를 즐겁게 하지 못할 것이고 몸도 추하게 될 것이고 일도 할 수 없을 것이고 적들은 기뻐할 것이고 친구들은 우울하게 될 것이다.'라고, 그는 늙음·병·죽음·부서짐·끝이 올 때 근심하고 상심하고 슬퍼하고 가슴 치며 울부짖고 광란하게 된다.

120 사성제의 가르침을 듣지 못하고 이해하지 못한 사람.

비구들이여, 이를 일러 근심의 독화살을 맞은 배우지 못한 범부라고 한다. 그는 오직 자신을 태운다."[121]

그리고 고따마 붓다는 잘 배운 성스러운 제자에게도 늙음·병·죽음·부서짐·끝이 오는 것을 말씀하시고 그들은 어떻게 늙음·병·죽음·부서짐·끝이 올 때 어떠한가에 대하여 이렇게 묘사하고 있습니다.

"비구들이여, 잘 배운 성스러운 제자에게도 늙음·병·죽음·부서짐·끝은 온다. 그는 끝이 올 때 이와 같이 숙고한다. '오직 나에게만 늙음·병·죽음·부서짐·끝이 오는 것이 아니라 오고 가고 죽고 태어나는 중생들에게 늙음·병·죽음·부서짐·끝이 온다. 그런데 늙음·병·죽음·부서짐·끝이 올 때 내가 만약 근심하고 상심하고 슬퍼하고 가슴 치며 울부짖고 광란하게 되면, 밥도 나를 즐겁게 하지 못할 것이고 몸도 추하게 될 것이고 일도 할 수 없을 것이고 적들은 기뻐할 것이고 친구들은 우울하게 될 것이다.'라고, 그는 늙음·병·죽음·부서짐·끝이 올 때 근심하지 않고 상심하지 않고 슬퍼하지 않고 가슴 치며 울부짖지 않고 광란하지 않게 된다.

---

121 『상윳따 니카야(Saṃyutta Nikāya)』 제36장 「웨다나상윳따(Vedanāsaṃyutta)」 제6경 「Arogapariyesanā Sutta」

비구들이여, 이를 일러 근심의 독화살을 뽑아버린 잘 배운 성스러운 제자라 한다. 배우지 못한 범부는 근심의 독화살을 맞고 자신을 태우지만, 근심 없고 화살을 뽑아버린 성스러운 제자는 오직 자신을 완전히 열반에 들게 한다."[122]

그러면서 붓다는 다음의 게송을 들려줍니다.

"근심하지 말고 슬퍼하지 말기를!
그것은 이익이 별로 없다네.
그가 근심하고 괴로워하는 것을 알고 적들이 기뻐한다네.
이유를 잘 판별하는 현자는 재난에 낙담하지 않고
그의 얼굴이 바뀌지 않고 전과 같이
평온한 것을 보고 적들은 괴로워한다네.
화려한 말과 만뜨라와 금언과
많은 보시와 전통을 통해서
어디서건 이익을 얻거든 거기서
그러한 노력을 하기를,

122 『상윳따 니까야(Saṃyutta Nikāya)』 제36장 「베다나 상윳따(Vedanāsaṃyutta)」 제6경에 수록된 「Arogapariyesanā Sutta」 SN 36.6

그러나 그는 이러한 이익은
나도 남도 얻지 못한다는 것을 알아야 하리.
근심하지 말고
'이제 이 굳센 업을 어떻게 할 것인가?'라고
견뎌내기를!"

참으로 열반의 경지를 잘 표현한 말씀이라서 이렇게 옮겨보았습니다.

세상에서 가장 위험한 일

2015. 1. 29.

이 세상에는
아주 위험한 일이 있습니다.

사람의 목숨을 위협하거나
생명을 죽이는 일보다
더 위험한 일입니다.

정통적이지 않고
전통적이지 않으면서
정통적이고 전통적이라고
고집하는 것입니다.

이것은

매우 위험한 사견의 일로

정견의 견해에 맞서는 일입니다.

그래서

많은 사람은 유익하지 않은

나쁜 영향을 받게 됩니다.

특히 종교에서,

그와 같은 일은

다른 이들의 정신적 피폐를 가져오고

'믿음의 불구자'로 만들 확률이 높습니다.

'믿음의 불구자',

그것은 전쟁을 통해 발생하는

'육체적인 불구'보다도 더 흉물스럽습니다.

사회를 병들게 합니다.

인생을 병들게 합니다.

모든 이들의 영혼을 병들게 합니다.

신들이나 정령들까지도 혼란을 줍니다.

바른 믿음은 올바른 깨달음에서 옵니다.

올바른 깨달음은 정확한 가르침에서 옵니다.

정확한 가르침은 처음과 중간 그리고 끝이 좋습니다.

불분명한 가르침은 실천할 수 있는 것이 하나도 없습니다.

결과를 알 수 없고, 유익함이 손에 잡히지 않기 때문입니다.

내생과 미래는 불분명한 가르침에서 자주 사용되는 희망입니다.

사람들은

우선 오온으로 조건 된

몸에서 일어나는

감각적 감정의 격함을

편안하게 잠재우는 명상을 합니다.

그것은 오온의 작용을 통해

불안해진 감정을 위로할 뿐

더 이상의 명상의 가치를 가지지 않습니다.

최상의 가르침에 의한 평온은 아닙니다.

해탈·열반이 뭐 어렵나요

2015. 1. 30.

좀 더 쉬운 방법으로
해탈과 열반을 생각해 보겠습니다.

일상에서 우리들은
해탈과 열반을 자신과
먼일이라고 생각합니다.

왜냐하면 오온의 조건 지어진
모든 현상은 갑자기 죽음을 맞이하거나
갑자기 변하여 흉물스럽게 되지 않는다고 생각합니다.
설령 모든 이들이 그렇게 되더라도
자신은 그런 일을 절대 겪지 않을 것이라 믿습니다.

죽음이나 불행은 당장 눈앞의
자신의 현실에서
전혀 경험되지 않는
그런 일로 생각합니다.

자신이 직접 죽음과 불행을 경험할 수 있는
일들이 일어나 그것을 경험하는 사람들은
언젠가 자신에게도 닥칠 수 있는 일이지만
대부분 그렇게 심각한 일로 여기지 않습니다.

이 이야기는
참으로 짧은 내용이지만
해탈과 열반을 실천하는 사람에게는
매우 중요합니다.

왜냐하면, 이 문제는
고따마 붓다의 가르침에 의해
해탈과 열반을 실천하는 이들에게
깨달음과 청정범행과
직결되기 때문입니다.

보살도를 배워 닦거나
보살도를 닦아 불과佛果를 이루려는
대승의 보살학도들에게는 어울리지 않습니다.

불과佛果를 이루는 것과
해탈과 열반을 얻게 되는 것은
현격한 차이가 결과로 나타납니다.

언뜻 생각하면
그게 그 소리 아니냐고
생각하기 쉽습니다만
절대 그렇지 않습니다.

앞으로 남은 지면에서는
이것을 차별화해서 설명해 갈 것입니다.

대승과 초기불교의 비교

2015. 1. 31.

초기불교의 목적인 열반과 대승불교의 목적인 성불은 전혀 다른 내용입니다. 많은 문헌에서 이 둘의 내용이 똑같은 의미로 해석되기도 합니다. 그러면서 이를 두고 많은 사람은 동질성을 이야기하면 별문제 될 것이 없다고 여깁니다. 그리고 어떤 이들은 같은 뜻을 가진 쪽으로 이해되어야 한다고 하면서도 사성제의 가르침을 통한 열반과 해탈을 그리 달가워하지 않으며, 오직 성불成佛만이 대단한 것인 양 주장하고 있습니다. 그리고 고따마 붓다의 깨달음을 위한 가르침을 통해 얻은 깨달음으로 얻어진 결과에 대해서는 아예 눈길도 주지 않으면서, 그것은 몰라도 된다는 식의 수행 생활을 하고 있습니다.

바로 이것은 우리나라의 불교에서 일어나는 전반적으로 경험되는 일입니다. 그런데 여기에서 더욱 걱정되는 것이 있다면 그들도 다 들 정통성과 전통성을 주장하고 있으며 자신이 가장 잘 알고 있는 양 많은 신도나 상대에게 가르침을 베풀고 있다는 사실입니다. 이들은 막상 고따마 붓다의 가르침에 대해서는 문외한처럼, 배울 뜻도 없고 이해도 할 수 없고 이해하고자 노력도 하지 않는다는 사실입니다. 그저 처음부터 '이뭣꼬?'만 찾으면 모든 일들이 다 해결된다는 식의 교육을 받고 지내온 것이 그들을 그렇게 만들어 버렸습니다. 이런 형식의 교육이 정말로 효과적이고 필요했던 것이라면 벌써 고따마 붓다가 먼저 그의 제자들에게 소개하고 가르쳤을 것입니다.

성불사상成佛思想으로 인한 수많은 잘못된 이론은 대승경전 전체에 고스란히 담겨 나타나고 있습니다. 거기에 나타난 수많은 이론은 모두 한결같이 성불이론成佛理論뿐입니다. 그 경전에 나타난 성불이론은 모두 다 허상입니다. 성불이 허상이고 그 이론이 허상이기 때문입니다. 왜냐하면 거기에서는 진실과 어울리는 실천의 길이 불가능한 일로 다루어져 있습니다. 많은 사람이 악업을 짓지 않게 하고 선업을 쌓게 하고 성불과 보살도라는 결과를 이루게 하려는 배움을 요구하고는 있지만, 그것은 고따마 붓다에 의해 설해진 가르침과는 절대 동질성을 가질 수 없습니다. 더구나 역사적 근거는 인정될 수 없고 경전에 나오는 인물 또한 실존한 흔적을 찾을 수 없습니다.

경전의 내용 역시 모두 소설처럼 꾸며진 얘기에 불과합니다. 그런 경전에 학자들은 주注와 초소草疏까지 달았다는 것은 참으로 웃지 않을 수 없는 것입니다. 그렇게 많은 대승 경전에서 나타나는 수많은 불·보살의 등장이며, 그 불·보살들의 역할이며, 수행이며, 원력이며, 원력의 공덕과 가피와 제도의 일이 현실을 압도하고 있고 그것은 참으로 대단히 감동적인 종교소설의 역할을 충분히 해왔습니다. 이 감동적인 종교소설에 의해서 새로운 불교의 문화가 창조되고 발달하게 되었던 것은 더욱 난해한 입장입니다. 그러나 그보다 더 이해할 수 없는 것은 지금까지 그것에 대한 믿음의 탐욕과 욕망이 이어지고 있다는 것입니다.

그러한 허상에 대한 욕망과 탐욕은 수많은 세월이 흐르고 거짓의 실체가 밝혀진 지금까지도 조금도 변하지 않으면서 오히려 그 욕망과 탐욕에 가르침을 만들고 더욱 중흥해 가려는 것 때문에 불교는 더없이 추한 모습으로 변질되어 전락하고 있습니다.

초기불교에서 해탈과 열반은 인간이 가진 불완전한 보는 조건에서 완전히 벗어남을 의미합니다. 그리고 성불이란 초기불교에서는 사용된 적이 없는 용어이며, 대승이 성불사상에서나 나타나는 신조어에 해당합니다. 그러나 지금은 대승의 권역에서 가장 많이 사용되고 신성시하는 용어로 자리하고 있습니다. 이러한 용어의 사용이나 거기에 맞는 상황설정을 만들어 놓은 것은, 인간의 감성을 부추기고 선동시키는 일로 일반적인 신앙생활의 부흥을 위한 것입니다. 초기 불교의 가르침과 가장 상반된 논리의 전개로 알려져 있고 대승의 어떤 교리의 이론도 완벽한 '괴로움의 소멸법칙'의 정견의 견해를 갖추어 설명할 수 없게 되었다는데 큰 오점을 남기게 되었습니다. 이렇게 대승에서는 고따마 붓다의 가르침이 몽땅 다 빠지고 새로운 불교가 탄생하게 된 것입니다.

정통이라는 빛

2015. 2. 1.

사성제를 통해 깨달음을 얻고,
해탈과 열반을 증득하는 것을,
가장 방해하는 요인이 있다면, 그것은
바로 우리들이 가진 모든 생사의 업에서입니다.

그것은 모든 이들이 머리를 끄덕이며
긍정하는 일이긴 해도 막상 해탈과 열반의
입장을 경험하기 위한 수행에 있어 우리들의
모든 생사의 업業을 가진 오온의 조건 지어진 것들
때문에, 언제나 결단을 내리지 못하고 망설이게 됩니다.

이러한 현실은
모든 이들이 스스로 가진
욕망과 탐욕에 얽매인 상태가
끊을 수 없는 질긴 밧줄에 묶여 있기 때문입니다.

이런 상태를 인정하여
그 현실에 맞서는 불교가 탄생한 것은
바로 관념 수행을 가진 대승불교의 이론입니다.

그러므로,
초기경전의 고귀함을 대승경전에 비교한다는 것
그 자체가 격에 맞지 않은 일이긴 하지만, 수많은 세월의
흐름 속에서 대승불교가 발전해 왔고 역사를 만들었습니다.

그러나 고따마 붓다의 가르침은
어떠한 불교가 태동하여 역사를 가졌더라도
다시 살아나야만 불교가 바르게 전해질 것입니다.

어떠한 비난에 의한 판단은
원의를 벗어났을 때 나타나는
너무나 당연한 현상입니다.

바로 불교는 분파되면서
원의를 벗어났고, 계율은 또한
가르침을 지키지 못한 허물을 안고 있습니다.

가르침의 원의가 없는데
계율만 지킨다고 하는 것은
알곡이 없어진 곡식의 껍질만
지키고 있는 것이나 다를 바 없습니다.

가르침의 원의를
언제나 바로 서게 만들면
불교는 이렇게 비참할 정도로
변모되고 망가지지 않았을 것입니다.

벌써 가르침의 원의를
앞서 설명해 마쳤기에
이 말을 할 수 있는 것입니다.

대승불교는 관념의 신행에서
하루빨리 벗어나지 않는다면
이러식음은 나날이 쌓여가 그것은
고따마 붓다의 정법을 더욱더 훼손할 것입니다.

깨달음의 빛

2015. 2. 2.

고따마 붓다의 가르침을 배워

깨달음을 얻고자 하는 사람은

이렇게 보고 배우고 따르고 알아야 합니다.

사성제四聖諦는

고따마 붓다의 진실한 가르침이라고.

사성제四聖諦의 가르침은

빛이요 광명이요 생명이라고.

사성제의

가르침을 이해함은

모든 번뇌와 탐욕을 벗어나
진실한 행복의 길로 들어섬이라고.

사성제의 이해를 통해
깨달음을 얻은 이는 번뇌와
생사에 다시는 빠지지 않기 때문입니다.

이렇게
고따마 붓다의 가르침을
이해하고 깨달은 이는
가장 올바르게
할 일을 다 해 마친 것입니다.

이렇게 보고 알아서
깨달음을 얻은 사람은
모든 번뇌를 물리친 사람,
모든 갈등에서 벗어난 사람,

모든 탐·진·치를 물리친 사람,
모든 고통을 벗어나 행복을 얻은 사람,
모든 싸움에서 이겨낸 위대한 승리자입니다.

열반과 성불의 가치

2015. 2. 3.

열반의 결과는

성불이 가지고

있는 뜻과 다릅니다.

그러므로

이렇게 말할 수 있습니다.

'열반은 성불을 원하지

않아도 스스로 가치가 있고,

성불은 열반을 필수로 그 가치를

찾을 수 있다.'라고 말입니다.

이유는 이렇습니다.

열반은 그 자체가
만족스러운 결과이기 때문이고,
성불은 그 자체가 애매모호함을 간직하고 있으므로
열반이란 검증이 반드시 이루어져야 만족하기 때문입니다.

모든 존재의 끝

2015. 2. 4.

열반은

더 이상 생사가

존재하지 않은 경지이고

성불은 아직 할 일이 남아 있으므로

중생의 생사와 제도라는 연관성을 가지고 있습니다.

이것은 성불의 역할을 의미하는

불보살의 원력과 가피와 구원의 뜻입니다.

그것은 또한 중생 노름에 탐닉하는

결과도 가지고 있어서

매우 난해한 혼동이 일어납니다.

그러나 중생의 입장으로는
대단히 고마운 일이 아닐 수 없습니다.

왜냐하면,
보살학도와 부처님들까지
모두 다 혼신을 바쳐
중생을 구원한다고 하니,
얼마나 고맙고,
감사한 일이겠습니까?!

관념불교의 할 일이란,
모든 중생이 보살도를 닦아
모두 다 함께 성불하는 일입니다.

그것은 청정한 세상이고
한없이 자비로운 세상이고
감사와 봉사와 원력이 충만하여
원망과 갈등과 투쟁을 넘어 화합으로, 평온으로
무한한 환희의 세계로 향하는 아름다운 길입니다.

이것을 극락이라고 표현하여
『아미타경』이나
그 외의 관념불교의
경전에 수록된 내용입니다.

영원히 끝날 수 없는 중생들의 고통을
영원히 끝나지 않을 용감무쌍한 자비의 원력으로
어쩌면 한없이 무지하고 우유부단한 몸짓으로,
그렇게 살아가는 길을 택하는 것은
중생을 한없이 연민하고 사랑하는
마음이 너무나 크기 때문입니다.

그러나 그것이
커다란 실수인 줄
그들은 모르고(?) 있습니다,

이 커다란 실수는
탐·진·치 삼독의
어리석음에 해당하는
독배의 잔을 아름답고 맛나게 만들어

중생과 더불어 불보살들이 함께 들이마시고
죽음의 길을 평온이라며 맞이하는 것과 같습니다.

슬픈 일입니다.
안타까운 일입니다.
극락정토는 본래 없고
아미타불 역시 본래 없는데
구원한다는 것은 모두 허상뿐입니다.

이것이 끝인 줄
대승의 선지자는 알았고
마지막 장식을 그렇게 표현하고 갔습니다.

사성제의 반란

2015. 2. 5.

본 연제는 정확히 말해
대승권역에서 보자면
'사성제의 반란'에 해당합니다.

왜냐하면 사성제의 원의가
실추되거나 소실된 입장을
바로 세우려 하고 있기 때문입니다.

고따마 붓다의 가르침이
올바르게 놓이게 되려면
사성제의 교의가 제자리를 찾아야 합니다.

사성제의 이론이 정립되지 않은 채로
어떤 훌륭한 가르침을 펼친다고 하여도
그것은 고따마 붓다의 가르침이 될 수가 없습니다.

여기에서
주장하고자 하는 것도 그것이고
정립하고자 하는 것도 그것이며
증명하거나 고증하려는 것도 그것입니다.

고따마 붓다의 제자가
사성제의 가르침을 잃어버리게 되면
그분의 가르침을 올바르게 배울 수 없습니다.

모든 교리의 가운데
모든 가르침의 가운데
항상 사성제는 자리하고 있으므로

사성제를 배우는 수행자는
사성제의 이해를 통해야만
원만하고 훌륭한 깨달음이 성취됩니다.

사성제가 성스러운 가르침이고

사성제가 성스러운 진리이듯이,

사성제는 언제나 가슴에 품고 살아야 합니다.

사성제의 이해로

깨달음을 성취한 이는

계율을 세우지 않아도 스스로 갖추어지고

교학을 더 배우지 않아도 모든 가르침에 밝으며

수행을 별도로 하지 않아도 항상 열반의 안목이 열립니다.

그러므로

그의 삶은

다시는 생사의

윤회에 들지 않습니다.

왜냐하면,

그것은 성스러운 가르침에 의해

성스러운 깨달음을 이미 얻었기 때문입니다.

그래서

그는 스스로

성스러운 길을

가게 되는 것입니다.

깨달음을 얻는 길

2015. 2. 6.

깨달음을 얻은 이는
무엇을 하든 어디 있든
그는 항상 해탈한 모습입니다.

불교를 배우고
가르치는 이는 많아도
고따마 붓다의 가르침을
꿰뚫어 아는 이는 드뭅니다.

불교를 가르치는 사람도
불교를 배우고자 하는 사람도
모두 사성제로부터 배움이 시작되어야 합니다.

참선과 명상에서
바르게 정진하고자 하는 사람도
사성제의 이해를 통해
정진해야 깨달음을 성취합니다.

이것은 변함없는 원칙입니다.
왜냐하면 사성제의 이해는
무명에서 벗어나는 일이기 때문입니다.

고따마 붓다는 말했습니다.
'무명은 사성제의 무지'라고.

경전의 모든 설법이
무명을 벗기 위한 가르침이라면
이 말씀에 진실로 집중해야 합니다.

다른 말씀은 이해하지 못해도 상관없습니다.
그러나 사성제만은 꼭 숙지하고 이해하고
거기서 '괴로움의 소멸법칙'의 실체를 보아야 합니다.

사성제가 아닌 다른 교리로
깨달음을 얻었다면, 그것은
고따마 붓다의 가르침에 의한
깨달음을 얻었다고 할 수 없기 때문입니다.

이제 비로소
사성제의 반란은 시작되었습니다.

사성제의 교의를
외면하거나 폄훼하거나 하는
모든 이론과 행위를 가진 흔적을
사성제는 충분히 바로잡을 수가 있습니다.

지극히 청정한 물과 공기는
모든 생명의 에너지원입니다.

이와 같은 것이 바로 사성제입니다.

번뇌의 소멸

생사의 단절

윤회로부터의

벗어남을 배우는

모든 이들은 사성제에서

그 해답을 찾아야 합니다.

만약에 사성제를 이해하고

사성제의 이해를 통해 깨달음을 얻은 사람이

고따마 붓다의 다른 교설에서 이해가 잘 안되거나

관념불교의 관념 세계의 오염된 실체가 보이지 않는다면

이것 역시 사성제를 꿰뚫어 이해하지 못했다는 증거입니다.

그러므로 이런 사람은

다시 사성제를 공부해야만 합니다.

※ 어쩌면 이런 게송 형식의 연재는 앞으로 얼마 동안 계속 이어질 것입니다.

관념불교의 이해

2015. 2. 7.

관념불교의 직관의 일은
분석적인 일인 사성제의 꿰뚫는
이해가 다 끝나고 나서야 할 일입니다.

직관의 일이 매우 중요한 것은
실제로 유익한 것이고 영원히 변함없는
정리된 것을 확인하는 작업이기 때문입니다.

그것은 또한 분석을 바탕으로
실존의 사실[123]을 증명하기 때문에

123 실존의 사실: 있는 그대로 보는 것을 말한다. 즉 정확한 정견의 견해.

분석의 과정이나 원인 규명 같은
핵심 요인을 거치지 않고는 나타날 수 없는 것입니다.

그러므로
눈에 보이지 않는
정신적인 문제라고 해서
그렇게 간단하게 생각하거나
책임 없이 여기면 곤란합니다.

세상에 어떠한
작고 하찮은 일일지언정
시작과 과정과 결과는 분명합니다.

그래서 인과에 대한 것 또한
공부 지어감에 경종을 울려주는
가르침이라고 할 수 있는 것입니다.

과학의 발달은
우주의 어디라도
갈 수 있는 세상이 되었습니다.

만약 우리가 우주선을 띄워
목성이나 토성 아니면 달에 간다고 합시다.

목적하는 그곳에 가기 위해서는
여러 가지 준비와 계획을 올바르게 세워야 합니다.

여기에 준비와 계획에 따라
우주선을 띄워야 하는데,
그 준비와 계획이 엉터리라면
우주에 띄워진 우주선의 향방이나
다시 지구로 되돌아온다는 것은
아예 기대할 수조차 없을 것입니다.

그러나 준비와 계획이 잘된
우주선의 발사는 처음부터 끝까지
그 향방을 지켜볼 수 있고, 그 우주선과
교신도 가능하고, 그 우주선을 제어도 하여
그 우주선이 임무를 무사히 마치고
지구로 되돌아오는 데 문제가 없을 것입니다.

고따마 붓다의 가르침에서도
이러한 이론의 완벽함은 시도되어야만 합니다.
그리고 그 완벽함에 의한 고찰과 철두철미한
실천적 실험 과정에서 확고한 결과를 발견하게
되었을 때,
고따마 붓다의 가르침은 바르게 정리될 것입니다.

그 중심에 사성제의 모습이
올바르고 아름답게 묘사되어
자리 잡고 예쁘게 앉아 있어야 하겠지요!

깨달음의 동질성

2015. 2. 8.

고따마 붓다가 깨달음을 얻었습니다.

뒷 날 이 깨달음은 많은 제자가 공유했고

그들은 모두 스승인 고따마 붓다처럼 아라한이 되었습니다.

아라한은 생사와 윤회 속에 들지 않습니다.

이러한 가르침은 고따마 붓다가 발견한 진리입니다.

그는 자신이 발견한 진리를 더 많은 이들에게 알리기 위해

45년 동안 몸소 자신은 이 세상에 다시 돌아올 수

없는 열반과 반열반의 모습을 확실하고 분명하게

보여주었습니다.

그것이 기록되어 전해진 것이 그의 말씀입니다.

세상엔 그의 소중한 말씀을 기록한 경전이 전해집니다.

그것을 우리는 경전이라 못하고 초기경전이라고 하게

되었습니다.

구석지고 구겨진 생각을 가진 이들에게

세속적인 욕망은 늘 끈질기고

그들을 끝내 윤회 속에 들게 합니다.

그들의 구겨진 생각에 동조한 이들이 있습니다.

그것은 관념적 사상을 가진 대승불교도들입니다.

그들의 구겨진 생각은 중생을 너무 연민하게 여긴 나머지

손자를 사랑하는 할머니 할아버지처럼 과오를 범했습니다.

너무나 큰 죄를 지은 그들이라서

어떻게 단죄할 길이 없게 되었습니다.

하나의 커다란 굴렁쇠처럼 되었습니다.

그 굴렁쇠는 처음과 끝이 없습니다.

시작도 밝힐 수 없고 끝도 찾을 길이 없으므로
마치 문제는 있는데 문제를 해결할 수 없게 되었습니다.
그러므로 그 문제는 역사도 없고 근거도 없습니다.
그게 문제라면 문제가 되는 아주 중요한 문젭니다.

그러나 그들은 그것을 문제 삼지는 않습니다.
왜냐하면 그것은 문제 삼았을 때 문제가
커질 수 있음을 잘 알고 있으므로 그러는 것입니다.

우린 모두 다
동조자와 공모자의
위치에 서 있습니다.

문제 삼는 자
그는 커다란 역행을 하고
대단히 큰 잘못을 저지른 자가 되어
그냥 지옥도 아닌 한 번 들어가면 영영
나오지 못하는 무간지옥에 떨어진다고 합니다.

이제 새해부터는

이런 유치한 불교는 벗어놓고

참다운 고따마 붓다의 말씀에만

귀기우려 따라 실천해야 할 것입니다.

새해의 메시지였습니다.

깨달음 쉽습니다

2015. 2. 9.

깨달음의 일이 그렇게 복잡한 것은 아닙니다. 오히려 가장 쉬운 일일 수도 있습니다. 그러므로 지견知見을 얻은 옛 선사禪師들은 '세수할 때 코 만지기보다도 더 쉽다.'라고 했습니다. 이렇게 쉬운 일인데 왜 그리도 어렵게 느껴질까요?

그것은 두 가지 장애가 항상 앞을 가로막고 있기 때문입니다. 그 첫째가 자신이 가지고 있는 자아의식에서 비롯된 온갖 집착의 관념들 때문이고, 다른 하나는 고따마 붓다의 가르침을 제대로 배우지도, 이해하지도 못했기 때문입니다. 이 두 가지 문제는 결국 자신이 가지고 있는 장애로 비롯된 것입니다.

그리고 이러한 두 가지 문제는 해탈과 열반을 증득하기 전까지는 매우 교묘한 형태로 자신의 깨달음을 가로막습니다. 이 형태는 아주 교묘하여 '깨달음을 위장한 형태의 능력'이 자신에게 담길 수 있고 나타나게 되는데, 자신을 알고 있는 사람들이나 자신까지도 속을 수밖에 없을 정도의 능력이 자신을 속이고 있기 때문입니다. 이러한 장애의 요인들이 참으로 깨달음에서 오는 능력이 아님을 판단하는 일은 고따마 붓다의 가르침인 사성제를 통해 사성제를 이해하고 그 사성제의 이해를 통해 깨달음을 성취했느냐 그러지 않느냐를 판단하는 능력에 달려 있습니다. 사성제의 이해를 통해 깨달음을 성취한 이는 어떠한 사견에도 흔들리지 않습니다. 그것은 정통한 가르침에서 정통한 깨달음을 얻었기 때문입니다.

'관념의 표면에 나타나는 일들, 그것은 모든 사람이 심취할 수 있기에 만족한 조건들입니다. 왜냐하면 마음에 감동을 주고 서로 관념의 일에서 동질성을 느끼게 하기 때문입니다.' 그러므로 관념불교가 전통성도 없고 정통성도 없지만, 그렇게 많은 이들의 관심을 받는 일은 바로 그런 이유 때문입니다. 그리고 그것은 설령 잘못되어진다고 해도 자신에게 그 잘못을 돌릴 수밖에 없는 일이 되기 때문입니다. 깨달음을 얻지 못한 스승들도 능히 선禪과 깨달음을 위장하여 존엄을 유지할 수 있는 것에는 모두 관념적 사고에서는 충분히 가능합니다. 그러므로 사성제의 부활은 반란이 될 수 없고 불교의 정통성을 되살릴 수 있는 중요한 단서가 될 것입니다.

이 단서에서 사성제의 중요성을 되살릴 수 있는 일이란 불교의 중흥을 위한 것입니다. 이러한 정통성을 가진 이론이 제대로 자리 잡지 못하는 불교의 이론과 실천은 고따마 붓다의 깨달음을 표현함에 항상 궁색한 입장이 되고 깨달음을 가르치는 이론에 빈곤하게 됩니다. 이해가 되지 않은 사성제의 이론 추정과 연구와 분석의 일은 항상 사성제의 설명에서 자신감을 가질 수 없게 만들 것입니다. 또한 '사성제의 이해를 통한 깨달음의 길'을 찾을 수 없게 만듭니다. 이것은 고따미 붓다의 세사로서 가장 불행한 모습이 될 것입니다. 출가의 본연을 찾을 수 없을 뿐만 아니라 일생을 헛된 시간으로 보내게 될 것이 분명합니다.

고따마 붓다는 말합니다.

"사성제에 눈 뜨지 못하는 것을 '무명無明'이다."라고

세상엔 고귀하고 높은 지식을 가진 이들이 많습니다. 모두 존경할 수 있는 사람들입니다. 그러나 고따마 붓다의 가르침인 사성제의 이론을 꿰뚫어 이해하는 사람은 적습니다. 사성제의 이론은 고따마 붓다의 가르침의 핵심이라고 수없이 말했습니다. 사성제가 이해되지 않은 수행은 고따마 붓다의 제자가 아니라고도 말했습니다. 그만큼 중요한 가르침이 사성제라는 뜻입니다. 사성제가 중요한 것을 아는 만큼 사성제의 깊은 이해를 해야 마땅하고 그 이해를 통해 깨달음을

얻게 되어야 이해의 과정을 통해 깨달음을 향한 수행이 일어날 수 있습니다. 어떤 사람들, 여기에서 '어떤 사람들'은 고따마 붓다의 이름으로 그분의 가르침을 통해 수행하는 수행자들 모두를 말합니다. 그들은 다음과 같은 모습을 보여줍니다.

그들은 고따마 붓다의 가르침과는 거리가 먼 관념에서 결정되는 일들로 늘 관념 속에서 일치된 삶을 살아가면서 황홀하고, 행복하고, 즐겁고 유익하다고 여깁니다. 그들의 공부 방법을 보면 이렇습니다. 관념 방법으로 이루어진 공부는 처음엔 평면적으로 이루어집니다. 이때는 그들에게 아무런 힘이 없습니다. 그러나 관념의 일들이 입체적이고 높은 차원을 가졌을 때는 대단한 힘이 나타납니다. 수많은 전생의 일들과 앞으로 닥쳐질 일들의 예언은 물론, 특이한 신통까지 행사할 수 있습니다. 그러나 그들은 윤회의 단절이나 해탈・열반을 얻지는 못합니다. 그냥 그것과는 상관없이 그들의 힘은 권능을 가진 신神보다도 우월한 힘을 가지게 되는 것입니다. 이것은 또한 사성제의 이해와 사성제의 이해를 통한 깨달음의 길을 막는 요인이 될 수 있습니다. 그러므로 고따마 붓다의 가르침에서 이러한 공부 방법을 금하고 있는 것입니다.

윤회의 동력

2015. 2. 10.

중생은 육도를 바탕으로
자신의 업이 동력이 되어
한없이 한없이 부침浮沈하네.

구더기 똥 속이 삶의 터전이요.
날 파리 또한 똥 속에 알을 낳네.

공을 얘기하는 이
공에 집착하여 있고
지혜를 얘기하누 이
지혜에 집착하여 있네.

집착은 윤회의 근본
그래서 병이라 하네.

그 집착하는 일이
생명을 연장하는 일일진대
누가 감히 그 명줄을 놓겠는가?

이것을 나는
이렇게 말한다네.
'이해의 장애'라고
'이해의 장애요인'이라고

생명의 터전에
명줄을 거머쥐고
항상 자유롭지 못함에 걸려

윤회에 들고 또 윤회하고
몇 겁을 돌아도 벗어날 길이 없네.

이것을 아는 자
이 세상에 몇이던가?
이것을 알고자 하는 자
이 세상에 얼마나 되는가?

윤회는 자연현상

2015. 2. 11.

인생을 살아가는 자
자연과 더불어 삶을 살아가네.

윤회도 자연의 일인지라
자연처럼 설명하고 이해하고
자신의 삶을 그렇게 대하며 살아가네.

깨달음까지 자연 속에 얽혀
설명하려는 자 너무나 많네.

무위자연無爲自然도
설정한 주체가 자연이라네.

'깨달음'을 무위자연無爲自然에 비하지 말게나.

그것은 깨달음이 아닌 경험된 것일 뿐,
언제나 가다듬고 챙겨주는 일이 아직 남아 있잖아!

고따마 붓다의 깨달음

고따마 붓다의 염려

2015. 2. 12.

고따마 붓다의 염려는
자신의 가르침이
올바르게 전해지지 않음에 있었네.

그 전해짐이란
그 올바름이란
오직 사성제의
올바른 이해를 통해
깨달음을 증득하는 것이었네.

깨달음을 얻기 위한 명상과
깨달음을 얻기 위한 수행과
깨달음에 머무는 모든 모습이
몽땅 사성제의 이해를 통해 증득함이라야
올바른 전해짐과 가르침을 실천하는 길이라네.

진실한 길

2015. 2. 13.

실존의 현실 앞에서
오온의 조건들로 일어나는
수많은 크고 작은 반응을 보고
알아차림을 하게 되는 것은 명상의 기본입니다.

처음 명상을 배울 때
알아차림의 훈련을 통해서
정신 집중을 하게 되고
그것이 점점 익숙해지면
점차 그 알아차림에 일부러 힘쓰지 않아도
자연스럽게 알아차림의 집중이 이뤄집니다.
그러나 이런 것들은 모두

사성제의 주제를 꿰뚫어 분석하고
바르게 파악한 지적知的인 믿음을 바탕으로
해탈·열반 성취를 위한 방법입니다.

깨달음이 이름만 있고 결정된 결과가 없다면
깨달음에 대한 설명과 이론을 세울 길이 없습니다.

그것은 마치 실체가 없는 어떤 것을 두고
보고 확인된 사실처럼 얘기하지만 실지로는
아무런 근거와 형태를 보여주지 못하는 것과 같습니다.

관념적 사고로 빚어낸 수많은 일들,
『대방광불화엄경』, 『묘법연화경』과 같은 관념의 바다!
그 바다에
관세음보살, 지장보살, 보현보살, 금강장보살
아미타불, 미륵불, 약사여래불, 비로자나불 등등
실체가 없는 대상과 이론들이
가설적 상황으로
수많은 중생을 끝없이
길 없는 곳으로 인도합니다.

참으로 위험한

상태의 군상입니다.

참으로

진실하지 않은

빛과 그림자입니다.

사성제의 이해와

그 이해를 통한 깨달음은

이 모든 그릇된 것들을 바로잡아

올바른 길로 나아갈 수 있도록 만듭니다.

그것은 반드시

여덟 가지 성스러운 길로 인도되는 것입니다.

잘못된 깨달음

2015. 2. 14.

많은 이들이
깨달음을 이야기하고

많은 사람이
깨달음을 노래하고

많은 사람이
깨달음을 보여준다는 얘길 합니다.

그들에게서는 항상
깨달음에서 표현의 자유를 잃기도 하고
특별한 방법만으로 서로에게 전해주기도 하지만

깨달음에 대한 깊이와 높이와 넓이와 가치는 없습니다.

인자한 안내의 정형구는

그 어디에서도 찾아보기 힘들고

근본과 근거와 무지의 만행이 일관된

가르침으로 인해 기록과 규율은 무시됩니다.

밝은 눈

2015. 2. 15.

드넓은 바다
적막한 우주

광활한 대지
끝없는 공간

빛과 어두움
빈틈없는 시간

바람과 생명
욕망과 고통
갑자기 나타난

낯익은 얼굴

그리고
자신을 위협하는 군상들

발끝에 느껴지는 촉감
머리 위로 떨어지는 빗방울

이 모든 현상을
기억하는 영혼들의 움직임.
거기에서
나는 오직
괴로움의 소멸법칙만 본다네.

허송세월

2015. 2. 16.

이제 생사의 일로
근심하고 걱정하지 않네.

두렵거나 무섭지도 않네.

왜냐하면 이미
생사를 벗어나 있기 때문이네.

해탈·열반의 설명이
그렇게도 어렵고 궁한가?

사성제의 이해와
사성제의 이해를 통한
깨달음을 얻은 사람은
해탈·열반의 설명이
항상 궁하지 않다네.

그리고 그는
고따마 붓다의 가르침에
항상 정통하고 전통성을 지녔다네.

사성제를 이해하고
사성제의 이해를 통해
확실한 깨달음을 얻었기 때문이네.

사성제의 가르침을 통해
이해와 깨달음을 구하지 않은
심각한 문제는

이미 깨달음이라는 것에서
설정해 놓은 길로 가고 있기 때문이라네.
그러므로 그에게는 설정된 상황에 맞춰
자신의 깨달음이 나타나야만 만족을 얻게 된다네.

이런 관념적인 일이 현실에서 이뤄지지는 않고
먼 후일 많은 시간과 세월을 허비한 후에야 그는
이렇게 말할 수 있다네.

"가을을 찾아,
온 세상을 찾아다녔으나
문득 돌아와 보니
내 집 정원의 나뭇가지 끝에 매달린
물든 단풍잎에서 가을을 보았구나!"라고

이러한 모습의 깨달음은
자신이 설정해 놓은 깨달음에 대한
그것 때문에 고따마 붓다의 가르침은
애초부터 중요한 문제가 될 수 없고
자신이 고집한 그 일에 고따마 붓다의 가르침을
맞춰 놓고 가르침에 변하지 않는 수행생활을 하게 된다네.

고따마 붓다와 그의 가르침을 받는 자
가르침을 읽거나 배우고 이해하고자 하지만
자신의 성향을 버리지 않는 무익한 일로
하루하루 허송세월만 하고 있다네.

선방禪房 이야기

2015. 2. 17.

많은 사람은 깨달음에 대해 이렇게 말합니다. 물론 대승의 선방에서 참선을 통해 화두로 공부하는 수자의 이야깁니다.

"깨달음이란 오래오래 참구參究하다 보면 소발에 쥐 잡히듯이, 길 가다 돌부리에 걸려 넘어질 때 '탁!'하고 깨달음이 오는 것이다." 라고 말입니다.

그리고 "깨달음이란 어떤 것이냐?"라고 물으면

"그것은 깨달은 사람만이 알 수 있나! 밥맛을 어떻게 설명해서 알려줄 수 있느냐? 사과 맛을 어떻게 설명하겠느냐? 먹어 본 사람만이 알 수 있는 문제다."라고 얼버무립니다.

이런 현상은
모든 관념불교도에게
도道라고 하는 관점에서
널리 퍼져 회자膾炙되고 있는 것으로

그들은 참으로
도道란 설명하기 어렵다고,
'말로는 도저히 표현 불가능한 일',
'이심전심以心傳心'의 일로만
전해주고 받을 수 있는 것이라 믿고 있습니다.

이러한 사람들에게 다시
'고따마 붓다의 핵심적인 가르침이 무엇이냐?'라고
물으면 참으로 답변이 궁색하기 이를 데 없습니다.
관념적 사고의 불교도로 전락하였기 때문입니다.

이런 현상은
어떻게 해서 생겨난 것일까요?
고따마 붓다의 가르침과
역사적인 일에 정통하지
않은 데서 그 해답이 있을 것입니다.

가짜 경전의 찬술

그 경전에 의해 사육된 사람들

그리고 그들의 역사적인 발자취

처음과 중간 끝이 모두가 거짓입니다.

이러한 현실은 땅을 치고 통곡할 일입니다.

잠시,

마음을 정리하고

어떤 이야기를 해보겠습니다.

신라 때 자장스님이 가져왔다는

부처님의 의발衣鉢과 진신사리가

정말 중국 청량산 문수전에서 문수보살에게

그의 기도 중에 받아 가져온 것이 사실일까요?

"절대 아닙니다."라고

확신하여 말할 수 있습니다.

왜냐하면,

그 의발衣鉢은 중국에서

제작된 것이 분명하기 때문입니다.

현재 통도사에 보관된
부처님이 친히 사용했다는 의발衣鉢은
형태가 남방불교에서 사용하는 의발이 아닙니다.
분명 중국 누군가에 의해 만들어진 의발이 분명합니다.
남방불교에서 사용하는 의발과는 전혀 같지 않다는 것입니다.

부처님은 인도 사람이므로
부처님이 사용했던 의발은
남방불교의 의발과 같아야 합니다.

부처님의 진신사리 역시
오대적멸보궁 어디에서도
지금까지 발견된 적이 없습니다.
다만 모든 이들은 전언을 통해 추론할 뿐입니다.
그들은 성불成佛을 주장합니다.
성불은 도를 깨달아야만 얻어진다고 합니다.
도를 깨달아 성불한 사람은 앉아서 죽고 서서
죽고를 마음대로 한다고 호언장담하여 말하고 있습니다.
죽음을 초탈한 상태를 그렇게 말하는 것입니다.
이러한 신비한 주장은 도저히 확인할 길이 없습니다.
확인할 수 없는 신비한 주장들로 끝없이 이어집니다.

이런 현실적이지 않은 가르침의 도닦음이

과연 누구에게 유익함을 줄 수 있을까요?!

허무한 주장과

허무한 과정과

허무한 결과만 있을 뿐입니다.

분명한 목표

2015. 2. 18.

깨달은 불자의 목표
그것은 고따마 붓다의 가르침에 의한
가르침의 이해를 통한 깨달음이어야 합니다.

바라문이거나
도교이거나 하는 쪽으로
이해하여선 고따마 붓다의
가르침을 깨달을 수 없습니다.

그뿐만 아니라
너무나 완벽한
고따마 붓다의

해탈·열반의 세계를 놔두고
이교도적인 사상과 가르침을
고따마 붓다의 가르침인양 착각하는 것은
대단히 분별력이 없는 수행자의 모습입니다.

이 고집스러운 사고思考의 원인은
누가 봐도 대단히 잘못된 결과였습니다.

'그런데 어떻게 할 것이냐?'가
그들에게는 놓아버릴 수 없는 염려입니다.
그러나 그것은 염려다운 염려가 될 수 없습니다.

거짓인 줄 알면서도
그 거짓을 덮으려는 시도라든가
뭔지는 모르지만,
이해는 안 가지만,

옳은 줄은 알지만,
확! 다가올 수 없습니다.

그것은 무엇이 되었건
탐욕적 삶을 버리지 못한 이유일 것입니다.

마치 담배를 끊지 못하는 사람이
담배를 끊으면 여러 가지로 유익한
줄 알면서 도저히 끊지 못하는 것과 같고

도둑질에 재미를 붙인 사람이
도둑질 말고 다른 삶이 좋은 줄 알지만
도둑질을 계속하는 것과 같습니다.

여기에는 두 가지의 이유가 있습니다.
한 가지는 인성人性이라는 성향에 의해서이고
다른 하나는 옳고 그름의 분별력이 미치지 못해서입니다.

이런 경우,
고따마 붓다의
가르침을 따라 수행하는
제자들에게도 흔히 볼 수 있는 모습입니다.

사성제의 참다운 이해를 통하여
깨달음을 얻기 이전의 과정에서
늘 이 두 가지의 문제는 놓여있었습니다.

쉽게 예를 들어 말한다면
만약 장가를 간 사람이 혹
사성제를 이해한 사람이라면
그리고 깨달음을 얻고자 하여
깨달음 직전의 지견을 얻었다면 그에게는
이런 생각을 할 것이고 이렇게 결정해야만 할 것입니다.

'나는 사성제의 가르침을 꿰뚫어 이해했다.
사성제의 가르침을 꿰뚫어 이해한 나는 분명
해탈·열반의 생활을 가질 수 있는 길을 가야 한다.
그런데 부부생활이란 모든 윤회와 번뇌를 이어주고
증장시킨다.'
라는 결론을 내릴 것입니다.

이와 같이
대단히 결단하기 어려운
일이 남아 있는 사람들이 있습니다.

그러나 이러한 사람들의

양심은 어느새 결론의 직전에서 멈추고 맙니다.

이것은

원만한 깨달음이

아니기 때문입니다.

어떤 큰 스승은

붓다의 가르침을 변질시키고

자신들의 견해에 맞는 가르침으로

경전과 역사를 왜곡시켜 찬술하게 됩니다.

그중에 역사적으로

대단한 사람이 있습니다.

매우 슬픈

마명과 용수입니다.

공론화의 필요성

2015. 2. 19.

앞에서 이야기한 일련의 일들은 정견을 가진 많은 지성적인 불교도에 의해 공론화할 필요가 있는 일입니다. 그렇게 함으로써 불교의 올바른 역사관과 가르침의 바른 방식과 인식이 되살아날 것입니다. '세상을 구해야 하겠다.'라는 생각을 굳게 가진 사람들이 세상의 모든 일에 대해서는 긍정적이지 못한 것은 세상을 구원할 가치를 엉뚱한 곳에 두고 있거나 자신의 입지가 바로 서 있지 않았기 때문입니다. 세상의 모든 현상을 괴로움이라고 알고 괴로움의 원인이 어떤 것인지를 알고 괴로움에서 벗어나는 길을 아는 사람은 세상의 모든 이들이 그 고통 속에서 헤매는 것을 보았을 때, 그가 할 수 있는 일이 무엇인지 모른다는 것은, 절대 있을 수 없는 일입니다. 그것이 '보살행이냐?'라고 하는 것은 의문을 주는 일입니다만, 참으로 대단한 결심과 결단이 아니고서는 실천의 길에 들어서기조차 힘든 것입니다.

보살행은 힘든 일입니다. 사성제의 가르침은 쉬운 일입니다. 어려운 보살행은 이해함에 난해함을 가지고 있는 것 말고도 고따마 붓다의 가르침에 따라 배움을 가지는 것이 아니라는 것입니다. 사성제는 고따마 붓다의 진실한 성스러운 가르침이고 그 가르침을 따라 배우면 해탈과 열반을 얻게 됩니다. 보살행은 처음과 끝이 불분명합니다. 시작은 그럴듯하여 중생의 고통을 해결해 준다는 것은 매우 낭만적이기까지 합니다. 보살의 원력을 통하여 본다면 모든 중생은 지금쯤 하나도 남김없이 다 성불成佛하여 있어야 마땅합니다. 그러나 언제나 구원할 구세주는 우리 앞에 나타나질 않고 있고, 중생들의 고통은 끝도 없이 이어져 오고 있습니다. 마치 이것은 창조주를 의지하여 신앙생활을 하는 기성종교와 흡사합니다. 창조주는 무엇을 하며 창조주에 의해 창조된 이들은 무엇인지 결말이 나지 않는 이론 속에서 이어지는 끝없는 의혹과 실천 같은 것입니다. 이들에겐 언제나 가진 희망은 이뤄지지 않은 채로 그대로 있을 뿐입니다.

그러므로 보살행은 스스로 차단된 영역에 갇히게 된 것입니다. 더 이상 세속 사람을 구원할 능력이 없으므로 '방편'이라는 변질된 불교로 전락하고 말았습니다. 그것은 오히려 세인들을 난감한 입장으로 만들었고, 좀 더 영리한 스승은 이벤트적인 감각적인 불교를 구사함으로써, 불교문화의 가치로 자기 삶의 방식과 존재적 가치로 꾸며 세인들에게 구걸하는 것은 바람직한 일은 아닙니다. 세상을 구원해야 마땅할 스승들이 세인들의 주머니에 의지해서 구원을 빙자한 삶의 방식을 찾고 있는 것입니다. 이것은 바르게 갖추어진 출가가 아닙니다. 삶의 방식을 출가적인 양식으로 바꿔 자신은 물론 가족과 함께 그 삶 속에 빠져 사는 것은 생계형의 출가를 떠나 직업으로 생각하고 살게 되는 것입니다. 종교가 직업으로 전환한 한 예입니다.

그들은 매우 합당한 이론을 전개하여 자신들의 삶을 도와주는 신도들에게 받는 도움이 부끄럽거나 죄가 된다는 생각을 지워버리는 한편, 신도들을 참으로 도와주고 구원해 준다고 여기게 하고 있는 것입니다. 중생들의 욕망! 탐욕! 이 모든 설정을 통해 일어나는 청정하지 않은 일을 당연시하는 것은 고따마 붓다의 가르침을 변질시키는 것입니다. 그리고 더욱 놀라운 사실은 깨달음과 깨달음을 얻은 존재와 깨달음을 얻기 위한 이론까지도 모두 변질시킵니다. 그것은 불교의 역사적 사실에서 나타납니다. 이 연재의 서두에서 이러한 문제를 언급했고 이제 연재의 말미에서 또 한 번 더 언급하는 것은 이 연재가 고따마 붓다의 깨달음을 표현하기 위한 실천의 글이기 때문입니다.

깨달음의 이해

2015. 2. 20.

'깨달음'이란 단어는
불교인들이 가장 많이
사용하는 단어의 하나입니다.

그럼에도 불교인들은
깨달음에 대한 가르침과
가르침의 내용과 깨달음의 주제에 대해
분명하게 정의를 내리지 못하고 있는 것입니다.

이 문제에 대한 정의가
정확하게 정리된 사람이라면
그는 깨달음을 걱정하지 않아도 될 것입니다.

왜냐하면

그는 깨달음에 이르는

올바른 길을 이미 알고 있기 때문입니다.

깨달음의 실천

2015. 2. 21.

깨달음의 가르침은
도덕적 가르침과 구별되어
분별하는 것은 수행자의 지혜에 해당합니다.

여기서 깨달음이란
고따마 붓다의 가르침에
의한 깨달음을 말하는 것입니다.

'깨달음'의 실천에 있어서
도덕적인 삶으로 질을 높이고
모든 이들에게 존경받을 덕행을 쌓는 것은
깨달음을 얻고 난 후에 청정범행으로 나타납니다.

왜냐하면 덕행이나 도덕적인 삶은
가르침을 이해하고, 가르침에 의해
깨달음을 얻는 것과는 차별되기 때문입니다.

그러므로 덕행과 도덕적 삶에서는
깨달음을 위한 가르침을 이해하기 어렵고
또한 깨달음을 얻기 더욱 어렵다고 할 수 있습니다.

여기서 도덕적인 삶이
깨달음에 아무런 영향을 주지 못한다고
덕행과 도덕적인 것을 폄훼하는 것은 아닙니다.

다만 깨달음의 가르침과
깨달음을 얻는 데 도움이 되지 않는다는 얘깁니다.

왜냐하면,
깨달음은 덕행과 도덕적인
모든 상황을 떠나 있기 때문입니다.
이 문제는 또한 선악善惡의 문제와도 연관됩니다.

그러므로 깨달음 또한
선악의 문제에서 이미 멀리 떠나있게 됩니다.

도닦음의 삶

2015. 2. 22.

선악善惡과 덕행과 도덕적 삶은
깨달음을 얻은 사람에게는 팔정도로 행해집니다.

이러한 깨달음의 행은 깨달음을 얻은 사람에게
더욱더 수승한 빛이 되어 밝게 빛나게 되는 것입니다.

그래서 고따마 붓다는
덕행과 도덕적 삶을 사는 이들의
유익함과 그들의 안온을 설하였습니다.
이것은 출가자와 출가하지 않은 모든 이들에게 유익합니다.

이 세상에는
깨달음을 먼저
성취할 사람인
출가수행자가 있고,
덕행과 도덕적 삶을 살아가며
안온을 구함이 합당한 세속적인 사람들이 있습니다.

깨달음의 성취함을
구하는 사람은 수행자에 속하고
삶의 안온을 구하는 사람은 세속적인 사람들입니다.

근기와 형편 따라
붓다의 설법은 설해졌습니다.
그러므로 수행자와 세속적인
사람들을 구별 짓는 것입니다.

출가자는
깨달음을 얻음에 더욱 적당합니다.

출가하지 않은 사람은
깨달음보다는 덕행과 도덕적 삶이
그들에게 더욱 실천하기 쉬운 공덕의 길입니다.

도덕적 삶 중에 신앙의 삶은 가장 우수합니다.
그것은 덕행과 도덕적 삶을 높여주는 가장 큰
힘이 되고 삶의 가치를 높여주기 때문입니다.

깨달음의 자비

2015. 2. 23.

해탈·열반을 얻기 위한 설명과
해탈·열반을 얻은 사람의 설명과
해탈·열반을 얻음에 장애 요소의 설명
이런 것들을 잘 분석한 이는 자신의 공부가 쉽습니다.

해탈·열반은 깨달음의 궁극적인 목적이요.
성불은 관념불교에서 또 다른 해탈·열반의 표현입니다.

성불 표현에 대한 일들이
해탈·열반을 더욱 난해한 입장을 만들고
순박하고 순수한 입장을 지킬 수 없게 합니다.

중생을 대변하는 관념의 사고는
결국 관념의 틀에 갇혀 헤어날 수 없게 됩니다.

중생의 욕망과 탐욕의 정서로 장식된
관념의 구원을 통한 원력의 가치는 이미 무너졌습니다.

꽁꽁 얼어붙었던 대지에
봄기운이 생명을 불어넣을 때쯤
땅속에서 이미 작은 생명이 태동하여
보살행을 알뜰하게 배우지 않았는데도
다른 생명을 살리려는 양식으로 자라납니다.

그것은 꽃입니다.
그것은 잎입니다.
그것은 줄기입니다.
그것은 향기입니다.
그것은 열매입니다.

역동적인 윤회

2015. 2. 24.

오랫동안 삶의 경험을 통하여
오온五蘊은 여러 가지 낯선 일에 능숙하게 되고
오온五蘊은 항상 익숙해진 일에 욕망과 애착합니다.

알음알이와 정신·물질의 상호 작용은
어떤 조건을 만나 새로운 이름을 만들어 내고
새로운 이름을 가진 것은 나름의 역할을 하게 됩니다.

개념과 통찰지의 견해가 가지는 영역에서는
알음알이와 정신·물질을 다시 생산하고 성장케 하고
이것은 새로운 형태의 생명을 탄생시키는 윤회를 만듭니다.

고운 소리와 아름다운 자태는
천지에 가득하고 그것을 즐김은
역동적인 윤회를 돕는 힘이 됩니다.

움직임의 매력
멈춤의 집중 그리고
빛의 영역을 통해 드러난 실체
온통 생명과 환희와 기쁨으로 가득 차 있습니다.

이것은 진실이고
이것은 성실이고
이것은 희망이고
이것은 창조입니다.

현전하는 윤회

2015. 2. 25.

六識의 대상을

六境이라 하고

六境을 통해 반사된

육식은 더 많은 心識을 낳습니다.

그리고 心識을 의지한

탐욕은 五蘊의 기능을 더

섬세하게 다듬고

섬세하게 다듬어진

오온의 기능들은

경험을 통한 지식을 가집니다.

경험에서 얻어진 지식은
그 가치를 공유하게 되며
공유된 가치의 평가는 인성으로 발전되고
그 인성은 오온에서 자아를 성숙시킵니다.

공유된 공간에서
분명히 인정된 자아는
결국 자존심에 관해서
아주 강한 집착으로 표현됩니다.

그 강한 집착으로 인해
세상의 옳고 그름이 나뉘기도 하고
시기 · 질투 · 원망 · 회한 · 다툼 · 투쟁 · 전쟁 등이 있게 됩니다.

반면,
인성의 아름다움은
윤회를 가진 세상 안에서
사랑과 이해와 덕망으로 나타나
가장 아름답고 평온한 세상을 보여줍니다.

그러나

이 모두가

사성제의 가르침에서

주제가 되는 괴로움으로

이루어지고 끝나고 또 이루어지는

끝없는 윤회를 낳고 소멸해 갑니다.

이것은

"괴로움의 소멸법칙"입니다.

괴로움의 생산

2015. 2. 26.

인간의 몸과 마음을 구성한 것은
무엇이 되었건 간에 괴로움의 소산입니다.

상대적인 것이 아름답건 흉물이건
유익한 것이건 유익하지 않은 것이건
모두 다 괴로움의 소산입니다.

괴로움의 분석은
인간이기 때문에 가능하고
괴로움의 분석을 통해 이해와
깨달음을 얻게 되는 것 또한 인간의 일입니다.

인간의 일은 언제나
생사와 관련지어 탐욕이 일어나고
상대적인 관점은 업연의 결과를 나타냅니다.

아무것도 가진 게 없어도
수행자는 흡족해 만족하고
아무리 많은 것을 가졌어도
세속적인 삶에는 항상 부족합니다.

세속적인 사람은
누가 자신을 비난하지 않아도
언제나 남을 헐뜯고 비난하며

출가한 수행자는
남들이 자신을 비난해도
비난에 흔들리지 않습니다.

수행자는 재산이 없어야
더욱 안온하고 자랑거리이며

세속인은 재산이 있어야
더욱 안온하고 자랑거리가 됩니다.

부처님마을 금국사

2015. 2. 27.

오늘은 사진부터 올립니다.

멀리 나와 있기 때문입니다.

내용은 내일 올려 드리겠습니다.

외박 아닌 외박

2015. 2. 28.

어제는 금국사에 있었기 때문에 글을 올리지 못했습니다. 그냥 그림만 한 장 올렸습니다. 오늘 아침 금국사에서 일찍 일어나 이것저것 도량을 치우고 식당의 변기까지 고장이 나서 사람을 불러놓고 기다렸습니다. 그리고 지난해 심은 말라 죽어있는 꽃나무를 정리하느라 시간을 보냈습니다. 이유는 생림면 조합장을 뽑는 선거에 투표하기 위해섭니다.

1995년 2월에 부처님마을 금국사를 창건하며 생림면 단위농협에 조합원으로 등록했기 때문입니다.

한참을 금국사 도량을 치우고 있는데, 영산정사 공양주 보살에게서 전화가 왔습니다. 전화를 받는 순간 깜짝 놀랄 일을 전했습니다.

"스님, 큰일 났어요! 영산정사에 불이 났어요!"

"어디요?"

"영산정사 뒷산에 불이 났어요!"

그러면서 대충 상황을 전해왔습니다. 중국에서 온 김 처사가 쓰레기 소각장에서 쓰레기를 태우다 불이 산으로 옮겨붙었는데 그 불길이 번져 감당할 수 없게 되자 119에 신고했다는 내용입니다. 그 소식을 듣고 급하게 금국사를 출발해 밀양 큰길로 접어들었는데 또 전화가 왔습니다.

"스님~ 이제 겨우 불길을 잡았어요."

공양주 보살이 상황을 자세히 알려줬습니다. 그래서 생림면 농협으로 차를 돌려 투표를 마치고, 영산정사로 돌아와 불을 낸 김 처사를 먼저 위로하고, 불을 끄느라 힘들었던 대중들을 다독였습니다. 아무도 다친 사람이 없어서 다행입니다. 만약 뒷산에 불이 옮겨붙어 불길에 휩싸였다면 큰일이 아닐 수 없었습니다.

정말 모든 대중이 힘들고 피곤한 하루였던 것만은 사실입니다. 산으로 번지는 불을 끄는 일이며, 119며 동네 사람들이 올라와 불길을 잡아 준다고 도와준 것이며, 김 처사가 불낸 장본인이라고 경찰서에 불려 가 조사를 받은 일이며, 이런 일 등으로 대중들이 힘들었던 터라, 대중들에게 맛있는 저녁을 해주라고 공양주 보살에게 특별히 일렀습니다.

아무튼 이틀 동안 연제의 공백은, 이런 이유 때문입니다. 나머지 연재는 앞에서 이야기한 모든 내용의 정리가 될 것입니다. 이제 몇 번의 연재로 결론을 지을 것입니다. 그런데 마음은 허전함. 그 자체입니다.

"'고따마 붓다의 깨달음'을 이해하는 사람이 그렇게도 없단 말인가?"라는 생각 때문입니다.

참으로 그렇습니다.

오늘은 정말 저에게도 힘든 날 이었습니다.

관념불교의 고찰

2015. 2. 29.

'고따마 붓다의 깨달음'을 이해하기 위한 연재였습니다. 이제 이 연재는, 결론을 마지막으로 마쳐야 할 것입니다. 100회 중 앞으로 3번의 연재만 남겨놓고 있습니다. 필자는 결론에 앞서 한 번 더 일반적인 '깨달음'에 대해서 이야기할 것입니다. 관념불교의 어떤 깨달음의 노래에서 깨달음을 이렇게 노래하고 있음을 보게 됩니다. '… 앉아 죽고, 서서 죽고, 곧 죽기를 마음대로…'라고 말입니다. 이런 표현은 깨달음을 얻은 사람의 권능을 그렇게 표현한 것입니다. 죽음에 대한 자유자재한 경지의 표현입니다. 이런 죽음에 대한 일들을 나열함으로써 해탈·열반의 길을 넌지시 암시하고 있는 것입니다. 더 이상 이론적 가르침은 중요한 게 아니라 결론을 어떻게 처리할까를 중요하게 여기고 있습니다. 앞서 이야기한 '… 앉아 죽고, 서서 죽고, 곧 죽기를 마음대로…'란 내용은 관념불교 가르침의 중심에 있고, 관념불교 신앙에 영향을 가장 크게 끼친 내용입니다.

관념에 대한 중요성을 현실에 나타내고 있다는 것이 흥미로운 일입니다. 여기에서는 고따마 붓다의 가르침, 즉 사성제에 대한 것은 찾아볼 수조차 없습니다. 현실적인 일은 분석의 과정과 과학적 고증을 통해 이뤄지고, 관념적인 일은 직관을 통해 현실로 나타내려는 데 의의가 있습니다. 초기불교는 현실에 표현되어 이해할 수 있는 것, 즉 전승된 경전과 가르침을 가장 정당한 표본으로 삼고, 관념불교는 관념觀念과 전수傳授의 일을 직관적 방법을 통해 전해주고 있는 것은, 두 종류의 불교가 지향하고 있는 내용을 잘 말해줍니다. 여기서 '두 종류의 불교'라고 했으나 사실 이 세상에 두 가지의 불교만 있는 것은 아닙니다. 밀교까지 세 가지 혹은 수십 가지, 수백 가지의 불교가 존재합니다. 이러한 불교가 왜 생겨나는지에 대해 결론 부분에서 밝히도록 하겠습니다.

여기서 우리는 고따마 붓다의 가르침인 사성제 안에서 그 정황正況을 찾아야 할 것입니다. 왜냐하면 우리가 주장하는 것은 불교佛敎이고, 고따마 붓다의 가르침은 사성제이기 때문입니다. 교주인 고따마 붓다가 전승한 가르침에서 불교의 정황正況을 찾는다는 일은 너무나 당연합니다. 관념불교의 어떠한 이론이 비록 고따마 붓다의 가르침인 사성제의 가르침보다 앞선다고 하여도 사성제를 놔두고 관념불교의 이론을 따른다는 것은 고따마 붓다의 가르침이라고 인정할 수 없습니다.

그리고 더욱 중요한 것은 관념의 일과 분석의 일은 현실과 또한 윤회의 관계에서도 서로 무척이나 이질적인 현실을 발견할 수가 있습니다. 그중에서 가장 두드러진 것은, 사성제를 다루는 분석에서 해탈·열반을 목표로 하고, 열반·성불을 직관적으로 다루는 관념불교의 일을 들 수 있습니다. 이것은 앞서 연재한 내용에서도 언급되어 있습니다. 서로 궁극적 목표가 다르다는 것은 중간 내용이 온통 다르게 전개되고 있음을 알 수 있습니다. 이러한 사실은 두 가지 불교의 경전을 통해 확인되는 것입니다. 그리고 열반에 있어 열반을 다루는 경전도 두 가지 불교에서 각각 다른 경전이 존재합니다. 그러므로 이 두 경전인 열반경의 내용도 다르며, 열반어의涅槃語義 또한 다를 수밖에 없는 것입니다.

불교가 불교답게 조건을 갖추기 위해서는 변모한 불교를 변모하기 이전의 모습으로 되살려야만 합니다. 여기서 가장 처음 선행되어야 할 것은, 가르침의 정황正況을 바로 세워야 합니다. 그리고 그 정황正況에 합당한 수행이 이뤄져야 합니다. 그래야 비로소 '탈속한 사람들의 청정한 승가 모임'이 이뤄지게 되는 것입니다.

마음의 의미

2015. 3. 1.

관념의 사상에서 마음은 상당히 중요한 위치를 차지하고 있습니다. 그것은 조건 지어진 오온五蘊의 존재를 관장하는 위치에 있기 때문이기도 하지만, '괴로움의 소멸법칙'이 빠져있는 이론의 형성에서, 오온을 통한 관념의 세계는 오온의 부자유스러운 모든 조건에서 해탈 이론을 끄집어내어 성불을 표현할 목적으로 한 각종 방법은 수없이 만들어졌습니다. 그러나 이러한 이론과 이 이론에 바탕을 둔 수행의 결과는 결코 명쾌한 것은 아니었습니다. 그래서 중생제도란 이름으로 중생의 근기와 형편에 따라 하나도 결론에 이울리지 않고 현실에 걸맞지 않은 방편을 보여줍니다.

이러한 형태의 가르짐의 번형은 고따마 붓다의 가르침에서 멀어지거나 아예 따를 수 없는 변모를 가져왔습니다. 이것은 차라리 가르침을 새롭게 세우는 결과를 가져왔고, 그 가르침 안에서 고따마 붓다의 이름을 빌려 수많은 부처님과 보살이란 인물들을 만들어 내고 그 만들어진 인물들에게 각각의 역할과 특징과 성향을 부여했다는 것은 수행자들이나 일반 불자들에게 매우 흥미로운 신앙생활 혹은 수행 생활을 하도록 하였습니다.

그러나 그 안에서 이루어지는 각종 이론과 수행 방법은 어떠한 결론과 결과를 도출하는 데 끝없는 희망만 줄뿐, 실존적 가치를 보여주지는 못하였습니다. 특히 마음에 관한 이야기는 수천 년을 두고 두고 관념불교에서 주제로 삼고 있긴 하지만, 마음을 수련하고 수행하여 쉽게 수행의 형질을 바꾼다든지 확고한 어떤 근거를 제시하지는 못했습니다. 관념의 정서에서 일반적 성향인 '마음공부를 해야 한다.', '마음을 닦아야 한다.', '마음 밖에 더 무엇을 찾겠는가?', '마음과 마음으로 전할 뿐이다.'라는 것이 실천과 결론의 이야기입니다. 이런 상태의 실천이나 결론은 항상 확증하지 못함으로써, 제기된 문제에 의문을 태산처럼 부여하지만, 긍정적 반응이나 결론을 도출해내지는 못합니다. 왜냐하면 확인되지 않고 검증되지 않으므로 늘 '그럴 수도 있을 것이다.'라는 정도에서 마무리되기 때문입니다. 그래서 관념불교의 선방 수행자들은 설명할 수 없는 일에 매달리기보다 차라리 그것을 버리고 화두선話頭禪에 몰두하여 '이 뭣고?'를 수행 방법으로 개발했고 그 길을 택하였습니다. 이러한 방법이 긍정적인 과정과 목표로 되고 현실에서 '마음과 마음이 통하는 상황'은 그들에게는 삶의 한 과정에서 누구나 경험할 수 있는 일이 일상으로 되었습니다.

그러나 이 같은 문제점은 일반적인 내용과 현실에서 누구나 편히 이해하고 경험하는 일이 될 수 없는 일이라는데 있는 것입니다. 특히나 고따마 붓다의 가르침과 충돌을 일으키게 되고 그 충돌된 내용이 서로 통용되지 않는 혼란스러운 상황이 일어납니다. 어쩌면 이러한 문제에서 영영 문제의 해답은 오리무중인 채로 남아 있고, 임기응변이 뛰어난 자만이 서둘러 대중을 모으고 자신에게 편리하게 그 이론을 활용해 갈 것입니다. 그리하여 그 사람의 가르침에 따르는 사람은 매우 불편한 상황이고 억지로라도 따라 수행하거나 기도하거나 하여 수긍이 가지 않는 채로 '깨달음 얻음'을 대체하여 이론의 가치가 무시된 스승에게서 떠나지 않고 생활하게 되는 것입니다.

대승적인 구원과 대승적인 사상을 가진 관념불교에서 구원의 일과 해탈·열반의 일과 성불의 일이 마치 바늘 구멍처럼 작아 그 누구도 지나갈 수 없이 되고 말았습니다. 그 위에 방편이라는 꾸며진 누각에는 일탈의 모습이 뚜렷하게 놓여있어 누구라도 입을 대고 나무라고 꾸짖을 수 있게 되었습니다. 이러한 관념의 일에는 늘 즐겨 찾는 방문객이 있습니다. 불교를 빙자하여 생계형으로 삶을 꾸미고 살아가는 사람들입니다.

연재를 마치며

2015. 3. 2.

지금까지 이 연재의 내용을 요약하면 다음과 같습니다. 우리나라에 전래한 불교의 가치를 정통성과 전통성을 가지고 평가하였습니다. 아울러 정통과 전통의 사실에 관한 것의 판단에 대한 것이었고, 그것에 대한 판단기준은 고따마 붓다의 가르침에 따르는 형태와 이론에서 진위의 문제를 제시하고 판단하였습니다. 아울러 변질된 것이나 간과된 가르침의 문제, 특별한 경우 너무 앞서가려는 진보된 가르침에 대해서도 지적했습니다. 불교의 가르침 안에서 수행하는 사람들이, 몸과 마음은 현실을 살아가면서 이상과 사상의 관념에 묻혀 있는 것도 질책한 부분입니다.

특히 고따마 붓다의 가르침에서 사성제四聖諦의 위치를 가르침의 중심에 두고 전 교리적인 문제를 풀려고 시도했던 점은 매우 효과적인 방법이라고 자찬하였습니다. 왜냐하면 지금까지 많은 불교학자가 가지는 견해와 이론의 실체를 보면 '장님 코끼리 구경하기 식'의 문제점을 보았기 때문입니다. 이것은 교리의 정의와 거기에 대한 정리가 부족한 이해의 과정에서 오는 혼돈이라고 할 수 있습니다. 그러므로 이러한 혼돈된 교리 이해의 상황을 정리하므로 불교를 바로 세우는 길이라고 여겼습니다.

이와 같이 잘못된 가르침의 문제는 관념불교의 전체적인 모습으로서 선가禪家에서도 그 맥을 같이하고 있습니다. 조사선祖師禪의 특별한 방향은 또 다른 세계를 구현하는 데 일조를 했지만, 고따마 붓다의 가르침의 정통성과 전통성에서 벗어나 있음은 누구나 인정할 수 있는 것입니다. 조사선祖師禪은 오히려 중국의 도교적인 것이라고 분석됩니다. 이러한 것은 고따마 붓다의 정통적인 가르침을 전혀 무시하거나 혹은 가르침의 무지에서 생겨나는 형태라고밖에 달리 표현할 수 없습니다.

또한 관념적인 불교에서 가장 심도 있게 지적할 부분은 정통성의 가르침을 외면하고 있다는 것이고, 대승경전에 진해진 감성에 관한 가르침을 중요하게 생각하고 있나는 것입니다. 이것은 교계의 모든 교육에도 영향을 주었지만 선가禪家의 수행에서도 방법의 중심에 두고 있습니다. 그러므로 모든 신도는 물론이거니와 일반 모두에게도 그렇게 인식되고 있습니다. 예를 들면, 법을 설하는 선지식은 법문에서 '안수정등岸樹井藤'의 비유로 법상法床을 경영하는 것을 볼 수 있습니다. 그 내용은 다음과 같습니다.

한 나그네가 광야를 걷다 미친 코끼리를 만났다. 미친 코끼리를 피해 정신없이 달아나다 언덕 아래 우물로 떨어지며 등나무 줄기를 잡고 내려갔다. 그런데 바닥을 보니 독룡毒龍이 입을 벌리고 있는 게 아닌가. 또한 우물의 사방 벽에서는 뱀이 혀를 날름거리고 있다. 어디선가 흰쥐와 검은 쥐가 나타나더니 차례로 등나무 줄기를 갉아 먹는다. 그때 등나무 줄기에 집을 짓고 살고 있던 벌집에서 꿀이 떨어지고 그 꿀은 나그네 입속으로 떨어졌다. 나그네는 위급한 상황도 잊고 꿀의 달콤한 맛에 취했다. 죽을 수밖에 없는 인생, 고통과 번민 속에서 오욕五慾에 취해 있는 중생을 비유하고 있다.

'어떻게 하면 이런 상황에서 벗어나겠는가?'라는 게 스님의 질문이다. 내려갈 수도, 도로 올라갈 수도 없다. 그냥 가만있으면 결국 떨어지게 된다. 당신이라면 어떻게 하겠는가. 그 스님은 '정답이 아니지만 낙제는 면한 답'이라며 "이 상황이 꿈이라는 걸 깨닫고 빨리 깨어나야 한다."라고 말했다. 1920년대 망월사 조실 용성龍城 스님이 내로라하던 선사들에게 이 질문을 던졌다.

그때 만공滿空 스님의 답도 이와 닮았다. 인생이 꿈이라는 사실을 깨달았다면 그것이 바로 불법佛法이고, 부처가 아닌가. 당시 고명한 스님들이 내놓은 답을 보면 내용이 달라도 방향은 한 가지다. 자신이 처한 진퇴양난의 현 상황을 뒤집어 버린다. 그 우물 속에 놓인 현재의 처지에서 출발하면 빠져나갈 구멍이 없다. 이 이야기가 원래 옴짝달싹할 수 없는 상황이라는 것을 설정하고 있기 때문이다. 방법은 생각의 틀을 바꾸는 것이다.[124]

위에 인용된 글은 선사들이 '깨달음'을 얻는 가르침이라고 여기는 법문에 속하는 내용이지만, 거기에서는 전혀 깨달음을 얻을 것 같은 가르침이 들어있지 않음을 보게 됩니다. 차라리 감성의 자극을 통한 일상의 밑그림에서 얻어지는 경험을 통해 자신의 생활 속에서 안정하게 살아가는 정도의 교훈이라고 할 수 있습니다. 불교학자들은 초기불교를 분석적 방법을 통한 가르침이라 하고 관념불교인 대승불교를 직관적 방법의 가르침이라고 하지만 여기서 나타나는 정황은 관념불교가 직관적이라고 하긴 매우 모호한 상태임을 보게 됩니다. 이 문제에 관한 필사의 생각은 이렇습니다. "관념적이건 직관적이건 간에 깨달음을 얻은 사람이 고따마 붓다의 가르침인 '사성제四聖諦'를 꿰뚫어 설명할 수만 있다면 괜찮나!"입니다.

124 [출처] 길이 없으면 뒤집어 보라|작성자 여시아문의 블로그.
원래 출처는 『법화경(法華經)』「신해품(信解品)」이다.

지금까지 저의 연재를 읽어주신 분들에게 진심으로 감사드립니다. 그리고 이런 연재를 할 수 있는 자리를 마련해 주신 네이버 관계자분들에게 진심으로 감사드립니다. 현재 저는 밀양 영산정사에 머물면서 초기불교의 가르침을 통해 수행정진 중에 있습니다. 제가 맡은 소임은 영산정사의 주지이지만 저에게 주지란 직책이 오히려 저의 정진에 많은 도움이 됩니다. 특히 여기에는 초기불교를 대표하는 초기경전류인 팔리어와 산스크리트어로 제작된 패엽경을 볼 수 있고 부처님의 진신사리 100만과가 모셔져 있으며 부처님의 십대제자 중 두 분인 마하목건련 존자와 마하가전연 존자의 사리도 함께 성보박물관에 전시되어 있습니다. 감사합니다.

약어

참고문헌

후기

약어 略語

A.	Aṅguttara Nikāya(앙굿따라 니까야/증지부)
AA.	Aṅguttara Nikāya Aṭṭhakathā=Manorathapūraṇī (증지부 주석서)
AAT.	Aṅguttara Nikāya Aṭṭhakathā Ṭīkā(증지부 복주서)
ApA.	Apadāna Aṭṭhakathā(아빠다나/瑜伽經 주석서)
Be	Burmese-script ed. of M.(미얀마 6차결집본)
BG.	Bhagavadgīta(바가왓 기타)
BHD	Buddhist Hybrid Sanskrit Dictionary
BHS	Buddhist Hybrid Sanskrit
BL	Buddhist Legends(Burlingame)
BPS	Buddhist Publication Society
BvA.	Buddhavaṁsa Aṭṭhakathā
CBETA	CBETA Chinese Electronic Tripitaka Collection: CD-OM
CMA	A Comprehensive Manual of Abhidhamma (아비담맛타 상가하)
CPD	Critical Pīli Dictionary
C.Rh.D	C.A.F. Rhys Davids

D.	Dīgha Nikāya(디가 니까야/장부)
DA.	Dīgha Nikāya Aṭṭhakathā=Sumaṅgalavilāsinī (장부 주석서)
DAT.	Dīgha Nikāya Aṭṭhakathā Ṭīkā(장부 복주서)
Dhp.	Dhammapada(법구경)
DhpA.	Dhammapada Aṭṭhakathā(법구경 주석서)
Dhs.	Dhammasaṅgaṇi(담마상가니, 法集論)
DhsA.	Dhammasaṅgaṇi Aṭṭhakathā=Aṭṭhasīlinī (법집론 주석서)
DPL	A Dictionary of the Pīli Language(Childers)
DPPN.	G. P. Malalasekera's *Dictionary of pali Proper Names*
Dv.	Dīpavaṁsa(島史), edited by Oldenberg
DVR	A Dictionary of the Vedic Rituals, Sen, C. Delhi, 1978.
Ee	Roman-script ed. of M.
EV1	Elders' Verses I (장로게 영역, Norman)
EV2	Elders' Verses II (장로니게 영역, Norman)
GD	Group of Discourse(숫따니빠따 영역, Norman)
Ibid	*Ibidem*(전게서/前揭書, 위의 책)
It	Itivuttaka(如是語)
ItA.	Itivuttaka Aṭṭhakathā(如是語 經 주석서)
Jā.	Jātaka(本生譚)
JāA.	Jātaka Aṭṭhakathā(本生譚 주석서)
KhpA.	Khuddakapātha Aṭṭhakathā(쿳다까빠타 주석서)
KS	Kindred Sayings(상윳따 니까야 영역, Rhys Davids,

	Woodward)
Kv.	Kathāvatthu(까타왓투, 論事)
KvA.	Kathāvatthu Aṭṭhakathā(까타왓투 주석서)
LBD	Long Discourse of the Buddha(디가 니까야 영역, Walshe)
M.	Majjhima Nikāya(맛지마 니까야/중부)
MA.	Majjhima Nikāya Aṭṭhakathā(중부 주석서)
MAT.	Majjhima Nikāya Aṭṭhakathā Ṭīkā(중부 복주서)
Mil.	Milindapañha(밀린다왕문경)
MLBD	Middle Length Discourse of the Buddha (중부 영역, Ñāṇamoli)
Mvu.	Mahāvastu(북전 大事, Edited by Senart)
Mhv.	Mahāvaṁsa(大史), edited by Geiger
MW	Monier-Williams' Sanskrit-English Dictionary
Nd1.	Mahā Niddesa(大義釋)
Nd1A.	Mahā Niddesa Aṭṭhakathā(大義釋 주석서)
Nd2.	Cūla Niddesa(小義釋)
Netti.	Nettippakaraṇa(指導論)
NMD	Ven. Ñāṇamoli's *Pali-English Glossary of Buddhist Terms*
Pe.	Peṭakopadesa(藏釋論)
PED	*Pāli-English Dictionary*(PTS)
Pm.	Paramatthamañjūsā = Visuddhimagga Mahāṭīkā (청정도론 복주서)
Ps.	Paṭisambhidāmagga(무애해도)
Pṃ.	Paṭṭhāna(發趣論)

PTS	Pīli Text Society
Pug.	Puggalapaññatti(人施設論)
PugA.	Puggalapaññatti Aṭṭhakathā(人施設論 주석서)
Pv.	Petavatthu(餓鬼事)
Rv.	Ṛgveda(리그베다)
S.	Saṁyutta Nikāya(상윳따 니까야/상응부)
SA.	Saṁyutta Nikāya Aṭṭhakathā(상응부 주석서)
SAT.	Saṁyutta Nikāya Aṭṭhakathā Ṭīkā(상응부 복주서)
Se.	Sinhala script ed. of M.(스리랑카 본)
SK.	Sanskrit
Sn.	Suttanipāta(숫따니빠따/경집)
SnA.	Suttanipāta Aṭṭhakathā(숫따니빠따 주석서)
SS	Ee에 언급된 S.의 싱할리어 필사본
Sv	Sāsanavamsa(사사나왐사, 교단의 역사)
s.v.	*sub verbū(under the word)*
Te	Thai-script. of M.(태국본)
Thag.	Theragāthā(테라가타/장로게)
ThagA.	Theragāthā Aṭṭhakathā(장로게 주석서)
Thig.	Therīgāthā(테리가타/장로니게)
ThigA	Therīgāthā Aṭṭhakathā(장로니게 주석서)
Ud.	Udāna(감흥어)
UdA.	Udāna Aṭṭhakathā(감흥어 주석서)
Uv.	Udānavarga(北傳 出曜經)
VĀT	Vanarata, Āananda Thera

Vbh.	Vibhaṅga(위방가/分別論)
VbhA.	Vibhaṅga Aṭṭhakathā = Sammohavinodanī (分別論 주석서)
Vin.	Vinaya Piṭaka(律藏)
VinA.	Vinaya Piṭaka Aṭṭhakathā = Samantapāsādikā (율장 주석서)
Vis.	Visuddhimagga(清淨道論)
v.l.	variant reading(이문/異文)
VRI	Vipassanā Research Institute
VṬ	Abhidhammaṭṭha Vibhavinī Ṭīkā(위바위니 복주서)
Vv.	Vimānavatthu(천궁사)
VvA.	Vimānavatthu Aṭṭhakathā(천궁사 주석서)
Yam.	Yamaka(쌍론)
YamA.	Yamaka Aṭṭhakathā = Paūcappakaraṇa(야마까 주석서)
Ybhūś	Yogācārabhūmi Śarirārthagāthā(梵本 瑜伽師地論)

참고문헌

1 經典類

1) 漢譯經典

長阿含經[大正藏 권1]
中阿含經[大正藏 권1]
雜阿含經[大正藏 권2]
增一阿含經[大正藏 권2]

2) Pāli Nikāya ★ ( ) 안은 本文에 사용한 略字임.

Dīgha-Nikāya(D.N)
Anguttara-Nikāya(A.N.)
Majjhima-Nikāya(M.N)
Samyutta-Nikāya(S.N)

3) Pāli Nikāya 번역 본

디가 니까야(1~3권. 각묵스님)
앙굿따라 니까야(1~6권. 대림스님)
맛지마 니까야(1~4권. 대림스님)
상윳따 니까야(1~6권. 각묵스님)
맛지마 니까야(1~5권. 전재성)
상윳따 니까야(1~10권. 전재성)

2. 論文類

황순일「구원학적 측면에서 본 초기인도불교의 열반」(남아시아연구 제16권 1호. 2010.)

김영돈「불교의 생사관 연구」(서울. 동국대학교 불교대학원. 석사학위 논문. 2007.)

김정근「無我와 아트만(ātman)에 관한 연구-초기불교 Upani-ṣad를 중심으로-」(서울. 동국대학교 대학원 2010학년도 박사학위 논문)

박경준「원시불교의 사회・경제사상 연구」(서울. 동국대학교 대학원 논문. 1992.)

김남희「초기불교의 열반관 연구」(서울. 한국학중앙연구원 한국학대학원 박사학위 논문. 2010.)

신병삼「초기불교 문헌의 記와 無記의 사유구조 연구」(동국대학교대학원. 박사학위 논문. 2010.)

프레드릭・스트랭.「열반과 구원」(미국. 남감리교신학대학교. 불교와 기독교 국제학술회의 논제.)

신귀련「苦에 관한 硏究」-雜阿含經을 중심으로」(서울. 중앙승가대학교 대학원 석사학위 논문. 2008.)

이수창(마성)「三法印設의 起源과 展開에 관한 硏究」(東方文化大學院大學校 2015學年度 博士學位 論文)

신현두(일공)「열반어의 연구(A STUDY ON THE MEANING OF WORLD NIRVĀṆA)」(Mahachulalongkornraja vidyalalya University Bangkok, Thailand. 2011年度 碩士學位 論文)

3. 著書

고익진 『원시불교사상 연구』(서울. 보련각. 1988.)

김동화 『원시불교사상』(서울. 중앙승가대학. 1974.)

홍사성 『근본불교의 이해』(서울. 불교시대사. 1992.)

사다티사 저/曺勇吉 편역『根本佛教倫理』(1995.7.15. 불광출판부)

김달진 옮김 『善見律毘婆沙』(2006.6.30. 동국대학교 역경원)

이중표『불교의 이해와 실천』(1, 2편. 서울. 대원정사. 1995.)

안승준『원시불교 실천철학』(서울. 시대불교사. 1993.)

각묵・대림스님 공농역주. 『아비담마 길라잡이』(상・하. 울산. 초기불전연구원. 2009.)

대림스님 옮김. 『청정도론』(1・2권. 울산. 초기불전연구원. 2005.)

월폴라 라훌라. 진철승 옮김. 『붓다의 가르침』(서울. 대원정사. 1988.)

묘원스님『12연기2』(서울. ㈜도서출판 행복한 숲. 2011.)

묘원스님『대념처경 주석서』(1・2・3권. 서울. ㈜도서출판 행복한 숲. 2011.)

마성스님『사캬무니 붓다』(대숲바람. 2010.)

마성스님『아함경 강의』(경기도 일산. 인북스. 2018)

일아스님『빠알리 경전』(서울. 민족사. 2008.)

P.A. Patutta『Nibbāna The Supreme Peace』(Thailand. 2009.)

석오진 편역『파아나두라 대논쟁』(2001.11.20. 운주사)

한자경『불교의 무아론』(서울. 이화여자대학교 출판부. 2007.)

에띠엔 라모뜨 시음. 호진스님 옮김. 『인도불교사』1・2권. (서울. 시공사. 2006.)

와타나베 쇼코 저/ 법정 옮김 『불타 석가모니』 서울. 동쪽나라.
이기영 『원효사상』(서울. 도서출판 홍법원. 1967.)
고익진 저 『韓國의 佛敎思想』(1987.10.15. 동국대학교출판부)
르네 E.A. 요한슨 박태섭 옮김. 『불교 심리학』(서울. 시공사. 1996.)
후지타 코타츠 外 권오민 옮김. 『초기・부파불교의 역사』 (서울. 민족사. 1992.)
사토우 미츠오 김호성 옮김. 『초기 불교교단과 계율』 (서울. 민족사. 1991.)
渡辺照宏 한경수 옮김. 『불교사의 전개』(서울. 불교시대사. 1992.)
원효. 이영무 역. 『涅槃經宗要』(서울. 대성문화사. 1984.)
마스다니 후미오 박경준 옮김. 『근본불교와 대승불교』(서울. 대원정사. 1988.)
청량 증관 저/불전국역연구원 공역 『화엄경현담』1(1998. 7. 20. 중앙승가대학교 출판부)
金芿石 著 『華嚴學槪論』(1974.7.20. 도서출판 법륜사)
무비스님 편저. 『화엄경』 1~10권(. 서울. 민족사.)
法頂스님 옮김 『신역 화엄경』(1992.4.10. 동국대학교 역경원)
종석스님 저 『밀교학개론』(2010.3.20. 운주사)
다나카 기미아키/유기천 옮김 티베트밀교개론(2010.4.9. 불광출판사)
中村 元 저/李箕永 譯 『印度思想史』上(1984.2.25. 동국대학교 부설 역경원)
增谷文雄 이원섭 옮김. 『佛敎槪論』(서울. 현암사. 1971.)
平川彰 著/박용길 역 『율장연구』(1995.8.10. 도서출판 토방)

전재성 역『비나야삐따까/빠알리 율장』(2020,2.15. 한국빠알리성전협회)
이미령 역『미린다왕문경』2 (2000.6.15. 민족사)
일공스님 저『Nibbāna』(2019.5.12. 메이커즈프레스)
동국대학교 교양교재편집위원회 저『불교학개론(佛教學概論)』(1986.2.28. 동국대학교 출판부)
하라카와 아끼라 저/이호근 옮김『인도불교의 역사』 상・하 (2004.8.30. 민족사)
早島鏡正 高崎直道 外/성호영 옮김 『인도사상의 역사』 (2004.9.10. 민족사)
에드워드 콘즈/안성두・주민황 옮김『인도불교사상사』 (1994.6.20. 민족사)
김진열 저 『불교사회학 원론』 1 (1993.4.3. 운주사)
찰스 테일러 저. 송재룡 옮김『현대종교의 다양성』 (2017.2.20. ㈜문예출판사)
한상복・이문웅・김광억 공저『문화인류학』(2020.8.20. 개정판. 서울대학교출판문화원)
칠불사(七佛寺)『묘법연화경(妙法蓮華經)』(1992.8.13. 칠불사)
東峰스님 저『금강경(金剛經)』(2019.11.16. 동서출판 도반)
無比스님 저『묘법연화경(妙法蓮華經)』(1994.1. 계림문화사)
달라이 라마/중암 역저『밀교의 성불원리』(2009.11.24. 정우서적)
전재성 역주『우다나-감흥어린 시구』(2009.6.1. 한국빠알리성전협회)
김영덕 역주『대일경』(2007.2.26. 동국대학교 역경원)

4. 辭典類

『빠알리어 사전』(전재성. 1994.6.20. 한국불교대학출판사)

『빠알리・한글사전』(전재성. 2005.10.15. 한국빠알리성전협회)

『불교사전』(김승동 저. 2011.5.15. 민족사)

『불교대사전』(전관응 저. 1988.9.1. 홍법원)

『불교대사전』(전7권. 한국불교대사전편찬위원회 편저. 1982.9.15. 명문당)

『불교상식백과』 상・하(홍사성주편.1991.3.20. 불교시대사)

『불학대사전』(영인본. 알타이 하우스. 1979.1.17. 新文豊出版公司)

『한국민족대백과사전』(1991.12.30. 한국정신문화원)

https://dict.naver.com/의 사전자료 검색 사용

AI(monica) 검색 사용

편집후기

이제 본인의 나이도 어느덧 세수는 73세이고 법납(法臘)은 58세입니다. 다행한 것은 고따마 붓다의 정통한 가르침에서 정견의 견해를 가졌다는 것입니다. 비록 늦은 나이에 그분의 참다운 제자로 보답하고자 만일기도를 봉행하게 되었습니다. 이러한 저에게 부처님의 은혜는 더없이 크고 넓고 높기만 합니다.

또한 만일의 기도를 마치는 날 그동안 좋은 인연을 가진 사람들과 함께하는 시간을 가진다면 그처럼 보람되고 기쁜 일은 없을 것입니다. 그날을 기다리며 늙고, 늙어가는 몸으로 고따마 붓다의 가르침을 집필하면서 기획한 원고를 마무리할 것입니다.

이미 출판한 『Nibbāna/열반』에 이어 『불교학개론(佛教學概論)』이 출판되었고, 이어서 『불교교육학원론(佛教教育學原論)』과 『깨달음의 길』을 출판하게 되었습니다. 앞으로 남아있는 만일기도 기간에 계속해서 불교의 정론을 집필하는 일에 전력할 것입니다. 깨달음에 관한 내용의 고따마 붓다의 말씀은 언제나 제 가슴을 청정하게 만들고 정의롭게 만들고 활발발하게 만들어 줍니다.

이번 원고를 책으로 꾸미는 데 도움을 주신 묘각 스님과 신도회장 안영찬 거사님과 황경규 박사님 외 명상회원 그리고 금국사 모든 신도님의 깊은 신심 어린 관심에 감사드리고 항상 나의 곁에서 일상생활을 보살펴주는 보리수 보살님의 건강과 행복을 빕니다. 마지막으로 이 책을 정성껏 꾸며주신 부산대학교출판문화원 황미란 디자인 담당자님께 깊이 감사드립니다.

2025년 부처님오신날에

부처님마을 금국사鑫國寺에서
깨달음을 설명하는 이
일공日崆 합장